DELETE

새로움을 만드는 창조의 명령어

딜리트

김유열 지음

쌤앤파커스

| 차례 |

딜리트는
창조를
명령한다

"따르릉! 따르릉!"

방송국 사무실 전화벨이 요란히 울렸다.

"여보세요?"

"도올 김용옥이오."

잠시 숨이 멎었다. 섭외하기 까다롭기로 유명한 천하의 도올 선생이 사무실로 직접 전화를 걸어왔으니 당연한 일이었다. 기습전화였다. 내 소개도 제대로 못하는 사이에 도올 선생은 "이렇게 위대한 기획을 하는 위대한 PD가 한국에 있다니 놀라울 따름이다."라며 범상치 않은 언사言事로 이야기를 시작했다. 1시간가량 통화가 이어졌다.

그때가 벌써 18년 전인 1999년 8월 초였다. 2000년 뉴밀

레니엄을 맞아 세상을 떠들썩하게 했던, 도올 김용옥이 말하는 '노자와 21세기'라는 프로그램이 세상에 탄생하는 순간이었다.

기실 도올 선생은 만나기 어려운 분이었다. 워낙 까다롭다는 소문도 자자했고 방송출연도 거의 하지 않았다. 연락조차 어려워 처음부터 섭외가 난망했다. 밑겨야 본전이라는 심정으로 도올 선생의 저서를 전담 출판하는 통나무 출판사를 통해 연통을 넣었다. 도올 선생과 직접 통화는 어렵다는 회신이 왔다. 서신은 가능하냐고 물었더니 그건 된단다. 후배 PD를 통해 서신을 넣었다. '책이 있는 동양고전 강의'를 방송하자는 제안이었다. 1961년 BBC에서 방송했던 E. H. 카E. H. Carr의 그 유명한 '역사란 무엇인가?'를 염두에 둔 기획이었다. 그리고 그것은 책으로도 출간되어 수십 년 동안 세계적인 스테디셀러가 되었다.

고전을 소재로 해도 '시청률 높은' 대중강연 프로그램이 될 거라고 생각했다. 동서고금을 넘나들며 종횡무진하는 도올 선생의 강의력은 이미 장안의 화제였다. 1980년대 고려대학 재직 시에도 선생은 이미 명강연자로 소문이 자자했다. 당시 나도 대학에서 동양사학을 전공했던 터라 소문을 익히 들어왔던 터였다.

도올 선생과 동양고전이 만나면 BBC의 '역사란 무엇인가?' 같은 기획을 능가할 수도 있겠다는 생각이었다. EBS PD로서 약간의 오기도 발동했다. PD는 대중예술가다. 세상의 미디어란 미디어는 모두 예나 지금이나 인간의 말초신경만 자극한다. EBS의 운명이랄까, 아니면 EBS PD의 운명이랄까. 다르게 가야 했다. 가장 고상한 내용으로 대중을 사로잡고 싶다는, 약간은 계몽주의(?)적인 생각도 있었다. 갈수록 얄팍해지는 세상에 고전으로 경종을 울리고 싶었다.

노자,
21세기를 명중하다

내 제안에 선생이 답을 해온 것이다. 전화는 계속 이어졌다.

"한국의 공영방송과 언론은 썩었다. 한마디로 X판이다. 두려움이 많다. 이 위대한 석학이 고전강의를 제안해도 번번이 거절했다. 내가 나가면 불안한 거다. 워낙 솔직하고 세게 말하니까. EBS의 용기를 치하한다. 걱정할 거 없다. 서로 조정해서 진행하면 된다. 오히려 EBS가 도전적인 기획을 계기로 새롭게 보일 것이다. 위대한 기획이다. 경하한다."

선생의 말은 거침이 없었다. 통화가 계속되었고, 특유의 독설에 나도 모르게 담배를 물었다. 이제야 고백하자면 스트레스를 좀 받았다. 1999년만 해도 사무실 책상에서 담배를 필 수 있었다. 정말 호랑이 담배 피우던 시절의 이야기다. 필설로 설명할 수 없는 언술言述에 나는 연신 담배를 피워댔다. 한손에는 펜을, 다른 손에는 담배를 잡고 어깨와 귀로 수화기를 잡고 있었다. 드디어 타이밍이 왔다.

"선생님, 그런데 어떤 고전을…?"

이미 서신을 통해 동양고전 중 '사서삼경'을 제안했던 터였다. 사실 《논어》나 《맹자》를 기대하며 여쭈었는데, 선생의 답이 놀라웠다.

"《노자》를 합시다. 인류사에 가장 강력한 텍스트요. 그 포텐셜을 이루 말할 수가 없소."

하필 내 책상 바로 앞에 《노자》가 꽂혀 있었다. 빨간색 표지의 박영문고판 《노자》로 대학 때부터 읽던 책이었다. 즐겨 보던 한 장을 폈다. 마치 외우는 것처럼 그 장을 읽어내려 갔다. 선생은 놀라는 눈치였다. 앞에서 말했듯이 대학에서 동양사학을 전공했던 터라 동양고전에 관심이 많았다. 그중에서도 《노자》는 나의 열독서였다. 힘든 시기에 《노자》는 내게 큰 위안을 주는 경전과도 같았다. 《성경》으로 치면 〈시편〉 같은 것이었다.

힘들고 외로울 때 《노자》를 읽었다. 그것도 5번이나 필사하며 읽었다. 은판銀板에 노자 전체를 새겨볼까 생각할 정도로 나의 애서 중의 애서였다. 그렇다고 모두를 암송할 수는 없었다. 갑작스런 선생의 제안과 나의 즉각적인 독송은 둘 사이를 가깝게 만들어주었다.

1999년 8월초였을 거다. 방송 전에 책을 먼저 내자고 제안했다. EBS를 통해 고전을 집대성하고픈 인문학도로서의 로망이 있었다. 선생은 대찬성이었다. 위대한 발상이라고 칭찬도 아끼지 않았다. 결국 《노자와 21세기》는 통나무 출판사에서 그해 11월 11일에 출판되었다. 그리고 11월 22일부터 매일 40분씩 주 4회, 총 56회에 걸쳐서 방송이 나갔다. 한문 고전강좌를 프라임 타임에 주 4회나 편성하는 것은, 당시로서는 상당히 파격적이고 대담한 기획이었다. 정효순 편성실장의 용단이 아니었으면 실현되기 힘들었을 것이다.

1999년 11월 23일, 평소처럼 아침 일찍 EBS 편성기획부로 출근했다. 방송이 나간 다음 날 한마디로 난리가 났다. 사무실 전화가 모두 불통이었다. 끊임없이 전화가 걸려와 업무를 할 수가 없을 정도였다. EBS 사상 초유의 일이었다. 지금까지도 이런 뜨거운 반응은 경험해보지 못했다. 일반 시민부터 이름을 대면 알 만한 사람들까지 거의 두 달간 매일 오전 내내 전화를 했다. 첫날 시청률은 불과 0.8%였다. 하지만 시청률은 매일 경신하며 수직상승했다. 수도권 10%, 전국 7%까지 올라갔다. 당시 EBS로서는 불가능한 시청률이었다. 현재도 그렇다. 채널 평균 시청률이 0.6%에 불과하던 시절이었기 때문에 더욱 그렇다.

'노자와 21세기'는 금세 장안의 화제가 되었다. 직장인들의 술자리 단골안주가 되었다. 취객들 사이에 친김親金, 반김反金으로 패가 갈려 싸움이 날 정도였다. 언론은 연일 대서특필했고, 한 면 전체를 '노자와 21세기'에 할애한 메이저 신문도 있었다. 심지어 개그 프로그램에 도올 선생을 패러디한 고정코너도 생겼다. 책도 13주 연속 종합 베스트셀러 1위를 기록하며 수십만 권이 팔려나갔고, 당시 김대중 대통령도 여름휴가 때 《노자와 21세기》를 들고 갔을 정도였다. 비디오도 불티나게 팔렸다. EBS의 모든 기록을 경신한 사건이었다.

고전강의가 오락 프로그램보다 더 높은 시청률이 나올 수 있다는 가능성을 도올 선생은 보여주었다. 그 후 한국 사회에 인문학 열풍이 시작되었고, 인문학에 관한 책이 쏟아져 나와 베스트셀러가 되었다. EBS의 위상도 높아졌다. 도올 선생의 호언장담은 실화가 되었고, 실화는 전설이 되었다.

시청률 600% 상승,
수상실적 1,000% 상승의 비결

18년 전 옛날이야기를 왜 늘어놓을까 독자 여러분은 궁금할 것이다. '노자와 21세기'라는 사건으로 나는 사고의 대전환을 경험했고, 그 경험에서 이 책의 주제가 태동했기 때문이다. "하지 않으니까 되지 않는 게 없다."는 노자의 '무위 무불위無爲無不爲'의 사상이 폐부에 꽂히는 경험이기도 했다.

사실 '노자와 21세기'는 밀레니엄 특별기획으로 편성됐다. 돈이 별로 없었던 EBS는 지구촌을 연결하는 대규모 버라이어티 프로그램을 편성할 수 없었다. 위기의 순간에 하나의 아이디어가 스쳐갔다.

"과거 2000년간 읽힌 것은 앞으로 2000년 후에도 읽힐 것이다."

죽이고 죽여도 죽지 않고 남는 것, 깎고 깎여도 깎이지 않고 남는 것, 제거하고 제거해도 제거되지 않고 남는 것, 시공을 초월하고 변하지 않는 것, 에센스, 본질…. 인류의 프로토콜에 승부를 걸었다. 그래서 EBS는 21세기를 '무위無爲'라는, 즉 과거 2000년간 지속되어온 키워드로 맞이했다.

모든 언론이 천문학적 제작비를 들여 지구촌을 연결하는 휘황찬란한 디지털 판타지로 달려가는 사이, EBS는 인류의 원형질로 파고들었다. 고작 편당 320만 원의 제작비로 인류의 원형질에 잠재된 불멸의 DNA를 깨웠다. 허虛와 무無의 철학, 즉 비움과 부정의 철학에 21세기 시민들이 열광했다. 맨 얼굴의 철학이, 가식과 허위를 부정하는 진정성의 철학이 사람들을 매혹시켰다. 실제로 21세기는 노자 철학에 역주행하고 있었다.

21세기는 현상, 채움, 욕망, 유위有爲의 세기다. 그러나 시민의 열광 속에서 나는 다른 불꽃을 발견했다. 반노자적 시대에 노자 기획이 먹혔다는 것은, 사람들이 말초만 추구하는 동물이 아니라는 뜻이다. 사람들은 자연, 순수, 비움을 갈망했다.

'노자와 21세기'가 초대박이 난 직후 EBS는 2000년 6월 '한국교육방송공사'로 거듭났다. 그해 7월, 나는 예고도 없이 평PD에서 공사 첫 편성기획부장으로 발탁되었다. 영광스럽기도 하고 부담스럽기도 한 자리였다. 당시 EBS는 시청률이 극히 낮았다. 나는 편성전략을 최대한 단순하게 정했다. "잘할 수 없는 것은 비우고, 잘할 수 있는 것에 집중한다." '노자와 21세기'에서 얻은 교훈이었다.

어린이와 다큐로 '선택과 집중' 한다는 비전을 세웠다. 최소한 이 두 영역에서는 1위를 해야 한다고 생각했다. 엄청난 반발을 무릅쓰고 공사 이전 프로그램의 70%를 폐지했다. EBS가 잘할 수 있고 정체성에 맞는 프로그램만 남기고 모두 폐지한 것이다. EBS만의 유니크한 편성체제를 가져야 초경쟁 시대에 살아남을 수 있다는 판단에서였다.

백화점식 편성을 지양하고 남들이 하지 않는 어린이 프로그램에 집중했다. 일단 어린이 프로그램 편성시간을 획기적으로 늘렸다. 2000년 당시에는 방송 4사 중 어린이 프로그램 시청률이 꼴찌였지만, 어린이 채널 성격을 강화시키자 경쟁사들을 하나둘 따돌렸고, 2011년부터는 우리나라 최고의 어린이 채널이 되었다. 어린이 프로그램뿐만 아니라 EBS 채널 전체의 시청률도 공사화하기 1년 전보다 300%나 올랐다. 2000년 공사 첫 개편은 큰 성공을 거뒀다.

하지만 성인 시간대에는 여전히 부진을 면치 못하고 있었다. 2002년 편성부서를 떠난 후 5년만인 2007년 6월에 나는 다시 편성기획부장으로 복귀했다. 성인 시간대 경쟁력 확보가 관건이었다. 프라임 타임대 시청률은 0.3%대로 추락해 전전긍긍하고 있었다. 2000년에 유아, 어린이 편성전략과 같은 전략을 추진했다. 다큐의 편성비율을 획기적으로 높인 것이다. 시청자의 채널 선택, 프로그램의 선택을 단순하게 하기 위해서였다.

초다채널 시대에는 단순하게 선택하게 하는 게 중요하다. '다큐멘터리' 하면 EBS가 자동적으로 연상되게 하기 위함이었다. 성인 시간대를 교육, 다큐로 집중했다. 선택과 집중, 일종의 버리기 작전이었다. 저녁 8시에서 12시까지 방송되는 프로그램 중 70% 이상을 일거에 폐지하고 대부분을 다큐로 채웠다. '다큐프라임', '세계테마기행', '한국기행', '극한직업' 등 수많은 다큐를 만들어 2008년 2월 말부터 일제히 방송하기 시작했다. 그 효과는 즉각적이었다. 프라임 타임대 시청률이 매년 30%씩 고도성장했고, 최근 10년 사이에 600% 가까이 올랐다. 수상 실적은 1,000% 이상 올랐다. 고품격 다큐멘터리 채널로서의 입지와 이미지를 굳히게 된 것이다.

유有에서 무無로 가는
신기한 창조의 기술

EBS의 본질에 맞지 않는 프로그램을 모두 딜리트delete하고, 어린이와 다큐로 단순화시킨 것이 주효했다. 나머지 대상, 나머지 장르는 과감히 딜리트하고, 프라임 타임에 EBS를 틀면 다큐가 나오게 했다. 교양과 다큐를 사랑하는 한국인이라면 언제든지 EBS에서 다큐를 볼 수 있게 만든 것이다. 비우고 버리고 본질에 집중하니 시청자가 몰리기 시작했다.

다른 방송사가 현상에 치중할 때 우리는 본질에 천착했다. 그들이 지엽과 말단에 집착할 때 우리는 뿌리와 근본에 호소했다. 화려한 화면과 현란한 움직임에 열을 올릴 때, 우리는 담백하고 느린 자연의 영상에 집중했다. 그들이 대중에 집중할 때 우리는 지식인에 호소했다. 그들이 예능과 드라마에 목숨을 걸 때, 우리는 다큐에 집중했다. 그들이 채우면 우리는 비웠다. 가공의 미美 대신 자연의 미에 주목했다. 오색五色, 오음五音, 오미五味로 시청자의 말초신경을 자극할 때 무색無色, 무음無音, 무미無味로 시청자의 마음을 진정시켰다. 노자는 "오색은 눈을 멀게 하고, 오음은 귀를 멀게 하며, 오미는 입을 상하게 한다."고 했다. EBS는 과잉자극 시대에 지친 사람들의 안식처가 되었다.

노장老壯의 무위無爲 사상과 니체의 '니힐리즘nihilism'이 이 책의 바탕이다. 두 사상은 무無로 연결되어 있다. 니힐리즘의 '니힐nihil'은 굳이 한자로 표현하자면 '무無'다. 무위사상은 일종의 니힐리즘이다. 둘 다 '파괴의 철학'이면서 동시에 '창조의 철학'이다. 노장과 니체는 '무화無化'를 통해 새로운 것을 창조할 수 있다고 봤다.

기실 '니힐리즘'은 우리나라에서 '허무주의虛無主義'로 번역되었고, 퇴폐적이고 절망적인 세기말의 증세를 대변하는 것처럼 인식되었다. 나는 그게 잘못된 번역이 낳은 잘못된 인식이라고 생각한다. 니체는 오히려 새로운 창조를 위해 모든 것의 무화無化, 즉 파괴하자고 주장했다. 니체는 "선과 악의 창조자이기를 원하는 자는 먼저 파괴자여야만 하며, 가치를 파괴해야만 한다."[1]고 말했다. 과거 최고의 가치를 무가치하게 하는 것이 그의 니힐리즘이었다. 노장에 있어 무無와 허虛의 개념과 '니힐'의 개념은 일맥상통한다. 이 책은 노장과 니체의 '무화'의 개념에서 '딜리트'의 개념을 발전시켰다. 딜리트는 유有에서 무無와 허虛로 가게 하는 행위과정이다.

'딜리트'는 중세 말기 라틴어 '딜레르delere'에서 유래했다. 딜레르는 당시 '파괴하다destroy'는 의미로 사용됐다. 이 책에서 말하는 '딜리트'도 단지 '삭제하다', '제거하다'라는 한정된 의미로만 사용되지는 않는다. 제거하다, 삭제하다, 배제하다, 버리다, 줄이다, 빼다, 단축하다, 박탈하다, 단순화하다, 파괴하다, 전복하다, 해방시키다, 자르다, 나누다, 타파하다, 끊어내다, 단절하다, 개방하다, 반항하다, 안티하다 등의 의미를 모두 포괄한다. 딜리트는 동사다. 무와 허의 방향으로 움직이게 하는 행동의 언어다. 그래서 완료보다 과정에 집중한다.

나는 딜리트만 잘해도 누구나 창조자, 혁신가, 개척자, 개혁가가 될 수 있다고 믿고 있다. 세상은 우리에게 끊임없이 "창조하라! 혁신하라! 개척하라! 개혁하라!"고 한다. 하지만 그 말을 듣고도 뭘 어떻게 해야 할지 막막하다. 그러나 "딜리트하라!"고 하면 어떨까? 무엇을 해야 할지 명확해진다.

딜리트만 잘해도 창조하고 혁신하고 개척하고 개혁할 수 있다면, 딜리트는 얼마나 유용하고 위대한가? 이 책은 다양하고 구체적인 사례를 통해 딜리트의 유용성과 유효성을 검증하고자 한다. 여기에 필요한 딜리트의 기술과 철학을 편의상 '딜리티즘deletism'이라고 부를 것이다. 또한 딜리트를 행하는 사람을 '딜리터deleter'라고 부를 것이다. 딜리티즘도, 딜리터도 사전에는 아직 등재돼 있지 않다.

딜리트로
역사는 전진했다

딜리트의 원리는 창조의 원리이다. 노자는 2,500년 전에 이미 딜리트의 원리를 탁월하게 설파했다. 《노자》 16장에 이런 표현이 나온다.

致虛極치허극 守靜篤수정독 萬物竝作만물병작

직역하자면 "비우기虛에 도달하기致를 극단極으로 하고, 고요함靜을 지키기守를 두텁게篤 하라. 그러면 만물이 동시에 만들어진다." 창조의 원리로 허(虛, 비움)와 정(靜, 고요)의 개념을 제시했다. 《노자》에서 허虛와 정靜은 노력 없이 자동으로 이뤄지는 것이 아니라 치열한 성취과정의 결과이다. 지난한 딜리트의 과정이다.

노자는 "덜어내고 또 덜어내면, '무위'에 이른다. 무위에 이르면 '되지 않는 일不爲'이 없다."[2]고 말했다. 허와 정에 이르는 과정이 '덜어내고 또 덜어내는' 손지우손損之又損의 과정이다. 딜리트는 뭔가를 덜어내는 행위이다. 극단적으로 비워져 있고 고요하면 그때서야 만물이 생성된다.

딜리트는 창조의 전제조건이다. 노이즈의 시대, 과잉의

시대에는 "치허극致虛極, 수정독守靜篤"이 어렵다. 그래서 이 시대에 무언가를 창조하기란 어렵다. 아인슈타인이 "조용한 삶의 단조로움과 고독은 창의적인 마인드를 자극한다."라고 말한 이치도 같다. 치허致虛하고 수정守靜하면 만물이 스스로 자동으로 창조된다. 단, 극極하고 독篤하게 딜리트해야 한다. 그러면 천재가 아니어도 창조할 수 있다. 딜리트의 기술이 창조의 기술이 되는 것이다.

"○○○를 딜리트하면 새로운 △△△가 자동으로 창조된다."는 방정식을 도출하는 것이 이 책의 목표다. 딜리트의 기술은 무無에서 유有를 창조하는 것이 아니다. 거꾸로 유有를 무無로 만드는 과정에서 자연스럽게 발생하는 창조의 기술이다. 이 시대에는 창조라는 말이 창조를 억압한다. 창조가 신이나 천재의 전유물이 되었기 때문이다.

딜리트의 기술이란 누구나 창조자로 만드는 기술이다. 훈련받은 특정 엘리트나 천재만 창조자가 될 수 있는 것은 아니다. 딜리트 기술에 익숙해지면 나같이 평범한 PD도 창의적인 기획자가 될 수 있다. 나는 매일 출퇴근하는 차 안에서 혹은 호젓하게 산책하며 딜리트의 기술을 사용해왔다. 실제로 그 효능은 탁월했다. '노자와 21세기', '다큐프라임', '세계테마기행', '한국기행' 같은 많은 EBS 프로그램은 딜리트 기술의 산물이다.

스티브 잡스는 애플에 돌아오자마자 제품의 가짓수를 확 줄여 적자 회사를 흑자로 전환시켰다. 제임스 다이슨은 청소기에서 종이봉투를 없앴고 선풍기에서 날개를 없앴다. HBO는 다양한 장르를 딜리트하고 극사실주의 드라마에 집중해 드라마 왕국을 건설했다. 러시Lush는 방부제와 동물실험을 딜리트했고, 와이너리 바롱 필립 드 로트칠드는 오크통으로 와인이 유통되던 시대에 오크통을 딜리트했다. 사우스웨스트 항공사는 기내 서비스를 없앴고, 샤넬은 코르셋과 거대한 치마를 과감히 버렸다. 브라질의 셈코라는 회사는 정년도 없고 출퇴근도 없고 위원회도 없다. 세계적인 생활용품 기업 P&G에서는 아무리 거창한 사업제안도 PPT는 3장을 넘길 수 없다. 링컨의 게티즈버그 연설은 불과 266자, 3분 내외에 불과했지만 바로 직전에 2시간 동안 연설했던 웅변가 에드워드 에버렛Edward Everett을 무색케 했다. 대화의 신, 래리 킹 역시 '간결하고 군더더기 없는 대화'를 강조한다.

이처럼 딜리터는 특정 분야에 한정돼 있지 않다. 피카소와 같은 현대미술의 개척자부터, 미스 반 데어 로에, 르 코르뷔지에와 같은 모더니즘 건축의 창시자, 디터 람스, 조너선 아이브와 같은 산업 디자이너, 오드리 헵번 같은 영화배우, 코페르니쿠스, 갈릴레오 같은 과학자 등 모든 분야에서 딜리터들의 활약으로 역사는 전진했다. 딜리터는 천재가 아니라 세상을 바꾼 사람들이다. 딜리티즘은 시대정신인 것이다.

이 책은 이처럼 막강한 딜리트의 원리를 소개하고, 마지막으로 딜리트의 기술을 쉽게 익힐 수 있는 방법을 제안할 것이다. '딜리트 매트릭스'는 누구나 쉽게 딜리트 기술을 익히고 실천할 수 있는 간단한 방법이다. 새로 무언가를 더하거나 배울 필요가 없다. 누구나 딜리터의 자질을 갖고 있으며 딜리터가 될 수 있기 때문이다. 딜리트의 기술을 실천해보면 곧바로 이것이 새로운 것을 창조하는 마법의 기술이라는 것을 확인하게 될 것이다.

누구나 천재가 될 수는 없어도,
누구나 딜리터는 될 수 있다

우리가 천재가 아니라 딜리터가 되어야 하는 이유

운명과도 같은 존재의 벽, 상황의 벽,
종種의 벽을 뛰어 넘기 위해서는
초인超人이 되거나 벽을 파괴하는 자,
딜리터가 되어야 한다.

1.
창조는
왜
공포인가?

'창조'란 말을 들으면 왠지 주눅부터 든다. 창조는 보통 사람과 무관한 천재나 일부 재능 있는 사람들의 전유물처럼 보이기 때문이다. 내게도 창조, 창의는 절망을 주는 단어였다.

나는 어려서부터 과학에 대한 관심이 높았다. 시골에서 중학을 다닐 땐 물리학자가 되겠다는 꿈을 갖고 구체적으로 키워갔다. 잘 나서지 못하는 성격인데도 과학반 반장을 자진해서 맡았고, 저녁마다 과학실에 남아서 실험을 하며 놀았다. 각종 화학약품을 섞어가며 신물질이라도 개발할 듯이 열중했고, 실험용 알코올램프에 라면을 끓여 먹으며 재미있는 중학생활을 보냈다. 1년에 한두 번도 가기 힘든 읍내 서점에 들를 때면 고등학교 물리, 화학 책을 사다가 잘 이해도 되지 않는 것을 읽고 또 읽었다. 미래에 위대한 과학자가 될 거라는 기대로 재미있게, 열심히 공부했다.

그러던 어느 날 아인슈타인 전기를 읽었다. 이것이 문제였다. 초등학생이나 중학생용으로 나온 150쪽 남짓의 압축된 위인전으로 기억한다. 아인슈타인은 내게 신과도 같았다. 비교도 안 되는 별나라 사람이었다. 그런데 위인전을 읽으면서 꿈을 키운 것이 아니라 반대로 꿈을 접었다. 나 같은 평범한 사람이 되기엔 과학자가 너무도 위대해 보였다. 천재만이 훌륭한 과학자가 될 수 있다고 생각했다. 절망 아닌 절망으로 나의 꿈은 흔들렸지만, 어느 누구도 내게 적절한 조언을 해주지 않았다.

흔들리는 마음을 갖고 수원이란 도시로 유학을 떠났다. 꺾인 날개는 그래도 퍼덕이고 있었다. 적성검사를 하니 수리, 과학 영역의 적성이 상대적으로 높게 나왔다. 물리학을 천재들의 고유영역으로 생각했던 터라, 그 열등감을 극복하지 못하고 결국 문과를 선택했다. 그래도 미련을 버리지 못한 채 빠듯한 입시 스케줄 속에서도 이과 공부를 개인적으로 계속했다. 고3이 되니 더 이상 양다리는 불가능했다. 현실을 선택할 수밖에 없었다. 충실한 문과생이 되기에도 시간이 부족했기 때문이다. 노력에 노력을 거듭한 끝에 원하는 대학, 원하는 학과에 입학할 수 있었다. 과학 다음으로 관심을 가졌던 과목은 역사였는데, 그래서 결국 동양사학을 전공하게 되었다.

위인전이
바보를 만든다

두 아이의 아버지로서 나는 위인전을 권하지 않는다. 특히 짧게 압축된 위인전은 위험하다. 자칫 현실과의 괴리감에 놀라 오히려 꿈을 꺾을 수 있기 때문이다. 사람들은 아인슈타인이 초등학교 때 부적응아였다는 사실을 잊는다. 아인슈타인의 부모는 아들이 학교에 잘 적응하기를 바라며 이탈리아로 이사도 했다. 아인슈타인은 대학도 독일이 아닌 스위스 취리히 공과대학을 선택했다. 졸업 후에도 취업이 되지 않아 전전긍긍했으며, 교수와의 관계가 매끄럽지 않아 대학에 남을 수도 없었다. 유럽의 여러 대학에 지원했지만 조교자리를 얻을 수 없었고, 친구 덕분에 베른 특허국에 가까스로 들어갈 수 있었다. 천재는 결과이지 과정이 아니다.

비틀스도 마찬가지다. 비틀스의 고난행군을 기억하는 사람은 별로 없다. 말콤 글래드웰은 《아웃라이어》에서 비틀스가 독일 함부르크에서 엄청난 시간을 연주에 쏟았기 때문에 연주실력이 급성장했다고 한다. 1960년, 그러니까 1964년 '브리티시 인베이전british invasion'으로 회자되는 비틀스의 미국 진출 4년 전인 1960년에, 비틀스는 무명의 고등학생 록밴드에 불과했다. 비틀스는 우연히 함부르크 인드라 클럽에 초대되어 연주할 수 있었다. 무명 밴드였기에 급료도 제대로 못 받고 엄청난 시간을 연주에만 집중했다. 리버풀에서는 하루에 1시간만 연주할 수 있었는데 함부르크에서는 매일 8시간씩 주말도 없이 밤새 연주했다. 실력이 급신장하지 않는 것이 이상할 정도였다.[3] 결국 4년 만에 실력이 폭발적으로 성장했다.

그런데 우리는 비틀스의 이런 불철주야의 하드 트레이닝 기간은 잊고, 1964년 '브리티시 인베이전' 이후의 비틀스만 기억한다. 그리고 아무나 비틀스처럼 될 수는 없다고 지레 겁먹고 포기한다.

이와 관련해 심리학자들이 흥미로운 연구를 했다. 실험 참가자들에게 위대한 발명을 한 과학자들의 지능을 추정하도록 했다. A집단에는 과학자들이 업적을 남기기까지의 단계, 쏟았던 노력, 실패 과정에 대해 상세하게 설명했다. B집단에는 단지 과학자들의 업적이 얼마나 훌륭한지에 대해서만 소개했다. 과정에 대해 자세한 설명을 들은 A집단은 성취결과만을 소개받았던 B집단 사람들에 비해 과학자들의 IQ를 훨씬 낮게 평가했다. 위대한 과학자들의 IQ가 자신들과 그다지 큰 차이가 없다고 생각한 것이다.[4]

지난한 과정을 보지 않고 결과, 즉 업적만 보면 천재로 보이기 쉽다. 천재라고 알려진 니체조차 소설 쓰기에 관해 이런 말을 남겼다고 한다. "2페이지를 넘지는 않지만 거기에 포함된 모든 단어가 필연적이라고 할 만큼 명확한 소설을 100편 이상 습작해보라. 가장 함축적이고 가장 효과적인 일화의 형식을 배울 때까지 매일 일화를 쓰라."[5] 천재 소설가가 되기 위해서는 다양한 훈련에 20~30년을 투자하라고 충고했다는 것이다. 이렇듯 우리에게 천재는 결과이지 과정이 아니다.

소크라테스도
착각했다

천재에 대한 오해는 소크라테스의 착각에서 비롯됐다. 소크라테스는 "영혼 속에 뮤즈의 광기를 받아들이지 못한 시인이 자신들의 기술로 신전에 들어갈 수 있을 거라고 생각한다. 나는 말한다. 그와 그의 시는 뮤즈의 신전에 발을 들여놓지 못한다."[6]고 말하며 진정한 시인은 뮤즈의 광기를 내려 받은 존재라고 말했다.

그래서 그런지, 언젠가부터 우리는 '천재는 하늘이 내린 것'이라 생각하게 되었다(천재의 '천'조차 하늘 '天'이 아닌가). 천재는 보통 사람들에게 절망을 주는 말이 되었다. 과학과 심리학이 상당히 발전했음에도 불구하고 사람들은 여전히 "천재만이 위대한 과학자가 될 수 있다."며 스스로 천재를 숭배하고 자신을 비하한다. 천재는 이데올로기가 되었고 창의성은 도그마가 되었다. 우리는 스스로가 천재가 아님을 발견하고, 그러므로 창의성이 없다고 단정한다. 스스로 창의성의 싹을 잘라버리고 만다.

심리학이 과학으로 발전하면서 '창의성'이 더 이상 신이 인간에게 준 선물이 아니라는 것이 밝혀지고 있다. 심리학자 생크Roger C. Schank와 클리어리Chip Cleary는 "창의적인 활동은 범위가 다를 뿐 아인슈타인의 뛰어난 재능과 다르지 않다. 창의성은 소수에게만 전해지는 난해한 재능이 아니다."[7]라고 말했다. 재능과 창의성 면에서 아인슈타인과 다르지 않다는 연구결과는 우리에게 위안을 준다. 니체 역시 "재능과 타고난 능력에 대해서 말하지 말라! 타고난 재능이 거의 없어도 위대해진 여러 사람들이 있다. 그들은 위대한 사람이 되었고 천재가 되었다."[8]면서 진정한 천재의 모습을 말하고 있다.

천재는 태어나는 것이 아니라 길러지는 것이다. 위대한 결과를 만든 사람을 천재란 단어로 표현할 뿐이다. 소수를 천재라고 말한 것이 우리의 가슴 속에 살아 있는 천재성을 저격하는 화살이 되고 말았다. 미켈란젤로의 고통스런 창작의 과정을 기억하지 않고, 그가 남긴 작품만 생각한다. 미켈란젤로는 시스티나 성당 천장에 '천지창조'를 그리기 위해 4년간 누워서 고통의 세월을 보냈다.

근대 심리학의 창시자라고 일컬어지는 미국의 월리엄 제임스william James는 천재와 관련해 탁월한 갈파를 했다.

"바보와 천재의 차이점은 오직 잘못된 성향을 끄집어내느냐, 옳은 성향을 끄집어내느냐다. 다시 말하면, 바보는 타고난 소질을 못 쓴 사람일 뿐이다."[9]

각자의 마음속에 내재해 있는 재능과 창의성을 끌어낸다면 우리는 피카소가 될 수도 있고 아인슈타인이 될 수도 있다. 문제는 어떻게 끄집어내느냐다. 딜리트의 기술은 바로 그 내재된 소질을 끄집어내는 기술이다. 두꺼운 껍데기를 부수고 버리면 숨겨진 소질, 재능, 창의성이 세상 밖으로 걸어 나온다.

2.
상실의 역설과
문자의 저주

여전히 천재와 창조가 공포스러운가? 그럴 필요가 없다. 오히려 상실과 결손이 위대한 창조를 만들어낸다.

1900년대 초, 제임스 서버James G. Thurber라는 소년이 있었다. 당시 7세였던 서버는 형과 장난감 활로 빌헬름 텔 놀이를 하고 있었다. 황당하게도 형이 쏜 장난감 화살이 서버의 왼쪽 눈을 맞추었고, 서버는 한쪽 눈을 실명한다. 시간이 지나면서 오른쪽 눈도 차츰 시력을 잃게 되었다.

소년은 우울하고 절망적인 세월을 보냈지만, 그래도 끝까지 포기하지 않았다. 불행이 인생을 바꾸어 놓는 계기가 되었다. 서버는 시력을 잃었지만 신으로부터 상상력이란 선물을 받았다. 처음에는 칠흑 같은 어둠과 절망이 엄습했지만 점차 환영으로 가득한 컬러풀한 세계가 나타났다. 그의 타고난 감수성이 더해지자 실명은 무한한 상상력의 여백을 확장시켜주었다.

서른아홉에 쓴 자서전《제임스 서버의 고단한 생활》이 베스트셀러에 오르면서 그는 미국의 위대한 단편작가이자 유머작가, 만화가가 되었다. 제2의 마크 트웨인이라 불렸고, 그의 작품이 미국 중고교 교과서에 실리며, 소위 국민작가가 되었다. 그에게 실명은 상상력을 발휘하게 하는 계기가 되었다.

세계적인 신경과학자 라마찬드란 교수는 이렇게 말했다. "제임스 서버는 우리가 생각하는 장님이 아니다. 그의 시력은 완전한 사라지거나, 깜깜한 밤하늘에 달빛이나 별빛 없이 어둠으로만 채워져 있는 견딜 수 없는 공허가 아니다. 서버에게 눈이 멀었다는 것은 주위가 밝게 빛나고 별이 반짝이며 흩날리는 세계다."[10] 인간은 무언가 없어지면 거기에 무언가를 채워 넣으려고 한다. 그는 이것을 '채워 넣기'라고 정의했다.

상실과 결핍이 부리는 마법

신경학자 올리버 색스도 정상적인 시각 입력을 박탈당하면 내면의 눈이 그 빈자리를 메우고 꿈이나 환각 혹은 더 생생한 상상을 만들어낸다고 했다. "고독이나 암흑에 갇힌 사람들을 위로하기도 하고 고문하기도 하는 화려한 색과 다양한 성격의 환각에는 심지어 특별한 이름까지 붙어 있다. '죄수의 시네마'다."[11]라고 말했다. 무언가 박탈, 즉 딜리트되면 그 빈자리를 꿈과 상상, 환각이 채운다는 뜻이다. 파킨슨병의 세계적인 권위자인 수전 그린필드Susan Greenfield는 "유년기 초에 시력을 상실하면 겉질 재구성이라는 과정을 통해 청력이 더 예리해진다. 시각 영역이 정상적인 일을 하는 데 쓰이지 않으므로 무엇이든 다른 입력을 받아서 다른 역할을 하는 쪽으로 적응하며, 그 결과 청력이 더 좋아지도록 뇌과정을 돕는다."[12]라고 말했다.

우리의 두뇌는 무언가가를 상실하면 자동적으로 다른 기능을 강화하는 신비한 능력을 가졌다. 언어기능을 주로 담당하는 좌반구가 손상되면, 우반구가 언어능력을 강화한다. 청각을 상실하면 시각이 강화되고, 시각을 상실하면 청각이 강화된다.

파도가 묵직한 무게로 해변에 밀려올 때마다 조약돌들이 덜그럭거리는 게 느껴졌고 그의 맹렬한 습격에 해변 전체가 괴로워하는 듯했다. 공기마저도 파도의 진동으로 부르르 떨렸다. 한껏 힘을 몰아 더욱 강렬하게 도약한 파도가 와락 달려들자, 나는 긴장하면서도 매혹되었다. 세차게 돌진해오는 바다의 엄청난 기세와 포효를 느꼈기 때문이다.[13]

누가 쓴 글일까? 조금만 집중해서 읽으면 단서를 잡을 수 있다. "조약돌들이 덜그럭거리는 게 느껴졌고", "공기마저도 파도의 진동으로 부르르 떨렸다."와 같은 표현으로 보아 촉각이 굉장히 발달된 사람이란 걸 짐작할 수 있다. 맞다. 이 글은 청각과 시각을 상실한 헬렌 켈러Helen Keller의 글이다.

헬렌 켈러는 태어난 지 19개월 되었을 때 심한 열병을 앓았고, 그 후유증으로 청각과 시각을 잃었다. 그럼에도 그녀는 정상인도 이루기 힘든 빛나는 업적을 남겼다. 마치 세상의 모든 소리를 듣고 세상의 모든 빛을 감지하는 것처럼, 어떻게 저렇게 자세하고 생생하게 묘사할 수 있는지 놀라울 따름이다. 20세기 최고의 에세이라 불린 그녀의 자서전을 읽으면 마치 세밀화를 보는 것 같다. 실제로 보고 듣는 것보다 더 상세하고 생생하다. 상실된 그녀의 시각과 청각을 대신해서 촉각과 후각 그리고 마음의 상상력이 현실보다 더 풍부한 세상을 만들었다.

헬렌 켈러는 비록 시력과 청력을 모두 상실했지만 모든 것을 촉각과 감각으로 느끼고 그것을 영상화할 수 있었다. 손가락, 얼굴, 입술 등 그녀의 온몸은 X밴드 레이더보다 더 성능이 좋은 탐지장치였다. 그녀는 나이아가라 폭포에 가서 그 웅장함과 아름다움을 느낄 수도 있었다. 해변에서 조약돌과 공기의 진동을 통해 파도가 밀려오는 기세를 느꼈다. 물풀과 수련, 강기슭에 우거진 덤불 등의 향기로 방향을 잡으면서 혼자서 노를 저으며 카누도 탔다. 헬렌 켈러에게 장애는 당사자가 아니면 알수 없는 고통이었다. 그러나 장애가 끝은 아니었다. 정상인보다 뛰어난 촉각과 후각으로 새롭게 우주를 읽어낼 수 있었으니 말이다. 딜리트는 생각지도 않았던 능력을 인간에게 선물하기도 한다. 역사 속 인물들의 사례에서도 확인할 수 있다.

《사기》는 궁형이 만들어낸 걸작?

《사기史記》라는 불멸의 역사서도 사마천司馬遷의 불행에서 시작되었다. 《사기》는 130편, 52만 6,500자에 이르는 방대한 역사서다. 사마천은 어떻게 이 방대하고 위대한 《사기》를 쓸 수 있었을까? 사마천은 《사기열전》 마지막 편에 '태사공자서'란 자서전도 남겼다.

그가 《사기》를 집필할 수 있었던 첫째 힘은, 사관이었던 아버지 사마담의 위대한 유언이었다. 사마담은 "주공周公이 세상을 떠난 지 500년이 지나 공자孔子가 있게 되었고, 공자가 죽은 뒤 지금에 이르기까지 500년이 되었으니, 다시 밝은 세상을 이어받고 《역전易傳》을 바로잡고 《춘추春秋》를 이어받고 '시詩'·'서書'·'예禮'·'악樂'의 근본을 밝히는 자가 있을 것이다."[14]

라고 강력히 예언했다. 그는 아들에게 역사가가 되라는 유언을 남겼다. 자기 자식을 500년 만에 나올 인물로 지명하는 아버지의 뜻을 사마천이 거역할 수는 없었다. 사마천은 "선친의 뜻이 여기에 있지 않았는가! 그 뜻이 여기에 있지 않았는가! 내가 어찌 감히 사양하겠는가?" 하고 사관이 되어 아버지의 유업을 받들겠다는 굳은 결의를 다졌다.

그러나 사마천에게 불행이 찾아왔다. 황제에게 불경죄를 저지르고 만 것이다. 사마천이 당시 흉노를 정벌하려 나섰다가 패한 이능李陵을 두둔했는데, 이것이 황제의 역린을 건드렸다. 이능은 흉노족과 5,000명 대 8만 명으로 절대적 열세 속에 8일간 용감하게 싸웠다. 버티고 버티었지만 끝내 지원군은 오지 않았고, 이능은 항복하고 말았다. 사마천은 그런 이능을 비호했다가 투옥되고 궁형宮刑을 받게 된다. 궁형은 한마디로 남성의 성기를 잘라 거세하는 형벌이다. 환관들처럼 말이다. 치욕스런 형벌이었지만 그는 그 후 청사에 길이 남을 역사 저술을 선택했다.

역설적으로 궁형이 사마천으로 하여금 《사기》 집필에 집중하게 했다. '태사공자서'에서 이것을 가늠할 수 있는 일단을 확인할 수 있다. "이것이 내 죄인가? 이것이 내 죄인가? 몸이 망가져 쓸모가 없게 되었구나." 하고 탄식하고는 이렇게 기술했다.

"옛날 서백(西伯, 주나라 문왕)은 유리羑里에 갇혔기 때문에 《주역周易》을 풀이했고, 공자는 진陳나라와 채나라에서 고난을 겪었기 때문에 《춘추》를 지었으며, 굴원屈原은 쫓겨나는 신세가 되어 《이소離騷》를 지었고, 좌구명左丘明은 눈이 멀어 《국어國語》를 남겼다. 손자孫子는 다리를 잘림으로써 《병법兵法》을 논했고 (…) 이런 사람들은 모두 마음속에 울분이 맺혀 있는데, 그것을 발산시킬 수 없기 때문에 지나간 일을 서술하여 앞으로 다가올 일을 생각한 것이다."[15]

아마도 궁형이 아니었으면 중국사에 길이 남을 《사기》가 세상에 나오지 않았을 것임을 암시하는 부분이다. 이처럼 하나의 능력이 딜리트되면 또 하나의 능력이 창조된다. 거꾸로도 가능할 것이다. 핸드폰이 나오자 전화번호를 외우는 필요와 능력이 감퇴되었다. 노래방이 나오자 가사를 외워 라이브로 부를 수 있는 노래의 숫자가 줄었다. 내비게이션이 나오자 지리감각이나 방향감각이 퇴보했다.

세계적으로 영국 택시기사의 지리감각은 정평이 나 있다. 승객이 어떤 주문을 해도 한 치의 오차 없이 목적지에 데려다준다. 2000년 런던 대학의 엘리노어 맥과이어Eleanor Maguire 연구진은 런던의 택시기사들의 뇌를 촬영해보았다. 놀랍게도 운전경력이 긴 기사일수록 해마가 컸다. 뇌의 어느 부분을 자주 사용하면 해당 부위가 더 활성화되고 물리적인 변화까지 일어난다는 사실이 증명된 것이다.[16]

문자의 저주에 걸려
기억을 잃다

문자가 없던 시절, 인간의 기억력은 믿기 어려울 정도로 대단했다. 2008년 다큐프라임을 처음 출범시킬 때 이와 관련 흥미로운 프로그램을 만들었다. '하늘의 땅, 몽골 - 초원의 전설, 토올'이라는 제목이었다. '토올'은 문자가 없던 시절부터 구전되어온 몽골의 대서사시다. 전통 영웅과 대자연에 관한 내용이다. 우리는 '토올'이 어떻게 전승되어왔는지를 추적했다.

　　토올 중에는 그 분량이 무려 7만 줄, A4 용지로 3,500쪽 달하는 것도 있다. 이는 인류 최대의 장편 서사시로, 토올을 연주하고 구송口誦하는 사람을 '토올치'라고 한다. 토올치는 3~4일간 이것을 모두 암송했다. 토올은 지금까지 기록 없이 오로지 구송만을 통하여 1,000년 넘게 전승되어왔다. EBS 취재팀은 토올치의 전설, 발땅더러찌를 취재하고 토올구송을 실연實演했다. 1979년생인 발땅더러찌는 몽골에서 대를 이은 유일한 토올치다. 그는 알타이 산맥 만년설 앞에서 대자연을 찬미하는 '더워하르 부흐'라는 토올을 암송했다. 그는 기억력의 비밀에 대해 이렇게 말했다.

　　"제 암기력이 좋다고 생각해본 적은 없습니다. 저 같은 경우는 토올을 들은 다음 날은 그 토올의 내용과 주인공들을 마음속에 그리면서 상상합니다. 그런 다음 이런 내용이 나온다고 마음속으로 그립니다. 생각하면서 외우는 방식으로 여태까지 익혀왔어요."

문자 기록이 있었다면 그렇게 암송할 수 있었을까? 아마 하지 못했을 것이다.

호메로스Homeros의 고대 그리스의 서사시 《일리아스》와 《오디세이아》가 어떻게 3,000년 가까이 원형이 보존되었는지 아는가? 《일리아스》는 1만 5,700행이고 《오디세이아》는 1만 2,000행 정도로 방대한 서사시다. 그리스의 수많은 작품이 역사와 시간의 시험 속에 명멸해가며 그 자취를 감춰왔다. 돌로 만들어진 건축물조차 시간의 하중을 견디지 못하고 폐허로 변했다. 하지만 이 두 작품은 그리스 문자가 만들어지기 수백 년 전에 만들어졌음에도 불구하고 살아남아 인류의 스토리텔링의 원형이 되고 있다.

이것을 이해하는 것 또한 딜리트의 신비와 연관 지을 수 있다. 딜리트는 불가능을 가능으로 만들어놓았다. 《일리아스》나 《오디세이아》가 처음부터 드라마 대본처럼 문자 기록으로 존재했다면 사라졌을 수도 있다. 수많은 책이 그랬듯이 불태워지거나 분실돼 역사에서 사라졌을 것이다. 역설적으로 글자가 없어 구전되었기 때문에 살아남았다.

두 작품은 문자 이전부터 구전되었는데, 이 구전의 신비를 벗겨낸 사람이 나타났다. 33세의 나이에 총기 오발사고로 요절한 미국의 밀먼 페리Milman Parry다. 밀먼 페리는 1928년에 프랑스어로 호메로스 스타일에 관한 논문을 발표했다. 1933~1935년 사이에 하버드 대학 조교수로 있을 때 구전시가에 대해 연구하고 기록하기 위해 유고슬라비아를 두 차례 여행했다. 그는 거기서 문맹文盲인 음유시인들이 역시 문맹인 청중들에게 아직까지도 영웅 서사시들의 노래를 읊어주는 것을 보고 영감을 얻었다. 그들은 하루 2시간씩 14일 분량의 장편 서사시를 암송하고 있었다.

페리는 음유시인들이 오히려 문맹이기 때문에 장편 서사시를 암송할 수 있었다는 점을 발견했다.[17] 《일리아스》, 《오디세이아》도 문자가 없었던 수백 년의 시간 동안 구전되다가, 나중에야 문자로 확정되었다. 문자가 없던 시절, 인간의 기억력은 문자 시대보다 뛰어났다. 우리도 문자를 딜리트하면 상상력이 더 풍부해지지 않을까?

소크라테스는 문자의 제약을 알았다. 그는 제자 파이드로스Phaedrus와의 대화에서 문자의 탄생이 인간의 창의성에 방해가 될 수 있다고 걱정했다. "(문자의) 발명은 배우는 자의 영혼을 망각하게 할 것"[18]이라는 그의 예언이 점점 현실이 되어가는 것 같다. 인간은 더 이상 암기하려 하지 않는다. 문자라는 기표記標에 매몰

되어 속뜻을 소홀히 하고 있다. 미디어를 딜리트해보자. 문자, TV, 핸드폰, 인터넷을 딜리트해보자. 그러면 상상의 세계, 새로운 창조의 세계가 찾아올지 모른다.

한 심리실험에서 피실험자들에게 "타조의 눈이 뇌보다 크다."라는 단순한 문장을 주었다. A집단에게는 그 문장을 저장해두었다고 했고, B집단에게는 문장을 지웠다고 했다. 나중에 기억력 테스트를 했더니 문장이 저장되었다고 알고 있는 A집단의 기억력 더 나쁘게 나왔다. 이와 비슷한 '구글 이펙트'라는 말이 있다. 구글에 모든 것이 있다고 믿는 순간 우리는 아무것도 기억할 수 없을지 모른다. 과잉의 시대에 인간의 뇌는 똑똑해지는 것이 아니라 멍청해지고 있다. 문자를 딜리트하면 문자의 속뜻까지 읽어낼 능력이 생기지 않을까? 불립문자不立文字의 세계에 참 진리가 있을지 모른다.

3

사람들은
왜 폐허를
찾는가?

이탈리아의 폼페이 유적지는 늘 사람들로 붐빈다. 콜로세움도, 네로 황제의 황금저택도, 사람들의 발길이 끊이지 않는다. 그리스의 파르테논 신전도, 캄보디아의 앙코르 와트도, 크메르 제국의 수도 앙코르 톰도 마찬가지다.

사람들은 왜 폐허廢墟를 찾을까? 시각과 청각을 자극하는 그 무엇도 없는 곳, 거기에는 판타지도 없고 스펙터클도 없으며, 현란한 조명과 선율도 없다. 그런데도 우리가 폐허를 잊지 않고 찾는 이유는 무언가 마음을 끄는 매력이 있기 때문이다.

인간은 화려한 문명의 증거물들을 파괴하고 폐기해왔다. 인간은 창조의 주체이면서 동시에 파괴의 장본인이었다. 역사의 후예는 문명의 계승자가 아니라 파괴자였다. 솔로몬의 성전은 바빌론의 느부갓네살이 BC 586년에 파괴했다. 느부갓네살이 건축한 바벨탑은 BC 482년 페르시아 황제 키루스 2세가 파괴했다. 평지에 90m 높이로 우뚝 솟아 있는 바벨탑이 군사용 감시탑으로 활용될 것을 두려워했기 때문이다. 알렉산더 대왕은 BC 330년에 페르시아의 페르세폴리스를 폐허로 만들었다. 캄보디아의 앙코르 와트는 힌두사원으로 지어졌지만 왕조가 바뀌기도 전에 불교사원으로 용도가 변경되었다.

인류의 역사는 이처럼 파괴와 창조가 교차하며 흘러왔다. 파괴는 새로운 창조의 터전이 되어왔다. 파괴되지 않았다면 진보하지도 않았을 것이다. 폐허는 파괴를 증거하고 진보를 예고한다. 폐허를 만나면 더 파괴하고 싶은 욕망보다 그곳에 뭔가를 짓고 싶은 마음이 든다. 폐허는 딜리트된 역사의 장소이고, 그래서 우리는 폐허에 가면 무언가를 창조하고 싶어진다.

창조와 생명을 잉태한
노자의 땅

폐허廢墟는 공空과 허虛의 장소다. 허虛와 토土가 만나면 폐허의 허墟가 된다. 곧 폐허는 허虛의 땅이 되었다. 공허의 땅, 비워진 땅이다. 폐허는 노자의 땅이다. 앞에서 말했듯이, 노자가 역설한 '치허극(致虛極. 극도의 비움에 도달하다.)'의 땅이다. 현대인은 극도로 허虛해진 땅도 동경한다. 노자는 치허극해야 만물이 함께 만들어진다고 했다. 폐허는 다시 회생할 수 없는 파괴의 종장. 시간의 종말이 아니다. 생명을 잉태하고는 시작을 예고하는 땅이다. 또한 노자의 땅. 딜리트의 땅이다.

딜리트가 창조를 명령하듯 폐허도 창조를 유혹한다. 폐허에 가면 우리는 공허해지는 것이 아니라 뭔가를 상상하게 된다. 절망의 땅이 아니고 희망이 움트는 생명의 땅이다. 파괴의 역사를 성찰하고 탄생의 유혹에 끌리는 장소다. 이것이 바로 우리가 폐허를 찾아가는 이유다.

미국의 저명한 조경학자 존 B. 잭슨John Brinckerhoff Jackson은 폐허의 필요성을 역설했다. 그는 《폐허의 필요성The Necessity for Ruins》이란 책에서 "폐허는 복원이나 원래의 모습으로 돌아가는 것을 유혹한다. 갱신되고 개혁되기 전에 죽음과 거부의 시간이 있어야 한다. 풍경이 거듭나기 위해서는 구舊질서가 죽어야 한다."[19]고 말했다.

죽지 않으면 부활할 수 없다. 죽음은 부활의 전제조건이다. 부활은 과거의 반복과 재현이 아닌 새로운 창조다. 죽을 때는 육신뿐만 아니라 그 위에 걸쳐진 옷까지 모두 죽는다. 구습이 함께 사라지는 것이다. 원형질만 남는다.

새롭게 태어날 때 폐허는 새 옷을 입는다. 폐허는 곧 탄생을 상기시킨다. 소멸은 아름답다. 나무가 썩어서 흙이 될 때 우리는 새로운 창조의 원료를 만난다. 유프라테스강의 진흙이 땅을 비옥하게 하고, 또 지구라트를 구성하는 벽돌의 원료가 되듯이 정형의 문명이 파괴될 때 부정형의 새로운 것이 잉태된다.

이탈리아 고고학자 살바토레 세티스Salvatore Settis는 "(폐허는) 고대의 죽음을 증언하면서 동시에 재탄생을 예고한다. 그런 의미에서 폐허들은 단지 죽은 고대 세계뿐만 아니라 간헐적이고 주기적인 새로운 생명으로 다시 깨어남에 대한 강력한 은유적 인식소認識所이며 동시에 명백한 증거다."[20]라고 말했다. 폐허는 재탄생을 예고한다. 과거를 판박이처럼 재현하는 것이 아니라 재창조하는 것이다.

모더니즘 건축의 개척자 르 코르뷔지에Le Corbusier는 그리스, 로마 고대 건축과 폐허를 순례했다. 그리스 파르테논 신전 앞에서 그는 숨을 멈추었다. "가장 창조적인 영혼들로 하여금 1시간 동안 몽상에 잠기게 한다. 대단하지 않은가? (…) 이 폐허에서 들려오는 설명할 수 없는 울림은 감각과 이성 사이에 깊은 골짜기를 파고 있었다."[21] 그는 이렇게 말하며 폐허가 얼마나 사람을 상상하게 만드는지 피력했다.

그는 폐허 속에서 새로운 생명의 씨앗을 발견했다. 원기둥과 직사각형 같은 건축구조가 남아 있는 폐허에서 모더니즘 건축을 발굴했다. 기둥이 하중을 받치고, 기하학적 형태를 띤 고대 건축은 미니멀한 근대 건축에서 부활했다. 노자의 땅, 딜리트의 땅, 폐허는 죽음이 아니라 창조의 생명을 잉태하고 있다.

숭배자는
창조하지 않는다

나도 폐허를 만나 진정한 크리에이터가 될 수 있었다. 내게 폐허는 창작의 산실이요, 크리에이티브의 스승이었다. 파괴된 곳에 가면 천재든 바보든 동시에 무언가를 건축한다. 거대한 자금성을 보면 우리는 감탄한다. 321m 높이의 두바이 버즈 알 아랍 호텔을 보면 먼저 숨이 턱 막힌다. 미얀마 수도 양곤에 있는 112m 쉐다곤 파고다에 가보라. 이웃나라 캄보디아의 앙코르 와트와 수도 앙코르 톰과는 완전히 대조적이다. 거의 아무런 훼손도 없이 앙코르 와트만 한 사원이 찬란한 황금으로 덮여 있다. 세상에 이렇게 큰 금덩이가 있다니! 이렇게 거대하고 완벽한 것을 만나면 감탄하고 숭배할 뿐 창작하지 않는다. 크리에이터는 숭배받는 자이지 숭배하는 자가 아니다. 인간은 완벽하고 이례적인 판타지를 만나면 감탄하고 숭배한다. 숭배자는 창조하지 않는다. 인간이 마천루에 집착하는 것은 숭배받기 위해서다. 인간은 숭배자의 운명으로 탄생되었지만, 늘 거역의 삶을 살아왔다.

나는 최근 10년 동안 '폐허 전문' PD로 살았다. 2011년 앙코르 문명에 대한 세계 최초의 3D 입체 다큐멘터리 '신들의 땅, 앙코르'를 연출했고, 2013년엔 마찬가지로 3D 입체 다큐멘터리로 폐허가 된 바벨탑, 공중정원에 관한 '위대한 바빌론'을 제작했다. 특히 '신들의 땅, 앙코르'는 반응도 좋아서 여러 상을 수상하기도 했다. 미국의 스미소니언 채널이 35만 달러에 수입해갔는데, 이것은 2018년 현재까지도 국내에서 수출한 다큐멘터리 가운데 최고가다. 앙코르 문명, 바빌론 문명과 같은 폐허를 만난 덕분에 나는 창조적인 PD로 거듭날 수 있었다. 폐허가 준 선물이었다.

르네상스 화가 라파엘로 산치오Raffaello Sanzio도 폐허에서 르네상스를 창조했다. 라파엘로는 바티칸궁 로지아loggia 장식벽화를 고대 로마의 폐허에서 착안했다. '로지아'는 한쪽은 벽으로 막혀 있고 반대편은 기둥으로만 되어 밖으로 개방된 복도다. 현재 바티칸궁 로지아에는 그로테스크한 장식벽화가 그려져 있다. 라파엘로는 폭 4m에 길이가 65m나 되는 로지아에 고대 로마와 르네상스 분위기의 다양한 프레스코화를 그렸다.

1515년, 32세였던 라파엘로는 로마 고대유적을 발굴하는 총 책임자 역할도 맡고 있었다. 그런데 당시에 갑자기 고대 로마의 유적이 발견되었다. 알타미라 동굴벽화가 소년들에 의해 발견된 것처럼, 한 젊은이가 땅에 난 틈으로 추락했는데 놀랍게도 그곳에는 다양한 문양의 벽화가 그려져 있었다. 1,400년 전 고대로마 유적이 우연히 발견된 것이다. 거기에는 동물, 꽃, 인간의 머리, 아라베스크 문양 등이 괴기스럽게 그려져 있었다. 이탈리아어로 동굴이 '그로토grotto'인데, 동굴에서 발견된 괴기스런 모양이라 하여 '그로테스크grotesque'로 불리게 되었다. 르네상스의 그로테스크 양식은 이렇게 시작되었다.

그곳은 AD 64년 로마가 불타고 난 후 네로가 지은 황금주택Domus Aurea의 일부였다. 기록으로만 전해지던 네로의 황금주택이 1,400년 동안 땅속에 묻혀 있다가 한 젊은이의 우연한 사고를 계기로 폐허가 되어 돌아왔다. 유적발굴 책임자가 된 라파엘로는 수직갱도를 줄을 타고 내려갔다. 그리고 거기에서 환상적이고 기괴한 형태의 동물, 사람, 꽃, 화환, 당초들이 뒤섞여 있는 것을 보았다. 1,400년이라는 세월의 흐름으로 인해 변색, 변형되고 훼손된 그로토의 벽화를 보고 라파엘로는 무엇을 상상했겠는가?

그는 폐허에서 받은 영감을 바탕으로 바티칸궁 로지아를 그로테스크한 그림으로 장식했다. 그리고 이것은 르네상스의 대표적인 양식이 되었다. 라파엘로가 폐허를 방문하지 않았다면 현재 바티칸궁 로지아의 예술도 탄생하지 않았을 것이다. 폐허는 라파엘로에게 놀라운 것을 창조하도록 유혹했다.

"솔로몬이여, 나는 당신을 넘어섰도다!"

동로마 제국의 유스티니아누스 황제Justinianus I는 기독교에 대한 남다른 관심을 가졌다. 532년 1월에 니카nika의 반란으로 콘스탄티노플과 대교회가 불타서 파괴된 후, 황제는 전례 없는 교회를 짓고 싶어 했다. 대화재가 발생한 지 6주도 지나지 않아 설계도를 준비했고, 39일 만인 532년 2월 23일에 세상에 존재하는 어떤 교회보다 큰 교회를 짓는 데 돌입했다. 그리고 건축을 시작한 지 5년 10개월 만에 대교회가 완성되었다. 바로 터키의 '하기아 소피아Hagia Sophia'다. 'Hagia sophia'는 '성스러운 지혜'라는 뜻이다. 처음에는 기독교 성당, 나중에는 이슬람 모스크로 이용되다가 현재는 박물관이 되었다.

하기아 소피아는 기존의 바실리카Basilica 형식을 과감히 버리고 중앙 돔dome 형식을 취했다. 콘스탄티누스 이후 교회들은 경사지거나 직사각형으로 둥글게 지붕을 표현하는 바실리카 양식을 채택해왔다. 하기아 소피아는 세상에서 가장 높고 큰 '세계의 돔'을 가졌다. 이것은 건축혁명이었다. 중앙에 기둥 없이 중력을 이길 수 있는 50m 높이의 돔을 만든다는 것은 당시로선 기적이었다.

황제는 이런 중력의 문제를 해결하기 위해 건축 전문가가 아니라 수학과 과학 전문가인 안테미우스와 이시도루스를 건축 책임자로 임명했다. 기존의 교회건축의 문법을 파괴하고 새로운 방법을 만들어냈다. 황제도 딜리터요, 안테미우스나 이시도루스도 딜리터였다.

537년 12월 27일 황제는 봉헌식에 참여하여 1,000마리의 황소, 6,000마리의 양, 600마리의 수사슴, 1,000마리의 돼지, 그리고 1만 여 마리의 새와 닭을 제물로 바쳤다. 그리고는 그는 "신에게 영광을, 내가 이런 과업을 완수할 만한 가치가 있다고 누가 생각했겠는가. 오, 솔로몬이여, 나는 당신을 넘어섰도다!"[22] 하고 자랑했다. 그만큼 하기야 소피아는 규모나 건축양식에 있어서 전례가 없는 예배당이었다. 소실된 교회의 폐허를 보고 황제는 지금까지 보지 못한 교회를 상상했다. 그리고 교회 건축의 전문가가 아닌 수학자와 과학자에게 임무를 맡겨 전례 없는 '세계의 돔'을 창조했다.

당시 황제 옆에서 비잔틴 역사를 기록한 프로코피우스Procopius는 의미심장한 말을 남겼다. "만일 누군가 화재 이전의 기독교를 탐구했다면, 그리고 교회가 파괴되어야 한다는 소망을 가지고 있다면 (…) 그들은 그 건물이 현재의 형태로 바뀌도록 하기 위해서 그들의 교회가 즉시 파괴될 것을 기도했을 것으로 보인다."[23]며 극찬했다. 교회가 파괴되기를 기도할 정도로 파괴 이후 건축된 하기아 소피아는 황홀했다. 사람이 아니고 신이 직접 지은 신전 같았다. 얼마나 훌륭했으면 자신들의 현재 교회가 파괴되길 기도할 수 있을까?

폐허에 가야 하는 이유가 여기 있다. 폐허는 데카당스의 상징이 아니다. 폐허 위에서 인간은 절망하지 않고 상상한다. 먼저 딜리트하면 그때부터 새로운 것이 보인다. 새로운 것이 떠오른다. 새로운 것이 연상된다. 스스로 딜리트할 수 있는 자가 미래를 창조할 수 있다.

4

오래된 생각
제거하기

딜리트 효과에 관한 재미있는 실험이 하나 있다. 1950년대 초 도널드 헵Donald hebb 등 캐나다 맥길 대학교 연구자들이 처음으로 고안한 '감각박탈 실험Sensory deprivation'이다. 사람들에게 청각, 시각, 촉각 등을 박탈할 때 어떤 일이 일어나는가를 알아보는 것으로, 후에 윌리엄 벅스턴William Buxton 교수는 이 실험을 좀 더 일반화시켜 14명의 대학생을 대상으로 촉각, 시각, 청각을 제한하는 실험을 했다. 학생들은 빛과 어둠만 지각할 수 있는 반투명 안경을 쓰고, 촉각을 제한하는 장치를 부착한 후 외부 소음이 들리지 않도록 방음방치가 된 작은 방에 갇혔다.

학생들은 처음에 주로 잠을 잤다. 얼마 정도 시간이 지나자 깨어 있는 시간 동안 몹시 지루해했고 자극을 갈망했다. 감각적 자극이 거의 다 차단되었기 때문이다. 시간이 더 지나자 다양한 종류의 자기 자극이 일어났다. 두뇌게임, 숫자 세기, 공상에 이어 드디어 시각적 환각까지 나타났다. 환각은 단순환각에서 복합환각으로 발전해, 아시아인, 독일군 철모, 다람쥐 등과 같은 복합적이고 다양한 것들이 나타났다. 환각은 자동적으로 진행되었고, 개인의 성향이나 상황과 연관성이 없어 보였다. 감각을 딜리트하니 새로운 것이 창조된 것이다.[24]

왜 이런 일이 벌어질까? 예를 들어 소파 아래 틈으로 고양이 꼬리가 보였다고 하자. 우리는 실제로 꼬리만 보았다. 그러나 두뇌는 고양이의 전체 이미지를 구성한다. 보이지 않는 부분을 우리의 뇌가 채워 넣은 것이다. 우리가 의식적으로 노력해서 이미지를 채운 것이 아니라 자동적으로 그렇게 된다. 앞서 언급했듯이 라마찬드라 교수는 "인간의 마음은 자연과 마찬가지로 진공을 싫어하며, 장면을 완성하기 위해 무슨 정보든 채우려 한다."고 주장했다. 진공이 생기면 인간은 뭔가로 이것을 채운다. 빈 공간을 그냥 놔두지 않고 무언가로 채우려하는 뇌의 특성 때문에 딜리트는 창조의 계기가 된다.

다음 페이지의 그림을 유심히 관찰해보라. 무엇이 보이는가? 입을 벌리고 있는 듯한 검은색 원 3개가 보이는가? 아니면, 다른 것이 보이는가? 곧바로 우리는 정중앙의 정삼각형을 발견하

| 카니자의 삼각형 |

게 될 것이다. 신기한 일이다. 카니자는 정삼각형을 그리지 않았다. 삼각형의 라인은 하나도 존재하지 않는다. 그런데 있지도 않은, 선도 없는 삼각형을 우리는 발견한다.

1955년에 이탈리아 심리학자인 카니자Gaetano Kanizsa 교수가 '카니자의 삼각형'이란 것을 개발했다. 환영의 삼각형이다. 심지어 가운데의 흰 삼각형은 주변의 흰색보다 더 밝게 보인다. 실제로 삼각형 주변의 컬러는 전혀 차이가 없다. 그럼에도 우리는 순식간에 머릿속에서 삼각형을 그려 넣었다. 우리의 의지와 상관없이 뭔가가 탄생되었다. 창조가 반드시 의지의 산물은 아니다.

두뇌의 마법,
자동창조

우리의 두뇌는 마법사다. 지능이 높든 낮든 두뇌는 삼각형을 창조한다. 딜리트는 누구나 창조자로 만들 수 있다. 실제로는 3개의 검은 원에서 각각 하나씩 부채꼴 조각을 딜리트했을 뿐이다. 3개의 부채꼴을 딜리트했더니 자동으로 전혀 다른, 존재하지도 않았던 삼각형이 창조되었다. 이 창조과정에 우리는 에너지를 사용하지도 않았고 스트레스를 받지도 않았다. 이것이 딜리트의 마법이고 딜리트 이펙트다.

비우는 것이 창조를 부추겼다. 노자의 말대로 극단적으로 비웠더니 만물이 아울러 생겨났다. 여기서 중요한 것은 딜리트의 효과가 즉각적이고 자동적으로 일어났다는 점이다. 비자카드의 창립자 디 호크Dee Hock는 이렇게 말했다.

"문제는 새롭고 혁신적인 생각을 어떻게 마음속에 집어넣느냐가 아니다. 그보다 오래된 생각들을 어떻게 제거하느냐에 달려 있다. 모든 마음은 낡은 가구로 가득 차 있는 건물이다. 마음의 한구석을 비워라. 그러면 창의성이 즉시 그 자리를 채울 것이다."

즉시성에 주목할 필요가 있다. 인간의 두뇌는 즉시, 자동적으로 생각하거나 창조하는 능력을 가졌다. 두뇌에서 시스템1이

작동하는 것이다. 시스템1은 어떤 변인이 주어졌을 때 숙고하지 않고 즉각적이고 자동적으로 대응하는 사고방식이나 행동방식을 말한다. 남자 화장실 소변기에 파리 모양 스티커를 붙여놓으면, 남자들은 자동적으로 파리를 향해 오줌을 발사한다. 아무런 안내나 암시가 없어도 파리에 조준 사격을 가한다. 즉각적이며 자동적인 시스템1이 무의식중에 작동한 것이다.

행동경제학의 창시자이자 노벨 경제학상 수상자인 심리학자 대니얼 카너먼Daniel Kahneman은 이런 인간의 사고체계를 시스템1과 시스템2로 도식화해서 설명했다. 카너먼은 거의 혹은 전혀 힘들이지 않고 자동적으로 빠르게 작동하는 인지체계가 시스템1이라고 정의했다.

　　주변에서 갑자기 큰 비명소리가 났다. 우리는 어떻게 반응하는가? 곧바로 소리가 나는 쪽으로 고개를 돌릴 것이다. 끔찍하게 난자당한 사람의 사진을 보면 어떻게 반응할까? 아마두 눈을 곧바로 감을 것이다. 반대로 아름다운 여인의 나신이 찍힌 사진을 보면 어떨까? 사람에 따라 다르겠지만, 끔찍한 사진을 볼 때와는 다를 것이다. 스위스의 몽블랑이나 브라질의 이구아수폭포 같은 것을 보면 어떨까? 아마 누구나 동공이 보통 때보다 커질 것이다. 실제로 실험을 해봤더니 아름다운 풍광을 볼 때 사람의 동공이 커진다고 한다.[25]

《넛지》[26]의 저자 리처드 탈러Richard H. Thaler와 법률가 캐스 선스타인Cass R. Sunstein은 카너먼의 시스템1을 '자동시스템'이라고 정의했다. 미국인들은 온도를 화씨로 표현할 때는 자동시스템을 사용하고, 섭씨로 표현할 때는 숙고시스템을 사용한다고 한다. 이런 자동시스템에 대응되는 것이 숙고시스템이다.

숙고시스템은 말 그대로 무엇을 보고 판단할 때 오랜 시간을 두고 숙고해야 한다. 어려운 수학문제를 풀 때 우리는 숙고시스템을 사용할 수밖에 없다. 중요한 정책을 결정하거나 복잡한 문제를 해결하고자 할 때 역시 숙고시스템을 이용할 수밖에 없다. 이런 숙고시스템을 카너먼은 시스템2라고 부른다. 시스템2를 작동시키려면 집중력과 노력이 필요하다. 시스템1처럼 자동적으로 혹은 무의적으로 일어나지 않는다.

핸드폰 디스플레이는 시간이 지나면 자동으로 꺼진다. 아이폰은 사진을 촬영할 때 '찰칵' 소리가 나게 설계되어서 몰래 촬영하는 것을 방지했다. 작은 그릇에 밥을 담아주면 큰 그릇에 줄 때보다 적게 먹는다. 아이에게 과일을 많이 먹이려면 따라다니면서 잔소리를 하거나 다그칠 것이 아니라, 아이 손이 닿기 쉬운 곳에 항상 과일을 놔두면 알아서 먹는다. 이 모든 것이 넛지다. '팔꿈치로 옆구리를 쿡 찌르듯이' 유연한 개입으로 사람들이 더 좋은 선택을 하도록 유도하는 것이다.

비슷한 사례가 또 있다. 오스트리아에서는 장기기증자 비율이 99%를 넘지만 독일에서는 12%밖에 안 된다. 이것은 두 나라 사람들의 문화적 차이 때문이 아니다. '디폴트 규칙'이 다르기 때문이다. 오스트리아에서는 생전에 장기기증을 거부하겠다는 의사를 밝히지 않으면 자동적으로 장기기증자로 간주한다. 그러나 독일은 장기기증 여부를 묻는다.[27] 무엇을 디폴트로 정하느냐에 따라 장기기증자 비율이 하늘과 땅 차이로 벌어진다. 넛지를 잘 설계하면 자동시스템이 작동된다. 그러면 힘들이지 않아도 성과를 낼 수 있다.

자동창조 시스템의
스위치를 올려라

딜리트의 원리는 바로 이런 자동시스템과 유사하다. 딜리트하면 일종의 자동시스템이 작동된다. 딜리트 이펙트의 메커니즘은 시스템2, 즉 숙고시스템으로 시작한다. 의도와 노력이 필요하다. 딜리트 사고나 행위 자체는 딜리트의 필요성에 공감하고, 인위적으로 혹은 의도적으로 시작해야 한다. 리모컨의 버튼을 딜리트해야겠다는 목적을 가지고 의식적으로 사고하고 행동해야 리모컨의 버튼이 사라진 모습을 상상할 수 있다.

　버튼 없는 리모컨을 상상해보면 다양한 모습이 떠오를 것

딜리트	예비 시간	1차 창조	정리	아이디어	체계화	최종 창조
시스템 2		시스템 1	시스템 2	시스템 1	시스템 1+2	시스템 2
의도	잠시	자동	조사	기획	계획	집행

| 창조의 메커니즘 |

이다. 버튼이 획기적으로 줄어든 리모컨, 심지어 버튼이 전혀 없는 리모컨이 떠오를 수도 있다. 아니, 리모컨 자체가 사라지면 어떨까? 인공지능 리모컨은 어떨까? 위에 딜리트하면 창조되는 메커니즘을 도표로 정리해보았다. 여기에서는 방법만 간단히 살펴보고 4부에서 실습을 해볼 것이다.

무언가를 기획하거나 아이디어를 창출하기 위해서는 위의 표처럼 처음에는 의도적으로 딜리트해야 한다. 그러면 잠시 후에 자동시스템이 가동되어 1차 아이디어가 떠오른다. 그러면 그것을 정리하고 기록해야 한다. 그러면서 자동적으로 아이디어가 구체성을 갖게 된다. 이런 과정을 반복하면 체계화가 이뤄지고 결국에는 실행 가능한 최종 아이디어가 만들어진다.

딜리트라는 명령어가 넛지처럼 착용하기 때문에 우리 두뇌는 명령을 받은 후 즉각적인 상상과 공상을 하게 된다. 즉 시스템1인 자동시스템이 곧바로 작동된다. 딜리트를 명령받기 이전과는 상황이 완전히 다르다. 딜리트는 창조의 방아쇠인 셈이다. 창조의 전 과정에서 가장 중요한 부분은 딜리트와 1차 창조의 과정이다. 시작이 반이란 말은 이럴 때 유효하다. 그 이후의 과정은 시간이 오래 걸리는 작업이지만 창조행위에 그리 본질적이지 않다. 1차 창조과정에서 도출된 창조의 아이디어나 이미지는 그 이후 체계화시키는 데 동기를 부여하기 때문이다.

딜리트 전후를 비교하면 스스로 놀라게 된다. 딜리트 전에는 생각지도 못한 새로운 아이디어나 이미지가 떠올랐기 때문이다. 순식간에 이뤄진 자신의 창조행위에 감탄하면서 창조자로서의 자신감을 갖게 된다. 딜리트를 하면 딜리트가 원인행위나 사고가 되어서 딜리트 후의 이미지나 의미가 직관적으로 그려진다. 무언가 딜리트를 하면 다른 것이 떠오른다. 단어의 경우도 마찬가지다.

예를 들어보자. 'SO_P'라는 단어가 있다. 사람들은 여기에 무언가를 채우고 싶어 한다. 씻고 싶은 사람은 A를 채워서 '비누SOAP'를 연상할 것이고, 배가 고픈 사람은 U를 채워서 '수프SOUP'를 연상할 것이다. 딜리트란 A와 U를 없애는 것과 비슷하다. A와 U가 연상되는 과정, 즉 딜리트 후에 뭔가 창조되는 과정은 유사하다. 딜리트하면 멈출 수 없는 자동연상 시스템이 작동하기 시작한다.

연상의 시그널

딜리트란 하나의 신호다. 사람들은 신호에도 반응하지만 노이즈에도 반응한다. 사람들이 '딜리트'란 신호를 만나면 어떻게 반응할까? 영국의 한 대학 사무실에서 재미있는 실험을 했다. 사무실 직원들은 오래 전부터 차나 커피를 마실 때 '정직상자honesty box'라는 곳에 돈을 넣어왔다. 탕비실 벽에는 커피, 차, 우유 등이 항목별로 가격표가 붙어 있었다. 어느 날 특별한 안내나 설명 없이 똑바로 쳐다보는 눈이 그려진 그림을 그 위에 붙였다. 그리고 다음 주에는 꽃이 그려진 그림을 붙였다.

어떤 일이 일어났을까? 첫 주에 쳐다보는 눈을 붙였을 때 정직상자에 모아진 돈은 우유 1리터당 70펜스였다. 둘째 주에는 눈 대신 꽃 그림을 붙여놓으니 70펜스에서 15펜스로 줄었다. 그림을 바꾸어 붙일 때마다 같은 현상이 일어났다. 사람들은 그림에 그려진 눈을 감시자의 눈으로 받아들인 것이다.[28]

딜리트는 감시자의 눈이나 꽃 그림 같은 역할을 할 수 있다. 딜리트의 신호를 보면 무언가 새것을 만들어내라는 신호로 해석하고 자동적으로 뭔가를 만들어낸다.

Sleeping, Bean, Trash

위의 세 단어를 보고 연상되는 단어가 있는가? 상상해보시라. 바로 'BAG'이다. 슬리핑백Sleeping Bag, 빈백Bean Bag, 트레시

백Trash Bag에서 bag이 연상될 것이다. 그러나 Sleeping, Bean, Trash 자체는 Bag과 의미가 연결되어 있지 않다. 1959년 심리학자 사노프 메드닉Sarnoff Mednick 교수는 RATThe Remote Associates Test라는 연상작용을 통한 창의력 테스트 프로그램을 만들었다. 서로 연관성이 없는 3개의 단어를 제시하고 연상되는 또 다른 단어를 하나 찾는 것이다.

메드릭 교수는 창조성이 연상기억과 관련 있다고 보았다. 수면Sleeping, 콩Bean, 쓰레기Trash와 가방Bag은 의미적으로는 전혀 상관이 없지만 전혀 다른 'Bag'이 탄생한 것이다. 딜리트 시스템도 메드닉 교수가 가정한 것과 유사한 메커니즘으로 작동된다. 딜리트를 하면 연상시스템이 작동하고, 그 결과 예상하지 못한 것이 탄생한다.

그렇다면
무엇을 딜리트할까?

무엇을 딜리트할까? 딜리트의 대상은 무엇일까? 대답은 단순하다. 무엇이든 딜리트하면 새로운 것이 창조된다. 구체적인 사물일 수도 있고 추상화된 개념일 수도 있다. 무형일 수도 있고 유형일 수도 있다. 무게가 있을 수도 있고, 없을 수도 있다. 이해하기 쉽게 간단한 카테고리를 나눠보겠다.

첫째, 경계와 영역을 딜리트할 수 있다.

모든 사물과 사태에는 경계와 영역이 존재한다. 모든 것은 정의Definition될 수 있다. 동물과 식물은 영역적 구분이다. 포유류과 파충류도 영역적 구분이다. 모든 것은 범주 속에 존재한다. 나무와 돌도 영역적 존재다. 서울과 뉴욕도 다른 경계이다. 경계와 영역을 딜리트할 수 있다. 영역적 사고에서 탈피하면 새로운 사고를 할 수 있다. 핸드폰은 전화기인가? 컴퓨터인가? 계산기인가? 갈수록 경계와 영역이 애매해지고 있다. 영역을 딜리트하면 통합적 사고가 가능해진다.

둘째, 기능과 용도를 딜리트할 수 있다.

복잡한 리모컨에서 버튼을 딜리트해보라. 존재는 단일한 또는 복잡한 기능을 수행한다. 심장, 간, 위, 팔다리, 뼈 등은 인간의 몸에서 각기 다른 다양한 기능을 수행한다. 컴퓨터에도 다양한 기능이 있다. 전화기에도 다양한 기능이 있다. 수많은 발명품은 기능을 딜리트하면서 발전했다. 예전에 종이는 필기구였지만, 요즘은 냄비부터 옷, 가구, 빨대까지 용도가 무궁무진하다.

셋째, 재질, 모양, 컬러, 디자인을 딜리트할 수 있다.

애플의 아이맥 G3가 나오기 이전에는 컴퓨터 본체에 반투명 플라스틱을 사용하지 않았다. 아이폰은 처음으로 알루미늄

프레임을 사용해 새로운 이미지를 창출했다. 샤넬은 저지Jersey 라는 옷감을 처음 사용하여 패션혁명을 일으켰다. 로마의 판테온 돔이 나오기 전에는 모든 건물이 평평한 지붕을 올렸다. 재질, 모양, 컬러, 디자인을 딜리트한다고 생각만 해도 예상치 못했던 아이디어가 엄청나게 많이 떠오른다.

넷째, 컨셉과 스타일을 딜리트할 수 있다.

EBS의 '세계테마기행'은 여행 정보 프로그램이라는 컨셉을 딜리트했다. EBS '다큐프라임'은 한 번만 방송한다는 컨셉을 딜리트했다. 반복해서 사용할 수 있도록 시의성을 절제하고 아카데미즘을 강화했다. 남성용 미장원 '블루클럽'은 미장원이 여자만 다니는 곳이라는 컨셉을 제거했다.

이처럼 딜리트할 대상은 무궁무진하다. 딜리트할 수 있는 요소와 속성을 자세하고 다양하게 열거할수록 새로운 것을 창조할 가능성이 높아진다. 특별한 장치나 고도의 사고과정이 없어도 딜리트 요소와 속성을 늘어놓고 연결해봐도 전혀 다른 것이 연상된다. 딜리트는 뭔가를 유발한다.

'딜리트'와 '설탕'을 동시에 연상해보라. '설탕을 없애라.'라고 이해했다고 치자. 그 앞에 찻잔이 있으면 '무설탕 차를 마셔라.'라고 생각할 수 있다. 그런데 '설탕을 없애라.'는 말을 듣는 순간 우리는 무의식의 세계에서 '그러면 뭘 넣으라는 얘기지?'

하면서 다른 것을 떠올려본다.

딜리트는 유발의 방향을 한정하지 않는다. 설탕을 없앨 수도 있고, 설탕을 없애고 다른 것을 넣을 수도 있다. 어느 쪽이든 신호로 받아들인다. 딜리트는 유발효과가 큰 어휘이다. 그러면서도 한정적이다. '창조하라!'와 '딜리트하라!'가 있다. 둘 중 어떤 것이 더 명확해 보이는가? 후자일 것이다. 전자는 유발의 경우가 너무 많기 때문에 뭘 해야 할지 모른다. 그래서 사람들은 창조하라고 하면 쉽게 포기한다.

도발기법을 이용한
딜리트 방정식

딜리트라는 말에 이미 '기존과는 무조건 다르게 하라.'는 명령이 내재되어 있다. 딜리트는 도발provocation과 자극을 불러일으킨다. 과거에 없던 방향으로 사고하고 움직일 것을 명령한다. 심리학자 드 보노Edward de Bono는 창의적인 아이디어를 떠올리는 기법으로 '도발기법'을 제안했다. 드 보노는 "큰길에서 곁길의 '아이디어 지점'까지 나아가려면 어떻게 해야 할까? 여기에 필요한 것이 바로 도발기법이다. 도발기법은 사고의 곁길로 이동할 가능성을 높이기 위해서 큰길로부터의 이탈을 돕는 방법이다."[29]

라고 말했다. 걸어온 길, 다니던 길, 생각하던 방식 등에 '딜리트'라는 새로운 원소를 결합하면 어떤 화학반응이 일어날까? 어떤 도발효과가 일어날까? 딜리트 화학식을 몇 가지 소개한다.

① A(복잡한 장식) + 딜리트 = B(단순한 장식)

② A(다품목) + 딜리트 = B(소품목)

③ A(액체) + 딜리트 = B(고체, 기체)

④ A(불투명) + 딜리트 = B(반투명, 투명)

⑤ A(플라스틱) + 딜리트 = B(금속, 나무…)

⑥ A(한국) + 딜리트 = B(다른 나라)

⑦ A(사각형) + 딜리트 = B(원, 삼각형, 오각형…)

⑧ A(육면체) + 딜리트 = B(구형, 삼면체)

⑨ A(여자용) + 딜리트 = B(남자용, 공용)

⑩ A(시의성) + 딜리트 = B(고전성)

⑪ A(고정) + 딜리트 = B(이동)

⑫ A(전화기) + 딜리트 = B(컴퓨터, 계산기…)

⑬ A(장거리) + 딜리트 = B(단거리)

의도적으로 여러 가지 현상, 컨셉, 속성을 '딜리트'와 결합시켜보았다. 이와 같은 강제결합이 도발행위다. 결합하지 않았을 때와 다른 생각이 떠오르는 것을 알 수 있다. 현재 갖고 있는 속성(A)에 '딜리트'라는 언어와 사고를 결합하면 새로운 속성이나 아이디어(B)가 도발적으로 떠오른다. 연상의 방향 역시 '딜리트'라는 어휘의 제약 때문에 현재와 다른 방향으로 전개된다.

드 보노는 도발기법을 이렇게 정의했다. "도발기법은 말을 뱉고 난 다음에 그것에 대한 이유를 모색한다." 그 이유가 분명히 존재해야만 말을 하는 우리의 정상적인 사고습관과 극명한 대비를 이룬다. 도발기법은 일단 말을 한 다음에 그 말이 지니는 효과를 가지고 말의 정당성 여부를 결정한다. 얼핏 마음에 떠오른 말을 아무거나 마구잡이로 던지는 것처럼 보일 수 있다. 어쩌다 운 좋게 유용한 아이디어다 떠오르기를 기대하는 것처럼 말이다. 하지만 드 보노에 의하면 도발기법은 일부러 먼저 불안정성을 제공한 다음 새롭게 안정화된 상태로 나아가게 만드는 것이라고 한다.[30]

무언가가 딜리트와 결합할 때 이뤄지는 사고과정과 드 보노의 도발기법은 유사하다. 딜리트라는 말이 선행하고 사고가 후행해도 딜리트 효과는 명확하게 나타난다.

한 가지 덧붙여, 딜리트 효과를 극대화하기 위해서는 딜리트를 결합시킨 후 10초 이내에 "와이Why?"를 함께 외치는 것이다. "딜리트 와이?"라는 명령을 내리면 우리는 일정한 방향으로 움직인다. 그냥 "와이?"라고 하면 어느 방향으로 튈지 아무도 모른다. 그런데 "딜리트 와이?"라고 외치면 사정은 다르다. 브레인스토밍은 그야말로 폭풍이다. 폭풍의 특징은 방향을 가늠할 수 없다는 것이다. 모든 것을 쓸어버릴 것 같다. 폭풍은 결과를 가늠하기 어려우니 혼란과 불안이 커진다.

딜리트 발상법은 브레인스토밍과 다르다. "딜리트 와이?"는 외과적 정확성을 지향하는 발상법이다. 없앨 것을 정확히 골라서 없애고, 기존에 존재하는 것과 조화를 꾀한다. 단 논리적으로 먼저 따지고 아이디어를 찾는 작업과는 다르다. 없앨 것을 없애면 미처 생각지 못한 아이디어가 나온다.

딜리트의 결과는 예측하기는 어렵다. 딜리트와 대상이 결합하면 무언가 기대하지 않았던 결과가 떠오르는 것이다. 예를 들어 "술 + 딜리트 와이"를 외쳐보자. 떠오르는 이미지나 단어가 있는가? 알코올 중독, 금주, 단주, 알코올 도수를 낮춘 술, 금주 프로그램 등등 술만 생각했을 때와는 전혀 다른 방향의 생각이 떠오른다. "USB + 딜리트 와이"를 외친다. 잠시 눈을 감자. 무엇이 떠오르는가? CD 딜리트, 플로피 디스크 딜리트가 떠오른다. '언젠가 USB도 사라지겠구나!' 하는 생각이 떠오른다. 공 모양, 원기둥 모양, 사각기둥 모양 USB가 떠오른다. 원기둥 USB가 나오면 사각기둥 모양에 비해 안정성이 높을 것이다. 어느 방향으로 삽입해도 되니까 말이다.

5.

누구나 천재가 될 수는 없지만,
누구나 딜리터는 될 수 있다

다시 천재 얘기로 돌아와서, 2002년 삼성그룹 이건희 회장이 이런 말을 했다. "1명의 천재가 10만 명을 먹여 살린다." 당시 이 말과 함께 '천재 경영론'이 화두가 되었다. 0.001%의 천재가 99.999%의 노동자를 먹여 살린다는 주장이다. 스티브 잡스나 구글의 래리 페이지, 인텔의 앤디 그로브, 아마존의 제프 베조스를 생각하면 일견 맞는 말 같다. 제프 베조스는 세계 최고의 부자가 되면서 부의 지도를 바꾸고 있다. 리더의 탁월한 능력으로 수십만, 아니 수백만이 누리고 산다. 이보다 더 과한 찬사를 보내도 아깝지 않을 것이다.

그렇다면 천재성을 보이는 사람들이 정말 세상을 변화시키고 수백만을 먹여 살렸을까? 다른 방식으로 의문을 가져보면 스티브 잡스나, 앤디 그로브, 제프 베조스가 모두 천재인가? 리처드 브랜슨이나 제임스 다이슨이 천재인가? 피카소나 코페르니쿠스, 뉴턴은? 천재가 세상을 바꾸었는가? 아니면, 결과적으로 세상을 바꾼 사람을 천재라고 부르는가? 이들은 이미 어렸을 때부터 천재였을까? 유년시절부터? 대부분의 사람들이 이런 천재들은 어린 시절부터 줄곧 천재였을 것이라고 예상한다.

교과서적인 의미에서 '천재의 삶'을 추적·조사한 연구가 있다. 스탠퍼드 대학의 루이스 터먼Lewis Terman 교수는 1921년 캘리포니아 일대에서 IQ가 140 이상인 초등학생 천재 어린이 1,528명의 삶을 40년간 추적·조사했다. 당연히 이 아이들의 삶은 평범한 아이들과는 다르리라고 예상했다. 각 분야에서 성공한 지도자가 되어 있을 것으로 믿었다. 그러나 수십 년간 추적·조사 결과는 예상과 딴판이었다. 이들의 삶은 평범한 IQ를 가진 아이들과 크게 다르지 않았다. 몇 명이 판사나 공무원이 된 것이 고작이었다. 연구를 시작할 당시에 오히려 IQ검사에서 천재가 아니라고 판정되어 연구대상에서 제외되었던 아이들 중에서 노벨상 수상자가 2명이나 나왔다. 터먼 교수는 오랜 종단 연구를 통해 '지능과 성취도 사이에는 특별한 상관관계가 없다.'는 결론을 내렸다.[31]

다른 연구에서도 천재 아이들과 평범한 아이들의 삶은 별반 차이가 없었다. 연구결과에 의하면 IQ 120까지는 IQ와 창의성이 상관관계가 있지만, 그 이상은 별 관계가 없다는 것이다. 높은 지능이 높은 창의성을 담보하지 않는다는 뜻이다. 오히려 상황에 따라 지능이 창의성을 방해하기도 한다고 한다. 앞에서 말한 에드워드 드 보노는 "지능지수가 높은 사람들은 종종 추정이나 추측 또는 사소한 아이디어 제안 등을 하지 말라고 교육받아왔다."고 말했다. 어떤 아이디어가 쓸모없다는 사실을 이미 알기 때문에 제안조차 하지 않는 경우가 많다는 것이다.[32] 또한 지능이 너무 높으면 위험상황이나 도전을 회피할 수 있다고 한다. 인간은 누구나 편안한 꽃길을 걷고 싶어 한다. 지능이 높은 사람은 가야 할 길이, 자신의 선택이 당장의 이익에 부합되는지 아닌지를 잘 판단하는 사람일 수도 있다. 그래서 미답지나 모험을 선택하지 않는다.

세상을 바꾼 사람들의 IQ도 특별하지 않았다. 스탠퍼드 대학교의 심리학자 캐서린 콕스Catharine Cox는 크게 성공한 인물들의 IQ를 추정했다. 1926년 콕스는 역사적인 위인 301명을 대상으로 전기문을 분석하여 IQ를 추정, 조사했다. 조사대상에는 시인, 정치 지도자, 과학자, 철학자, 미술가, 음악가 등 다양한 분야의 위인들이 포함되어 있었다. 이름만 들어도 알 만한 천재들이었다.

콕스는 전기를 바탕으로 그들의 어린 시절 지능을 추정했다. 연구결과 가장 지능이 높은 인물은 철학자 존 스튜어드 밀

John Stuart Mill이었다. 그의 아동기 IQ는 190 정도로 추정되었다. 그런데 연구결과 중 놀라운 것은, 현대 천문학의 창시자인 니콜라우스 코페르니쿠스, 화학자이자 물리학자인 마이클 패러데이, 스페인 시인이자 소설가인 미구엘 드 세르반테스의 IQ를 100에서 110으로 추정했다는 사실이다. 그 정도면 인류의 평균 IQ를 조금 넘는 수준이다.

만유인력을 발견하고 미분법을 만든 아이작 뉴턴은 어땠을까? 인류의 과학사를 다시 쓴 천재 중의 천재였을 것이라고 예상했겠지만, 콕스의 연구결과는 의외였다. 콕스는 뉴턴의 지능을 조사대상 가운데 정확히 중간쯤인 130으로 추정했다.[33] 천재라 불린 사람들의 지능이 인류 평균 정도라니 예상 밖의 추정이다. 위인의 신화에 짓눌려 기죽어 살아온 평범한 사람들에게 위안을 주는 결과다.

천재보다 딜리터가
필요한 이유

위대한 성과를 낸 사람들, 즉 시대를 바꿀 만큼 성공한 사람들의 특징 중의 하나는 딜리트 철학에 철저한 사람이다. 딜리터가 지능이 높거나 천재일 수도 있다. 그러나 지능이 높다고 해서,

천재라고 해서 딜리터가 되는 것은 아니다. 딜리터로서의 성품과 딜리터가 되겠다는 의지가 있어야 딜리터가 될 수 있다.

딜리터는 딜리티즘을 실현하는 사람이다. 딜리트는 언어 자체에 불손不遜과 불순不順의 뜻을 품고 있다. 반대反對, 반골反骨, 반항反抗의 의미도 담고 있다. '정반합正反合'이라는 변증법적 단계론 가운데 반反의 단계로, 망치의 역할이다. 바위를 망치로 내리치면 바위는 가루가 된다. 돌가루를 보고 바위라 부르지 않듯 딜리트하면 성질이 바뀌지 않아도 새로운 것이 될 수 있다. 뭔가를 반대함으로써 사물과 인식 속에 내재한 모순과 흠결을 들추어내고 제거의 단계로 이르게 한다. 딜리트는 안정을 흩뜨려 동요케 하고, 결국 또 다른 안정의 단계로 이끄는 계기를 마련한다. 합合의 단계에 이르면 결국 새로운 것이 창조된다.

혁명가가 딜리터일 수 있지만 딜리터라고 모두 혁명가는 아니다. 딜리터는 아주 작은 것부터 아주 큰 것까지 모든 차원과 단위에서 변화와 창조를 이끈다. 리모컨에서 버튼 하나를 제거하는 사람을 혁명가라 부르지는 않는다. 개혁가라고도 부르지 않는다. 하지만 딜리터라고는 부를 수 있다. 선풍기에서 날개를 제거한 사람도 딜리터다. 조직에서 관료적인 위원회를 없애는 사람도 딜리터다. 화장품 제조과정에서 동물실험을 없앤 회사도 딜리터다. 또한 딜리터는 철학·예술·문학·기술·경영·과학 등 모든 분야에 존재한다. 생활 속의 혁명가, 일상의 삶

속의 혁명가인 셈이다.

한때 딜리터였다고 영원한 딜리터가 되는 것은 아니다. 딜리터도 변증법적인 존재다. 딜리터는 기존의 질서를 동요시키고 새로운 질서를 만들어내지만, 새로운 질서는 곧 기존의 질서가 된다. 누구나 성공문법에 취하고 그것 때문에 망한다. 그러니 영원한 성공문법은 없는 것이다. 성공했기에 망했다. 잘나가는 기업이 망하는 이유는 아이러니컬하게도 잘나갔기 때문이다. 초일류 혁신기업이 하루아침에 망하는 것도 마찬가지다.

하버드 비즈니스 스쿨 석좌교수 클레이튼 M. 크리스텐슨 교수는 《혁신기업의 딜레마》에서 승승장구하던 혁신기업이 왜, 어떻게 망했는지를 통찰력 있게 분석했다. 크리스텐슨 교수는 "산업에서 리더로 남아 있지 못한 강력한 이유는 역설적으로 좋은 경영 때문이었다. 고객의 목소리에 경청하고, 고객이 원하는 더 나은 제품을 더 많이 만들 수 있는 신기술 개발에 공격적으로 투자하고, 시장동향을 면밀히 살피면서 더 나은 수익을 약속하는 혁신에 자본을 투자했기 때문에 그들이 선도적 지위를 상실했다고 말하는 것이 정확하다."[34]라고 말했다. 좋은 경영이 변화의 시기에 회사를 망하게 만들었다는 것이다. 어떻게 이런 일이 일어났을까? '진보'는 이런 도그마에 항거하는 사람들에 의해 진행되었다.

파괴적 혁신을 하지 못하는 사례는 컴퓨터 디스크 드라이브 업계에서 극명하게 드러난다. 과거 IBM과 같은 메인프레임 컴퓨터는 14인치(35.5cm) 디스크 드라이브를 사용했다. 시장은 당연히 14인치 업자가 장악하고 있었다. 8인치 디스크가 개발되고 조금씩 유통되기 시작했지만, 메인프레임 컴퓨터 업계는 8인치 디스크를 외면했다. 기존의 컴퓨터가 14인치에 맞게 설계되어 있는 데다, 성능이나 기술 측면에서도 14인치가 8인치보다 우수했기 때문이다.

그러나 미니컴퓨터 시대가 열리면서 14인치 디스크는 소형화에 방해물이 되었다. 미니컴퓨터에는 8인치가 유용했다. 14인치 디스크를 제작하던 업체들은 8인치 디스크를 만들 수 있는 기술이 있었음에도 불구하고 미니컴퓨터 시대에 대부분 멸망했다.

14인치 드라이브 제조업체인 '컨트롤 데이터'는 8인치 드라이브가 시장에 출시되기 2년 전에 이미 8인치 드라이브를 만드는 기술을 가지고 있었다. 하지만 그들은 끝까지 14인치를 고집했다. 그들의 고객도 14인치를 고집했기 때문이다. 결국 컨트롤 데이터는 8인치 시장에서 살아남지 못했다. 디아블로Di-ablo, 앰펙스Ampex 등 대부분이 망하거나 인수합병 되었다. 새롭게 진입한 129개 업체 중 109개가 실패했고, 1996년까지 살아남은 곳은 거의 없었다. 흥미로운 사실은 8인치에서 5.5인치로 넘어갈 때, 5.5인치에서 3.5인치로 넘어갈 때 역시 같은 역사가 반복되었다는 점이다. 기술이 없거나 부족해서 망한 것이 아니다. 기술이 너무 좋아서 망했다. 파괴적 혁신은 그래서 힘든 것이다.

실패한 역사의 교훈은 누구에게도 전달되지 않았다. 이들은 같은 이유로 성공했고 같은 이유로 멸망했다. 과거와 현재를 파괴하지 않으면 새로운 것이 보이지 않는다. 그래서 혁신기업도 일류기업도 딜레마에 빠진다.

모범생이 세상을 바꾸기 어려운 것처럼 좋은 기업이 미래 경영에는 실패할 수 있다. 본능적으로 현재의 고객에 충성하기 때문이다. 현재 고객의 니즈도 맞추기 어려워 전전긍긍하는 마당에 불투명한 미래 고객에까지 관심을 갖고 집중한다는 것은 말처럼 쉬운 일이 아닐 것이다. 자신을 성공하게 만든 사람들, 문화, 문법을 외면하고, 완전히 새로운 것을 추구하는 것은 마치 운명을 거스르는 것처럼 어려운 도전일 것이다. 크리스텐슨 교수는 "기존의 성공에 핵심적인 역할을 했던 의사결정과 자원배분 프로세스가 바로 파괴적 기술혁신을 거부하는 프로세스다. 위대한 기업들은 이러한 과거 프로세스에 집착하다가 파괴적 기술변화에 직면했을 때 흔들리거나 실패했다."[35]고 말했다.

운명과도 같은 존재의 벽, 상황의 벽, 종種의 벽을 뛰어 넘기 위해서는 초인超人이 되거나 벽을 파괴하는 자, 딜리터가 되

<u>어야 한다.</u> 그 운명을 뛰어넘게 하는 성품이 곧 딜리터의 성품이고 정체성이다. 딜리터는 파괴자의 속성을 갖지만 파괴를 위한 파괴가 아니다. 창조를 위한 파괴다. 파괴야말로 창조의 시작이다.

어떻게 보면 딜리티즘의 선구는 노장 철학과 니체의 사상이다. 이들의 철학은 무위無爲와 허무虛無를 통해 창조자들의 스승이 되었다. 창조욕구에 불타는 현대인이라면 이들을 다시 읽어봐야 한다. 그들이 창조의 원천으로 조금 더 가까이 독자 여러분을 데려갈 것이다. 딜리티즘을 주창하는 나에게도 그들은 훌륭한 스승이다. 이들이 나에게 모든 것을 '무화無化'시키고 '새로운 것'을 창조하게 했다.

딜리터는
어떻게 세상을 바꾸었나?

인류의 역사를 바꾼 세기의 딜리터들

그는 전문가들의 분노를 샀지만 대중의 사랑을 얻었다.
그리고 그는 어떻게 하면 대중을 사로잡을 수 있는지
잘 알고 있는 현명한 혁명가요, 딜리터였다.
이단의 역사가 진보의 역사가 될 수 있음을 실증했다.

6.

최고의 딜리터,
노자

노자와 장자는 인류 역사에 있어서 최고最古, 최고最高의 딜리터였다. 노자는 최고의 파괴자이기도 하다. 여호와가 무無에서 유有로 천지와 인간을 창조한 크리에이터라면, 노자는 유有를 무無화함으로써 새로운 것을 창조한 딜리터다. 인류 역사에서 노자처럼 모든 것을 부정한 철학자는 없었다. 그는 모든 것을 전혀 다른 시각에서 바라보라고 했다. 노자와 공자는 전형적인 짝패 구조다. 공자가 주周나라의 제도와 예禮로의 복귀를 말하면, 노자는 예와 제도의 무화無化를 주장했다. 《노자》는 무無와 허虛를 통한 창조의 서書이기도 하다. 공자의 《논어》는 인격완성을 위한 인仁과 사회질서와 제도를 확립하기 위한 예禮를 강조했다. 《노자》는 불인不仁과 비례非禮를 역설했다.

인의예지仁義禮智는 공자 사상의 핵심으로, 가정과 사회의 질서를 유지하는 기본이다. 그러나 노자는 이 모든 것을 부정했다. '인의예지'는 문제의 끝이 아니라 시작이다. 갈등과 불행의 원인이다. 《노자》 5장은 이해하기 어려운 인仁의 사상을 말한다. 노자는 "천지는 어질지 않다. 그래서 만물을 (쓸모없는) 짚으로 만든 강아지처럼 여긴다. 성인도 어질지 않다. 그래서 백성을 (쓸모없는) 짚으로 만든 강아지처럼 여긴다."[36]고 말했다. "천지불인天地不仁, 성인불인聖人不仁." 천지도 성인도 어질지 않다. 난해한 말이다. 그래서 '백성을 짚으로 만든 개처럼 여긴다.'니 천인공로할 말이 아닌가?

노자는 왜 이런 뚱딴지같은 말을 했을까? 천지가 어질지 않다는 말은, 그래도 인정이 된다. 천지가 사람과 동물을 구별하겠는가? 생물과 무생물을 차별하겠는가? 홍수는 어디나 덮친다. 특별히 어질지도 않고 그래서 차별하지도 않는다. '사랑'이란 이름으로 가하진 폭력과 차별을 우리는 목도해왔다. 어질면 차별한다. 이렇게 바꾸어 해석하면 좀 이해가 될 만하다. 천지와 성인은 같다. 그래서 둘 다 어질지 않고 생물과 무생물 모두를 차별하지 않는다. 딜리터는 불인不仁한 성인의 품성을 닮았다. 그들에게는 차별도 편견도 없으니 사물의 본질을 꿰뚫어볼 수 있는 냉정과 평정이 있다. 세상에 타협할 일도, 아부할 일도 없다. 불인不仁하니 진실하다. 과거의 성공에도 연연하지 않는다.

성인불인聖人不仁의 이해를 돕는 이야기가 있다. 《장자》〈외편〉의 '지락至樂'에 나오는 이야기다. 어느 날, 장자의 아내가 죽었다. 그런데 장자는 슬퍼서 울기는커녕 두 다리를 뻗고 악기를 두드리며 노래하고 있었다. 지금 같으면 뉴스에 나올 일이고, 조선시대 같으면 멍석말이해서 동네에서 쫓아낼 망측한 일이다. 한마디로 미친 남편의 스토리다. 문상을 간 혜자惠子 역시 다그쳤다. "자식도 낳아 기르고 함께 살았는데 곡을 하지는 않을지언정 노래가 웬 말인가?" 장자도 처음에는 슬펐다고 말하면서 "모든 것이 혼돈 속에 뒤섞여 있다가 변화를 얻어 기가 생겼고, 그 기가 변화해서 생명이 생긴 것이네. 그리고 이제 다시 변화하여 죽음으로 돌아간 것이네. 이것은 춘하추동이 순환하는 것과 같은 이치일세. 지금 내 아내는 천지라는 거대한 방 안에서 편히 잠을 자려는데, 내가 굳이 시끄럽게 곡을 해댄다는 것은 도대체 천명을 모르는 소행일걸세."라고 답했다.

장자의 불인不仁은 아내를 사랑하지 않은 데서 나온 것이 아니다. 불인不仁은 자연의 이치이고 인仁은 인간의 이치일 뿐이다.

노장철학은 바로 유가철학의 인의예지를 딜리트한 것이다. 즉 무위자연은 인의예지의 안티테제이다. 《노자》 19장은 이것을 압축적으로 보여준다.

"신성시하는 것을 끊고 지식을 숭상하는 것을 버린다면 백성에게 백배 이롭게 된다. 어질고자 하는 것을 끊고 의롭고자 하는 것을 버리면 백성이 효도하고 자애롭게 된다."[37]

절성기지絶聖棄智, 즉 성聖과 지智를 끊으면 어떤 일이 일어나는가? 우리는 지혜를 숭상하고 현명함을 겨루기 때문에 갈등하고 싸운다. 진실을 보지 못하는 이유는 과거의 우상이나 지식에 사로잡혀 있기 때문이다. 머리가 나빠서가 아니다. 조선인이나 한국인이나 지능이 현격히 차이 나는 것도 아니다. 서양에서도 마찬가지인 것 같다. 〈고린도전서〉 3장 20절은 "이 세상 지혜는 하나님께 어리석은 것이니 기록된바 하나님은 지혜 있는 자들로 하여금 자기 꾀에 빠지게 하시는 이라."고 하였다. 인간은 지혜로 문명을 만들고 사회를 발전시키는 것 같지만 결국 그 지혜 때문에 자기 꾀에 빠진다. 노자는 이것을 '도道의 원리'라 했고 《성경》은 '하나님의 원리'라 한다. 딜리터는 절성기지의 사람, 성聖과 지智를 끊어내고 버리는 사람이다. 기존의 가치와 질서를 끊어내고 버리는 사람이다.

현대인들은 지식 경쟁 때문에 영혼이 피폐하다. 누가 더 잘났는지 경쟁하는 삶은 늘 지치고 힘들 수밖에 없다. 어쩔 수 없이 인간에게 등급이 매겨진다. 1등급, 2등급 하는 등급화된 인간사회가 어떤 경우에는 인종주의로 나타나고, 어떤 경우에는 수능 9등급으로 나타난다. 성웅과 지식을 숭상하는 즉시 이런 비교와 경쟁은 불가피해진다. 차별은 비교에서 비롯된다.

하지만 성聖과 지智를 딜리트하면 진정한 행복이 온다. 진실을 볼 수 있는 열린 마음도 이때 만들어진다. 진리는 인의예지 이전에 존재한다. 우리는 도덕의 노예, 예법의 노예로 산다. 진정한 창조력은 이런 노예 상황에서 벗어나는 데서 시작된다. 이것은 딜리트의 철학이고, 절絶과 기棄의 철학이며 창조력의 원천이 된다.

노자는 "항상 욕심을 내지 않고 보면 그 묘妙함이 보인다."[38]라고 설파했다. 노자 인식론의 핵심 구절이다. 여기서 '묘함'은 눈으로 볼 수 없는 진리의 세계를 말한다. 모든 물질은 묘함을 가지고 있다. 그것이 본질이고 에너지일 수 있다. 소유욕으로 여인을 바라보면 육체적인 사랑만 보일 것이다. 하지만 욕심 없이 여인을 바라보면 거기서 아가페적인 사랑도 발견할 것이다. 묘함의 세계는 육안과 육욕으로는 보이지 않는다. 무욕은 모든 가치와 도덕, 지혜를 넘어서는 창조의 세계다. 딜리터는 무욕함으로써 묘함을 볼 수 있는 자다.

노장철학은 한마디로 '무無의 철학'이다. 무명無名, 무지無知, 무욕無慾, 무위無爲, 무사無私, 무신無身, 무물無物, 무상無狀, 무상無象, 무우無憂, 무공無功, 무미無味, 무덕無德, 무우無隅, 무형無形, 무도無道, 무사無事 등등 《노자》나 《장자》에 가장 자주 나오는 어휘가 '무無'다. '무無'는 '아니다.'인 'Not'과 '없다.'인

'Nothing'을 모두 뜻한다. 물론 '아니게 하다.'와 '없게 하다.'와 같은 강제의 의미도 포함하고 있다. 노장철학은 즉 모든 것의 무無, 모든 것의 무화無化를 주창하는 철학이다.

덜어내고 또 덜어내는
딜리트의 과정

노장철학을 삶의 철학으로 적용하는 과정이 곧 '손지우손損之又損, 이지어무위以至於無爲'[39]의 과정이다. '덜어내고 또 덜어내어 무위에 이르는 것'이 노장의 행동지침이다. 다이너마이트를 갖고 모든 인위적인 것을 한 방에 날려버릴 수도 있겠으나 실제의 삶은 그렇지 않다. 어제와 오늘이 크게 다르지 않다. 노자는 '덜어내고 또 덜어내는' 끈덕진 딜리트의 과정을 말한다. 통나무를 가지고 나무그릇을 만드는 과정과도 같다. 처음엔 나무통이었다. '손지우손' 하면 나무그릇 혹은 나무상자, 나무주걱이 될 수도 있다. 처음과는 전혀 다른 것이 된다. 때문에 딜리트의 과정은 새것을 창조하는 과정이 된다.

딜리트는 무無를 목표로 달려간다. 그 모습이 무화無化다. '모든 것의 무화'를 도모한 덕분에 노자는 인류 최고, 최대의 딜리터가 된다. 장자도 똑같은 딜리터다. 부인이 죽어도 울기보다는 노래하며 악기를 연주했다. 모든 것에는 자신도 포함한다. 자신을 딜리트할 줄 아는 자가 최고의 딜리터다. 에고의 노예가 되면 자신의 경계선 이외의 것을 제대로 볼 수 없고, 제대로 볼 수 없는 자는 창조자가 되기 어렵다. 남을 딜리트하고 파괴하기는 쉽다. 하지만 자신의 아집과 편견을 딜리트할 수 있어야만 최고의 딜리터가 된다.

노자는 자신을 없앰으로써 자신을 완성할 수 있다고 말한다. 장자에 이르러 자아의 파괴와 딜리트는 극단적으로 표현된다. 이는 《장자》의 '제물론齊物論'에 나오는 남곽자기南郭子綦 일화[40]에서 잘 나타난다. 책상 앞에 앉아 하늘을 보며 멍하니 있는 남곽자기를 보고 안성자유가 말한다.

"어찌된 일입니까? 몸이 가히 고목과 같고 마음이 가히 식은 재와 같이 될 수 있습니까? 지금 책상에 기대신 분은 앞서 책상에 기대신 분이 아닙니다."

그러자 남곽자기는 이렇게 대답한다.

"언偃아! 잘했구나! 이런 질문을 하다니! 오늘 내가 나를 잃었구나! 너도 알았느냐?"

여기서 안성자유는 공자의 제자 자유子游에 빗댄 것이다. 장자는 책 《장자》 가운데 공자는 물론 공자의 제자, 자기 자신까지 출연시켜서 공자와 유학을 야유했다. 아마도 "언偃아!" 하고 부른 것도 자유子游의 본명이 언언言偃이였기 때문일 것이다.

에고를 완전히 파괴하고 딜리트한 모습이 이런 것이었을 것이다. "나를 잃었구나吾喪我!" 혹은 "나를 잊었구나!"로 번역하는 이도 있는데 "나를 잃었다."는 표현이 상아喪我정신에 더 적확한 것 같다. 나를 잃으면 이제 나의 주인은 내가 아니다. 타다가 식어버린 재와 같다! 놀라운 표현력이 아닌가? 식어버린 재는 한자로는 '사회死灰'다. '불기가 죽은 재'라는 뜻이다. 망아忘我의 경지를 뛰어넘는 천재적 표현력이라 할 수 있다. 에고의 기운이 모두 죽어버린 '나'가 바로 상아喪我일 것이다.

나는 누구인가? 태어나서 인간관계로부터, 환경으로부터, 역사로부터 모든 것에 구속되어 있는 나다. 순수한 나는 없거나 없어졌다. 어린 아이 같은 순수성은 이제 사라졌다. 나를 잃어버린다는 것은 나를 파괴하는 것이지만 곧 태어날 당시의 마음으로 돌아가는 것이다. 그 무엇으로부터도 영향을 받거나 오염되지 않은 자연의 나다. 여기서 '상喪'의 의미는 '상실'을 뜻하지만 진정한 주체성의 회복을 뜻하기도 한다. 자신을 딜리트할 수 있는 자가 최강의 딜리터일 것이다. 에고로부터 해방될 때 진리가 보이기 시작한다.

"닭이 된다면
새벽을 알리리라."

나를 딜리트하면, 즉 나를 잃으면 놀라운 일이 일어난다. 《장자》의 '대종사大宗師'[41]에 자여子輿를 주인공으로 한 우화가 나온다.

어느 날 자여가 몸져누워 친구 자사가 병문안을 하러 들렀다. 조물주는 자여를 곱사등으로 만들었는데, 턱은 배꼽 밑에 처박혔고 어깨는 정수리 위로 솟았다. 한마디로 엉망이었다. 자여는 싫어하는 기색은 없었지만, 그래도 우물에 비친 자신의 모습을 볼 때면 탄식했다.

병문안을 온 자사가 "자네는 자네 모습이 싫은가?" 하고 물었다. 자여의 대답이 걸작이었다.

"아니, 왜 싫겠는가? 내 왼팔이 점차 변해서 닭이 된다면 새벽을 알리라 할 것이며, 오른팔이 첨차 변해서 활이 된다면 부엉이를 잡아 구워먹게 하겠네."

자여는 이미 생사를 초월했다. 자여의 몸은 이미 자신의 몸이 아니었다. 닭과 같은 생물도 되고, 활과 같은 무생물도 된다. 자여는 이미 없다. 자여의 인격도 없다.

자여는 자신을 딜리트 혹은 파괴함으로써 모든 것이 가능해졌다. 생사의 굴레, 육체의 굴레로부터 해방되면서 그는 생사는 물론 무생물과 생물을 넘나드는 초월적 존재가 되었다. 그야 말로 자유인, 장자가 말하는 진인眞人이 되었다. 진인은 모든 것에 초월한 존재다. 니체의 초인과도 같다. 뭐든 가능하다. 상상의 범위에 제한이 없다. 소통의 범위와 질에도 제한이 없다. 진정한 해방이고 자유다. 파괴와 딜리트의 끝은 결국 해방과 자유다. 우주의 무화, 인간의 인의예지의 무화, 나아가서 자아의 무화를 주장하는 노자와 장자야말로 인류 최고의 딜리터다.

7.
인류사의
가장 강력한 딜리터,
니체

노장의 무위사상은 2,000년이 훨씬 지난 후에도 강력한 영향력을 가진 사상이었다. 서양에서는 쇼펜하우어와 니체에 이르러 니힐리즘Nihilism의 형태로 부활했다. 니힐리스트Nihilist 니체가 역사적으로 노장에 이어 가장 강력한 딜리터라고 생각한다. '니힐Nihil'은 라틴어로 '무無'라는 뜻이다. 노자의 '무'나 니체의 '니힐'은 같은 맥락이다. 노자보다 2,500년 후에 태어난 니체는 노자의 제자나 다름없다.

두 사람 모두 인습화된 기존 가치를 부정했다. 니체는 신을 죽였지만, 노자와 장자는 인간이 만든 모든 것을 죽였다. 둘 다 권위주의, 복고주의, 우상주의에 반기를 들었다. 모든 것으로부터 해방을 외치고 절대적 자유를 주장했다. 그리고 그것은

'무와 니힐'로 압축 표현되었다. '모든 것의 무와 니힐'이었다. 그것은 종말이 아니라 출발을 향해 달려가는 것이고, 왜곡되고 오염되고 덧씌워지고 치장된 영혼을 정화하는 과정이다. 역사의 찌꺼기로 물든 성인의 마음을 동심으로 바꾸어놓는 과정이다. 둘 다 종말이 아니라 창조를 주장했다.

대학시절, 나는 노자에 빠지기 전에 니힐리즘에 먼저 빠졌다. 노자를 20대 중반에 만났다면 니체는 20대 초반에 만났다. 1980년대는 누구나 니힐리즘에 빠지기 쉬운 시대였고, 그때 니힐리즘은 내게 '허무주의'로 번역되었다. 1983년에 대학 캠퍼스는 '니힐리스틱'했다. 모든 게 허무하고 공허해 보였다. 믿었던 것들이 하루아침에 거짓으로 판명되었다. 대학에 들어오기까지 받아온 수많은 교육이 거짓이라는 것을 깨달았다. 대학 신입생이 느낀 첫 감정은 '배신감'이었다.

역사는 그 이전과 거꾸로 세워지기 시작했다. 첫 등교 때부터 캠퍼스는 최루탄 범벅이었다. 1980년 5월에 고등학교 1학년이었던 광주 친구들의 증언과 전언은 모든 걸 의심하게 했다. 기존의 가치는 사상누각이었다. 오래 배웠던 사실이 하루아침에 거짓으로 무너져 내렸다. 믿을 수 없는 새로운 사실이 내 머리를 붕괴시켰다. 믿을 수 있는 게 없어졌다. 광주 출신 친구들은 술만 마시면 아픈 역사를 기억하며 울부짖었다. 울분과 분노와 좌절의 역사가 그 시절이었다. 1980년 광주의 역사는 캠퍼스에서도 계속되고 있었다.

불행한 1980년대 초 학번들은 캠퍼스에서도 학우의 죽음을 목도해야 했다. 방송과 신문의 보도는 현실과 너무 달랐다. 1986년도 일이다. 같은 83학번의 김세진, 이재호가 독재와 맞서다 분신자살했고, 1년 후배인 박종철은 물고문으로 살해되었다. 매일 반복되는 독재타도 민주화 시위는 캠퍼스의 일상이 되었다. 시험을 거부한 1984년에는 6,000여 명의 전투경찰이 캠퍼스에 주둔했다.

암흑의 시절에 내가 할 수 있는 일은 별로 없었다. 그때 나는 니체를 만났고 니힐리즘에 빠졌다. 니힐리즘은 가치 혼란 속에 무력하게 멈춰 있던 나를 빨아들였다. 마치 종교처럼 강력했다. 니힐리즘은 세상을 부정하는 나의 무기가 되었다. 사실은 목숨을 걸고 행동하지 못한 자의 도피처였을 것이다. "삶이란 죽음을 향해 내려가는 비탈길"이라 했던 쇼펜하우어는 이미 나의 현실과도 같았다. 비관적 염세주의는 어느덧 내 친구가 되었고, 당시 나는 생의 의지도 희미했고 세상 모든 게 허무했다. 존재의 부정, 자아의 부정은 익숙한 삶의 양식이 되었다.

니체의 예언

자기부정 속에 최고의 가치는 죽지 않고 살아 있다는 것이었다. "모든 것의 부정"이 "모든 것의 평등과 자유"로 전화되는 놀라운 변화를 경험했다. 나도 죽고 너도 죽고 모든 것이 죽는다는 것은, 비극이 아니라 위안이었다. 긴 역사에 하나의 점에 지나지 않는 비소卑小한 자신을 자각하는 것도 평화와 평안을 주었다. 스스로 위대하다고 믿는 순간 인간은 비참해진다. 그러나 순간순간 내 의지와 상관없이 죽을 수 있다는 깨달음은 오히려 우리를 죽음의 공포로부터 해방시켜준다. 죽음을 곁에 둘 수 있을 때 비로소 죽음의 공포로부터 해방된다. 이 해방은 생의 의지이고 에고로부터의 자유다. 캠퍼스에서 만난 니힐리즘은 염세주의로 종결되지는 않았다.

당시 나는 러시아 문학에 심취해 있었다. 톨스토이, 도스토예프스키, 투르게네프는 내 앞날이 문학일지도 모른다는 착각을 갖게 해준 작가들이었다. 니힐리스틱한 당시의 내게 그들은 동류이자 선지자와도 같았다. 당시 투르게네프의 《아버지와 아들》 속 주인공 바자로프는 마치 나를 대변하는 것 같았다. 투르게네프는 바자로프를 바로 니힐리스트로 그렸다. 그는 1,000명이 넘는 농노를 거느린 집안에서 태어났다. 하지만 그는 농노제를 증오했고 어머니가 돌아가신 후에 집안의 농노를 해방시킨 행동가였다. 농노제 비판 때문에 당국으로부터 연금되기도 했다. 니힐리스트 바자로프를 통해 투르게네프는 러시아의 인습과 전통, 구체제를 비판했다. 나는 데카당한 니힐리스트에서 투르게네프의 니힐리스트로 변해 있었다. 절망을 이기고 인습타파주의자가 되어갔다.

러시아 전통을 대변하는 파벨이 바자로프가 어떤 인물이냐고 묻자 조카 아르카지는 주저하지 않고 "니힐리스트"라고 답한다. 그러자 파벨의 비난이 시작된다.

"니힐리스트란 어떠한 권위 앞에서도 굽히지 않는 인간을 말합니다. 그 원리가 주위에서 어떠한 존경을 받고 있다 하더라도 그것을 그대로 믿으려 들지 않는 인간이니까요."

"자네는 모든 것을 부정하고 있는데, 더 정확히 말한다면 자네는 모든 것을 파괴하고 있는데, 하지만 건설이야말로 반드시 필요한 것이 아닌가?"[42]

전통주의자를 대변하는 파벨에게 니힐리즘은 모든 걸 부정하고 파괴하며 권위에 굽히지 않는 패륜사상이었다. 바자로프는 우리가 알고 있는 쇼펜하우어적인 염세주의에는 빠져들지 않았다. 오히려 그는 "왜 내가 시대의 지배를 받아야 한다는 거지? 오히려 내가 시대를 지배해야 하는 거야."라고 말하며 니힐리즘은 염세주의가 아니고 시대를 극복하는 적극적이고 긍정적인 의지임을 밝힌다.

《아버지와 아들》은 1860년에 구상해, 농노 해방의 해인 1861년에 완성하고 1862년에 발표되었다. 이 책은 발표되자 센세이션을 일으켰고 대중적으로도 선풍적인 인기를 끌었다. "니힐리스트"는 새로운 유럽의 유행어가 되었다. 《아버지와 아들》이 출판된 지 25년 후에 니체는 《권력에의 의지》에서 "내가 이야기하는 것은 앞으로 200년의 역사다. 앞으로 다가오는 것, 니힐리즘의 발흥은 피할 수 없다는 것"[43]이라고 말했다. 니힐리즘이 대세가 될 것이라고 한 그의 예언은 현실이 되었다.

19세기 유럽은 격동의 세기였다. 나폴레옹의 전쟁, 프랑스 혁명, 산업혁명의 가속화, 왕정의 붕괴 등 기존의 질서와 가치가 붕괴되는 혼란의 시기였다. 르네상스 때부터 무너져 내리기 시작한 확고한 기독교 체제도 동요하는 세계를 안정시킬 힘을 상실했다. 니힐리즘은 구질서 붕괴의 원인이자 결과였다. 니힐리즘은 러시아를 넘어 유럽으로, 유럽을 넘어 미국으로 확산되어 하나의 시대정신이 되었고, 니체에 이르러 철학이 되었다. 니힐리스트는 딜리터와 비슷하다. 구체제와 구습을 딜리트, 파괴해야 한다는 점에서 같다고 할 수 있다.

망치의 철학
"도시를 베수비오 화산가에 세우라!"

니체는 최고의 니힐리스트이며 노자, 장자에 이은 최고의 딜리터이며 가장 강력한 딜리터이다. 기존 가치와 질서에 의문을 제기하고 그것을 부정하고 파괴한다는 점에서 노장사상도, 니힐리즘도, 딜리티즘도 근본적으로 같다. 그리고 그것은 니체에게 쇼펜하우어가 말하는 허무와 좌절이라는 염세주의 사상이 아니다. 미켈란젤로와 라파엘로가 신에 대한 믿음으로 휴머니즘을 창조했다면, 니체는 신을 죽이고 인간에 의한, 인간의 창조시대를 열었다. 다시 인간이 역사와 창조의 주인이 된 것이다. 신을 포함한 '모든 것이 무와 니힐'이라는 생각은 과거와는 다른 창조의 발판을 마련했다.

인간은 시간과 공간에 갇혀 있다. 시대의 굴레를 깰 수 있는 사람을 선구자, 개척자라고 한다. 선구자, 개척자는 한마디로 깨는 사람이다. 다른 말로는 파괴자고 딜리터다. 코페르니쿠스도, 갈릴레오도, 뉴턴도, 아인슈타인도, 모두 수천 수백 년의 장벽을 깬 사람들이다. 태양이 지구 주변을 회전하고 있다는 생각은 코페르니쿠스가 나타나기 전까지 변하지 않는 진리였다. 《천구의 회전에 대하여》란 책이 1543년에 출간되고 나서야 천동설은 의심받기 시작했다. 지구에 생명이 나타난 것이 45억

년 전인데, 지금으로부터 고작 500년 전에 천동설은 뒤집혔다. 천동설은 그 전까지 아무도 의심하지 않는 진리였다.

시간의 장벽, 문화의 장벽, 공간의 장벽을 깨는 사람들이 역사를 전진시켰다. 그들은 니힐리스트이자 딜리터다. 모든 것의 무화無化, 즉 니힐레이션Nihilation을 통해 과거에 진리라고 믿어졌던 것들을 깼다. 노장도, 니체도, 딜리터도 먼저 파괴하고 나중에 창조한 사람들이다.

니체가 "니힐리즘이 문 앞에 서 있다. 모든 손님 중에 가장 으스스한 손님은 어디서 오는가?"44 하고 물었던 것처럼, 니체 자신이 세상에서 가장 위험한 철학자였다. 그리고 위험하길 강조했다. 니체는 "위험하게 살지어다. 그대들의 도시를 베수비오 화산가에 세우라. 그대들의 배를 미지의 바다로 내보내라. 그대와 동류의 인간들, 그리고 그대들 자신과의 싸움 속에 살아라. 그대들 인식하는 자들이여, 지배자와 소유자가 될 수 없다면 약탈자와 정복자가 되라."45라며 위험하게 살 것을 강조했다.

폼페이는 베수비오 화산이 폭발하면서 화산재에 의해 순식간에 폐허가 되었다. 그래도 니체는 베수비오 화산 근처에 도시를 세우라고 강조한다. 니체의 니힐리즘은 데카당한 패배, 좌절, 비극, 허무를 뜻하지 않는다. 니힐리즘을 허무주의로 번역하면서 많은 오해가 일어났다. 역사를 바꾼 사람들은 대개 위험을 무릅쓴 자들이다. 과거의 질서를 흔들고 깨는 데 위험하지 않을 수 있겠는가? 니체가 기꺼이 위험하라고 충고하는 것도 이것을 알고 있기 때문이다.

니체는 니힐리즘의 본질에 대해 이렇게 정의하고 있다. "허무주의(니힐리즘) : 목표가 결여되어 있으며 '왜'라는 물음에 대한 대답이 결여되어 있다. 허무주의는 무엇을 의미하는가? 최고의 가치들이 탈가치화 하는 것. 이것은 2가지의 뜻이 있다."[46] 니힐리즘은 한마디로 '최고의 가치들The Highest Values'이 스스로 '탈가치화Devalue' 하는 것이다. 정직이 최고의 가치일 때 정직을 탈가치화하는 것, 희생이 최고의 가치일 때 희생을 탈가치화하는 것, 기독교 도덕이 최고의 가치일 때 기독교 도덕을 탈가치화하는 것이다.

좀 더 쉽게 설명하자면 마차가 교통수단으로서의 최고일 때 마차의 가치를 없애버리는 것, 자동차가 최고일 때 자동차의 가치를 없애는 것, 2G폰이 전화기로서 최고일 때 2G폰의 가치를 없애는 것 등이다. 이것이 니힐리즘이다. 여러분들은 이제 눈치를 챘을 것이다. 내가 왜 이렇게 자세하게, 추상적인 것부터 구체적 사물과 기능까지, 최고의 가치를 탈가치화하는 것에 대해 설명하는지 말이다. 나는 탈가치화 과정이 곧 무화의 과정이고, 이것이 곧 딜리트의 과정과 같다고 생각한다.

하이데거는 니체의 탈가치화를 설명하면서 "이제까지의 최고의 가치들에게서 가치를 박탈하고 그것들을 폐기하는 것"이고 "이제까지의 가치들의 폐지는 그 자체에 있어서 그리고 필연적으로 이미 가치들의 새로운 정립을 향한 도상에 있는 것이다."[47]라고 했다. 이제까지의 최고 가치는 박탈되고 폐기되지만 소멸하지는 않고 새로운 가치로 전환된다. 이것이 니힐리즘의 과정이다. 그리고 하이데거는 니힐리즘의 과정을 의지적인 역사운동으로 파악한다. 니힐리즘은 발전을 위한 의지적, 의식적 운동이다.

니힐리즘의 가치전환 과정, 무화과정을 컵을 예로 들어 설명해보겠다. 이제까지 유리컵이 최고의 가치라고 하자. 그런데 유리컵이라는 최고의 가치가 무가치해지고 무의미해지고 공허해지기 시작했다. 유리컵을 유리컵의 영역과 사고 수준에서 아무리 생각해도 유리컵이란 한계를 벗어날 수 없다. 좀 더 다양한, 예를 들어 다른 컬러나 디자인의 유리컵이 나올 뿐이다. 니힐리즘의 원리를 가동해보자. 유리컵을 망치로 때리고 다이너마이트로 파괴하면 어떨까? 그때도 유리컵인가? 아니면 그냥 유리인가? 가루가 된 유리를 보고 유리컵을 연상하는 사람은 별로 없다.

유리컵을 무화, 니힐레이션, 딜리트, 탈가치화해 파괴해보자. 그러면 이제는 누구도 그것을 유리컵이라 하지 않는다.

여기서 새로운 창조와 가치전환이 전제된다. 탈가치화는 새로운 가치정립을 전제로 한다. 깨진 유리조각을 보면서 공예가는 유리공예를 상상할 수 있다. 어떤 사람은 유리병을 생각할 수 있다. 유리쟁반도 생각할 수 있다. 신데렐라가 신었던 유리구두도 떠오른다. <u>유리컵을 볼 때와 유리가루를 볼 때 우리는 전혀 다른 상상을 한다.</u>

니체와 하이데거가 말하는 '탈가치'를 통한 가치전환은 이런 것이다. 어떤 사람은 유리가루를 보고 전혀 다른 플라스틱컵을 생각할지도 모른다. 그러나 이 모든 것은 유리컵이라는 가치와 형체가 파괴되었을 때 가능한 일이다. 딜리트의 효과와 탈가치의 효과, 무화의 효과는 동일하다. 먼저 딜리트하면, 먼저 탈가치하면, 먼저 무화시키면 전혀 예상하지 않았던 새로운 상상과 가치와 물건이 창조된다.

"신들도 부패한다! 신은 죽었다!"

니체가 말하는 능동적 니힐리스트는 창조를 위해 파괴하는 자다. 허무한 감정에 신음하며 지칠 대로 지친 자가 아니다. 의지적 인물이고 회의하는 사람이다. 니체는 과격한 니힐리스트였다. 니체는 망치를 든, 망치로 철학하는 유일한 사람이다. 당혹스럽다. 니체의 모든 언행 자체가 보통 사람이 보기에 당혹스러울 뿐만 아니라 황당하기도 하다. 괴물 같다. 생각하는 괴물. 니체의 의심법은 훨씬 과격하다. 망치를 사용한다.

니체는 《우상의 황혼》이라는 책 표지에 "또는 어떻게 망치를 들고 철학하는지"라고 썼다. 그는 같은 책에서 "우상들을 캐내는 방식을 (중략) 세상에는 진짜보다 우상들이 더 많다. (중략) 여기서 한번 망치를 들고서 의문을 제기해본다. (중략) 그리고 새로운 우상들이 캐내어질까? 이 작은 책은 중대한 선전포고이다."[48]라고 말했다. 무수한 우상, 영원한 우상을 캐내기 위해 니체는 망치를 꺼내들고 '중대한 선전포고'를 하고는 우상들을 내리쳤다. 망치로 우상을 칠 타打, 깨트릴 파破, 즉 타파打破해야 한다고 주장했다.

니체는 더 나아가 "나는 인간이 아니라 다이너마이트"[49]이고, "나는 최초의 비도덕주의자이다. 그래서 나는 파괴자 중의 파괴자"[50]라고 선언하며 우상타파에 전의를 불태웠다. 앞뒤 문맥을 제거하고 니체의 말로 니체를 평가하면 마치 테러리스트 같다. 수백 명을 죽이고 스스로 자신의 소행임을 밝히는 이슬람 테러집단 같다. 실제 그는 '철학의 테러리스트'를 자처했고, 자신이 전대미문의 저항가요 대립자임을 자랑스러워했다.

한때 목사 아들로 태어나 교회에서 성장하고 《성경》을 암송하던 '꼬마 목사' 니체가 기독교에 대한 테러리스트가 되었다. 기존의 모든 가치를 파괴하고 파괴하더니 급기야는 신마저 파괴했다. 신의 죽음을 알리는 니체의 드라마는 광인을 등장시켜 신의 죽음을 더욱 희화화했다. 드라마는 처음부터 시니컬한 야유로 시작된다.

"나는 신을 찾고 있노라! 나는 신을 찾고 있노라!"
그들 중 한 사람이 이렇게 물었다.
"신이 아이처럼 길을 잃었는가?" 다른 한 사람이 말했다.
"신이 숨어버렸는가? 신이 우리를 두려워하고 있는가? 신이 배를 타고 떠났는가? 이민을 갔는가?" 이렇게 그들은 웃으며 떠들썩하게 소리쳤다.
광인은 그들 한가운데로 뛰어들어 꿰뚫는 듯한 눈길로 그들을 바라보며 소리쳤다.
"신이 어디로 갔느냐고? 너희에게 그것을 말해주겠노라! 우리가 신을 죽였다. 너희들과 내가! 우리 모두가 신을 죽인 살인자다! 하지만 어떻게 우리가 이런 일을 저질렀을까? 어떻게 우리가 대양을 마셔 말라버리게 할 수 있었을까? (중략) 신의 시체가 부패하는 냄새가 나지 않는가? 신들도 부패한다! 신은 죽었다! 신은 죽어버렸다! 우리가 신을 죽인 것이다! 살인자

중의 살인자인 우리는 이제 어디에서 위로를 얻을 것인가?"[51]

니체는 신을 아이처럼 길을 잃는 자, 이민 가는 자로 야유하더니 죽어서 부패하는 자로 비난했다. 그리고 인간에게 신의 권능을 부여했다. 태양을 마셔 말라버리게 하고, 지우개로 지평선을 지우며, 지구를 태양으로부터 풀어놓는 자로 표현했다. 니체의 살신殺神 행위는 2,000년 가까이 불변의 진리처럼 지배해온 기독교 도덕에 대한 사망선고였다. 바위보다 더 단단한 기독교 도덕을 깨는 데는 망치, 아니 다이너마이트가 필요했다. 최고의 가치와 최고의 진리를 무화시키고 새로운 가치와 진리를 창조하는 방법은 바로 파괴였기 때문이다. 신은 천지창조와 우주의 운행, 인간의 삶 전체에서 정점에 있었다. 그 정점에 있는 신을 파괴하면 나머지는 모두 오합지졸이 되어 자연스럽게 무너져 내리는 것이다.

천동설이 파괴되는 데도 수천 년이 걸렸다. 지동설을 주장하면 종교재판에 넘겨져 죽음을 당해야 했다. 갈릴레오도 종교재판에서 살아남기 위해 지동설을 부인했다. 태양과 지구의 위치를 바꾸어놓는 것을 누가 할 수 있단 말인가? 니체의 눈에는 그 어떤 종교적 권위도 하지 못한 것을 인간인 코페르니쿠스, 케플러, 갈릴레오가 해냈다. 파괴의 사고가 아니면 이러한 불가항력적인 일을 해내지 못했을 것이다. 바위를 깨는 데는 망치가 필요할지 모르지만, 망치를 파괴하기 위해선 다이아몬드 같은 더 단단한 무기가 필요하다. 그래서 니체는 창조하는 자는 다이아몬드처럼 단단해야 한다고 주문했다.

니체를 단독범으로 종교재판에 기소할 필요는 없다. 니체가 신을 죽여서 인본주의 시대가 도래한 것도 아니다. '서로 사랑하라.'고 계명을 내린 신이 문제가 아니라 신을 섬긴 교회와 신자가 부도덕해지고 부패한 것이다. 캘빈 루터의 종교개혁도 결국 잘못된 진리와 관습, 성속, 교회법 등을 파괴해 성공했다. 니체는 경천동지할 만한, 어쩌면 가장 강한 임팩트로 최고의 가치를 무가치화 함으로써 새로운 가치를 창출하고자 했다.

신본주의 사회가 인본주의 사회로 전환되었지만 파괴의 과정은 종교와 상관없이 인류가 지속되는 한 계속될 것이다. 최고의 가치가 무너지고 나면 그 자리에 새로운 가치가 들어선다는 것은 분명한 진리다. 니체는 폭언으로 이 진리를 주창했다. 그리고 그 폭언은 확실히 효과가 있었고, 21세기를 살아가는 우리의 뇌리를 떠나지 않았다. 니체의 니힐리즘은 인간 중심의 창조의 세계를 이끌었다. 그 창조의 세계는 딜리트의 철학과 기술에 의해 탐험되고 구축되었다.

"선한 사람은
창조하지 않는다."

니체는 파괴가 창조의 전제 조건임을 이렇게 밝혔다. "선과 악의 창조자이기를 원하는 자는, 먼저 파괴자여야만 하며 가치를 파괴해야만 한다. 이렇게 최고악은 최고선에 속한다. 하지만 이것이 창조적 선善이다."[52]

파괴가 창조적 선인 것이다. 우리는 창조를 주장하면서도 사실 파괴를 두려워한다. 니체는 절대적 진리를 파괴함으로써 그 대가로 상상의 자유를 얻었다. 니체는 절대 진리가 아닌 것이 절대 진리의 위치에 있을 때 그것을 우상으로 보았다. 그래서 우상은 파괴되어야 한다고 주장했다. 도스토옙스키는 1880년에 발표된 《카라마조프가의 형제들》에서 "신이 없다면 모든 것이 허용된다."[53]고 했고, 7년 뒤에 니체는 《도덕적 계보》에서 "진리란 없다. 모든 것이 허용된다."고 말하며 정신의 자유를 강조했다. 신이 없다면 두려움도 없을 것이다. 인간은 더 자유로울 수도, 더 타락할 수도 있다. 자유는 창조의 밑거름이 되고, 타락은 파괴의 원인이 된다. 그 순환 속에 역사는 진행된다. 파괴의 철학은 그래서 창조의 철학이 된다. 완고한 선입견과 고정관념 속에서 새로운 것이 싹틀 수는 없다. 파괴의 역사가 곧 창조의 역사다.

신도 파괴를 통해 인간의 역사를 새롭게 했다. 노아의 방주 사건으로 대변되는 전 지구의 홍수 사태가 곧 창조를 위한 파괴인 것이다. 파괴할 수 없는 영원한 것도, 절대적인 것도 없다는 것이야말로 절대적 진리일 수 있다. "선한 사람은 진리를 말하지 않는다.", "이들은 창조하지 않는다."라고 니체가 말한 것은 선한 사람들이 기존의 가치를 뒤흔들고 파괴할 용기를 갖지 못한 사람들이기 때문이다. 선한 자는 현실 순응자들이다. 세상은 선한 자를 원하고, 인간을 선한 자로 만드는 시스템을 구축해왔다. 그런데 세상을 바꾸는 자는 파괴자고, 다이아몬드 드릴로 무장한 자이며, 사자처럼 포효하는 자다. 기존 가치에 문제를 제기하고 반항하는 자다. 그들이 바로 딜리터다.

니체는 엄청난 딜리터였다. 노자와 장자는 기존의 가치뿐만 아니라 모든 것을 무화할 것을 주창했다. 그들은 내용 면에서 보면 가장 심각한 딜리터였다. 전 우주가 무위의 대상이었다. 노자의 시적 접근이나 장자의 우화적 접근은 파괴주의자로 보이게 하지는 않는다. 하지만 니체는 다르다. 처음부터 전사이자 테러리스트다. 자신의 전쟁을 전대미문의 전쟁이라고 표현했다. 노자, 장자, 니체는 모두 거물급 딜리터고, 한편으로는 창조의 원리를 가르쳐준 창조자들의 스승이다. 먼저 비우고, 파괴하고, 딜리트하면 전혀 다른 세계, 사상, 원리, 물건 등이 창조된다는 것을 가르쳐주었다. 니힐리즘과 무위사상은 창조의 철학이다. 딜리티즘도 창조의 철학이다. 기존 가치에 사상적, 기술적으로 대항하고 반항하는 철학이다. 노장철학이나 니체의 철학은 딜리터들에게 북극성과 같다.

8.

가장 성공한 딜리터, 피카소

파블로 피카소는 딜리트의 거장이다. 평범한 예술가들은 자신의 굳어진 스타일의 굴레에서 쉽게 벗어나지 못한다. 스타일은 지문처럼 언제나 따라붙는다. 고흐에게는 고흐 스타일이 있고, 모네에게는 모네 스타일이 있다. 그런데 피카소는 예외다. 그는 지속적으로 자신이 처음으로 구축한 스타일과 영역을 파괴하며 과거와 전혀 다른 창조의 길을 개척했다. 니체보다 37년 늦게 태어난 피카소는 '우상을 파괴하라.'는 니체의 명령을 가장 충실히 수행한 예술가이자 니힐리스트다.

그가 남긴 작품을 언뜻 보면 파괴와 창조의 역사를 짐작할 수 있다. 피카소는 회화 1,885점, 조각상 1,228점, 도자기 2,880점, 판화 18,095점, 석판화 6,112점, 리노컷 3,181점, 소

세상을 바꾸었나?

묘 7,089점, 스케치 4,659점 등 무려 5만 점이란 경이적인 양의 작품을 세상에 내놓았다.[54] 당대에 이렇게 성공한 예술가는 일찍이 없었다. 1977년 92세의 나이로 세상을 떠났을 때, 세금을 징수하기 위해 작품들의 가격을 평가해 합산한 금액만 2억 6,000만 달러라고 한다. 현재 그의 작품을 현금으로 환산하면 얼마가 될지 알 수 없을 정도다. 거의 한 세기 동안 그는 미술계의 주인공이었다. 그가 곧 현대미술사였다. 피카소처럼 자신을 부정하고 또 자신을 새롭게 재정의하고 다시 부정하는 예술가는 역사적으로 없었다.

피카소는 완벽한 딜리터이다. 그는 모든 장르의 미술가였다. 그는 구상화가이자 추상화가였고, 조각가, 도예가, 판화가, 무대 디자이너였다. 희곡과 시도 썼다. 피카소 자체가 모든 장르의 역사였기 때문에 그 한 사람만 연구해도 현대 미술사를 연구할 수 있을 정도라고 한다. 피카소의 역사는 창조-파괴-창조의 순환과정이다. 딜리트의 철학이라는 프리즘에 피카소의 작품을 투영해보자.

오른쪽의 두 그림은 무엇이 다른가? 가장 달라 보이는 것은 컬러다. 블루와 레드가 대비된다. 물론 분위기도 아주 다르다. '인생'은 우울하고 고통스러워 보인다. 반면 '공 위의 곡예사'는 명랑하면서도 부드러워 보인다. '컬러의 딜리트'라는 관점에서 그

| 인생, 파블로 피카소, 1903년. |

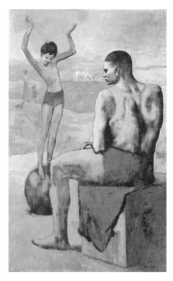

| 공 위의 곡예사, 파블로 피카소, 1905년. |

림을 비교해보면 어떨까? 블루를 딜리트한다면 다양한 컬러가 등장할 수 있을 것이다.

피카소의 그림을 비평하면서 전문가들은 실제 컬러에 따라 시기를 구분한다. '인생'의 시기를 '청색시대'라 부른다. '청색시대'는 피카소가 스무 살이 되는 1901년부터 1904년까지인데, 이 시기의 작품들은 '인생'처럼 청색을 주로 사용했다. 청색이 하나의 스타일이 된 것이다. 피카소는 스페인에서 파리로 돌아와 몽마르트에 조그마한 방을 잡았다. 방도 청색으로 칠해져 있었고, 당시에는 옷도 주로 청색을 입고 다녔다. 그는 청색 안경을 끼고 세계를 바라봤다. '자화상'(1901년), '사바르테스의 초상'(1901년) 등이 이 시기의 대표작들이다. 청색 필터를 덧씌운 것처럼 청색이 주조다. 당시 청색은 피카소의 가난과 고통을 표현하기에 가장 적절한 컬러였다. 가장 가까운 친구였던 카사게마스가 자살하는 불행까지 겹친 우울한 시기였다.

1905년에 들어서면서 피카소는 컬러의 대반전을 시도했다. 청색을 거둬들이고 좀 더 가볍고 부드러운 장밋빛 시대가 도래한 것이다. '공 위의 곡예사'(1905년)에서처럼 부드러운 장밋빛이 그림의 주조를 이루기 시작했다. 등장인물은 주로 곡예사, 서커스 단원, 예술가 등이었다. 청색시대의 심각함이 사라졌다. 밝고 명랑한 표정의 가녀린 소녀는 공 위에서 두 팔을 하늘로 벌리며 날아갈 것 같은 가벼운 자세를 하고 있다. 소녀를 바라보고 있는 근육질의 남자 육상선수에게서는 강건함이 물씬 풍겨난다. 그의 다부진 등짝이 화면 전면을 차지하며 가녀린 소녀의 몸매와 비교된다. 뿐만 아니다. 소녀는 둥근 공 위에서 새처럼 균형을 잡고 있는데 남자는 사각형의 상자에 앉아 있어 더욱 든든해 보인다.

이것을 피카소는 컬러로 표현했다. 장밋빛은 모든 분위기를 대변한다. 청색시대와 장밋빛시대는 하나의 대조를 이루고 있었다. 피카소의 생활도 점점 나아지고, 화가로서의 전망도 밝아지기 시작했다. 이런 시기가 1906년까지 이어진다. 피카소는 청색에서 장밋빛으로 대전환을 함으로써 전혀 다른 분위기의 화풍을 만들어냈다. 장밋빛은 청색의 파괴 또는 딜리트에서 시작되었다. 이렇게 짧은 기간 사이 화풍을 전혀 다른 방향으로 바꾸는 화가는 그리 많지 않다.

딜리트의 종결판,
'아비뇽의 처녀들'

피카소는 1906년부터 남몰래 비밀 프로젝트를 수행하고 있었다. 아무도 작업실에 접근할 수 없었다. 그동안 그 어느 화가도 시도하지 않은 완전히 다른 작업이었다. 그것은 실험이었고 도전이었다. 그리고 파괴였다. 르네상스 이후 관행처럼 굳어진 미술의 모든 것을 파괴하고자 하는 시도였다. 회화사의 니힐리즘이랄까. 회화사의 관행과 관습을 모두 무화無化시키는 모험이자 반란이 획책되고 있었다. 청색시대에서 장밋빛시대로 넘어가는 것이 조그만 변화였다면, 그가 몰래 준비하고 있는 것은 일종의 혁명이었다. 현대미술의 시작을 알리는 태양이 떠오르고 있었다.

1907년 피카소는 몰래 준비해오던 것을 발표했다. 미처 제목도 붙이지 못한 작품이었다. 나중에야 '아비뇽의 처녀들'이라고 불리게 된 작품이다. 원래는 '아비뇽의 매춘'이라고 명명될 뻔했다고 한다. 피카소는 스페인 바르셀로나에 있는 아비뇽 거리의 사창가를 다니며 작품을 구상하고 스케치했다. 왜 '아비뇽의 처녀들'이 혁명이며 파괴이고 현대미술의 시발인지 눈으로 느껴보자. 어떤 때는 전문가의 눈보다 아마추어의 눈이 본질을 더 잘 꿰뚫어보는 경우가 있다. 기죽지 말고 '아비뇽의 처녀들'을 바라보자. 멀리서 보고 가까이서 보고 확대해서 보고 등등 무언가 다르게 느껴지는가? 그냥 보고 또 보면 뭔가 보인다. 시간이 걸리더라도 잠시 주의를 그림에 집중해보자.

'아비뇽의 처녀들'은 처음에 캔버스 위에 종잇조각을 가위나 칼로 오려서 붙인 것 같았다. 마치 초등학교 미술시간에 했던 종

| '아비뇽의 처녀들', 파블로 피카소, 1907년. |

이그림 붙이기 놀이 같다. 그래서 배경과 인물 간의 깊이감이 전혀 없고 인물들도 평면적으로 그려졌다. 인물과 사물에 입체감이 없는 2차원 이미지다. 대가의 세계적인 작품을 너무 함부로 평하는 것 아닌지 모르겠다. 피카소는 "예술가가 어떤 존재라고 생각하는가? 백치다."[55]라고 말했다. 어쨌든 비전문가의 느낌이 그렇다는 것이다. 순수함 자체랄까? 가위나 칼로 오린 것 같아서 인물의 윤곽도 거의 직선에 가깝다. 오른쪽의 코나 여자들의 가슴이 모두 날카로워서 더욱 기하학적인 느낌을 준다. 그래서 포스터를 보고 있는 느낌도 든다.

　배경에 구상성이 전혀 없다는 것도 다르게 다가온다. 왼쪽에는 황갈색, 중앙과 오른쪽에는 청색이 주조를 이룬다. 색감으로 보면 청색시대와 장밋빛시대를 섞어놓은 것 같다. 배경에서 현실을 딜리트했다. 원근감이 완전히 사라졌다. 마치 원근법이 발명되기 전 중세 성화聖畵 같다. 음탕함이나 불결함도 모두 딜리트했다. 사창가의 성화性畵 같은 육감이 별로 묻어나지 않는다.

이것이 발표되었을 때 당시 미술전문가나 동료들의 반응은 어땠을까? 친구든 전문가든 충격을 받고 분노하며 아연실색하고, 심지어 적대감마저 가졌다. 괴상하고 기형적인 작품이라고 생각했다. 피카소가 존경한 마티스는 분노했다. 피카소와 가장 친했고 오랫동안 공동작업까지 한 조르주 브라크는 이렇게 말했다. "자네는 우리가 톱밥을 먹고 석유를 마시길 원하는 것 같군."[56] 하며 화를 냈다. 피카소의 후원자이자 친구인 레오 스타인은 "전능하신 쓰레기!"라고 불렀다. 가장 가까운 친구와 후원자로부터 악평 중의 악평을 듣자 피카소도 오랫동안 이 작품을 감춰두고 세상에 내놓지 않았다.

하지만 단 한 사람만 예외였다. 독일의 젊은 화상畵商 칸바일러는 열정적인 찬사를 보냈다. "이것은 입체파Cubism의 시작, 돌발적인 첫 출현이다. 모든 문제가 한꺼번에 튀어나오는, 강력하고도 필사적인 충돌이다. 여기서 문제는 하나다. 회화의 기본 과제, 즉 3차원과 색을 하나의 납작한 표면에 표현해야 하고 그

표면의 통일성 속에 모든 것을 함축해야 하는 문제 말이다."[57] 그는 이러한 찬사를 보냈고 그 후 피카소의 작품 중개인이 되었다. 나중에 '아비뇽의 처녀들'은 진정 입체파의 효시가 되었다.

"내 그림은
파괴의 총액이다."

피카소 자신은 어떻게 반응했을까? 피카소는 "옛날에는 그림이 단계를 거쳐 완성되었다. 날마다 새로운 무언가를 도입하는 것이다. 한 점의 그림은 대개 덧셈의 총액이었는데 내 경우에 그림은 파괴의 총액이다."[58]라고 말했다. '내 그림은 파괴의 총액'이란 말은 피카소가 위대한 딜리터라는 점을 입증하는 위대한 말이다. 위대한 창조가 '덧셈의 총액이 아니라 파괴의 총액'이라는 것을 통찰적으로 알았고 그대로 실천하며 살았다.

    《인간의 조건》의 저자이자 프랑스 문화부 장관을 지낸 앙드레 말로는 피카소와 가까웠다. 앙드레 말로에게 피카소는 "회화도 마찬가지입니다. 시간을 초월한 그림을 그려야 합니다. 새로운 예술을 창조하려면 현대의 예술을 살해해야 하지요. 사람들은 흔히 자기 자신과 닮은 것을 좋아합니다만, 내 조각들은 내 우상을 전혀 닮지 않았습니다. 도대체 유사성이라니요."59라고 말했다. 피카소는 새로운 예술을 위해 과거의 관행과 관습을 파괴하고 살해해왔다.

청색시대에서 장밋빛시대로 전환될 때도 과거를 부정했다. 장밋빛시대에 다시 그는 25세의 나이에 희대의 컨셉을 들고 나왔다. 입체주의 혁명이었다. 가까운 사람마저 분노하고 당황한 이유는 피카소가 일찍이 본 적 없는 완전 새로운 것을 불쑥 내밀었기 때문이다. 굳어진 마음의 두꺼운 껍데기를 제거해야 미묘한 변화를 인식할 수 있다. 피카소는 이런 껍데기부터 파괴했다. 인식의 마비증상을 깨기 위해 그는 충격요법을 선택했다. 그의 작품을 보면 먼저 놀라고 나중에 빠져 들어간다. 피카소는 이렇게 말했다.

"내가 나 자신을 반복해서 흉내 낼 것이라고 기대하지 말라. 과거는 더 이상 내게 흥밋거리가 되지 못한다. 나 자신을 베낄 바에야 차라리 다른 사람을 모방하겠다. 그러면 적어도 새로운 면을 추가할 수는 있을 테니 말이다. 아무튼 난 새로운 걸 발견하기를 좋아한다."60 그는 자기부정, 자기파괴에 익숙한 위대한 딜리터였다.

그렇다면 피카소는 '아비뇽의 처녀들'에서 무엇을 파괴하고 새로운 실험을 했기에 사람들이 그리도 당황하고 놀랐을까? 그는 그동안 금기시 되어왔던 황금률과 같은 원근법을 깨뜨렸다.

1,000년간 지속된 중세의 회화사는 원근법이 발명되면서 깨지기 시작했다. 이탈리아 건축가 브루넬레스키Filippo Brunelleschi는 원근법을 발명하고 체계화했다. 이것을 회화에 처음으로 적용한 사람은 마사초Masaccio라는 화가다. 그는 27세였던 1427년에 피렌체에 있는 산타 마리아 노벨레 성당에 원근법이 적용된 최초의 벽화 '성 삼위일체'를 완성했다. 그 이전에는 원근법이라는 것이 없었다.

원근법은 그림을 입체적이면서 사실적으로 보이게 했다. 원근법은 이제 황금률이 되었다. 르네상스 회화는 원근법을 근간으로 발전했다. 레오나르도 다빈치도, 라파엘로도, 미켈란젤로도 원근법을 지켰고, 원근법은 화화의 역사를 바꾸어 놓았다. 원근법은 근대미술의 혁명과도 같았다. 아무도 원근법을 무시하고 그림을 그릴 수는 없었다. 이처럼 '철칙'과도 같은 원근법을 피카소는 무시해버린 것이다. 500년 만에 철칙을 깨뜨렸다. 그의 그림은 시선이 한곳으로 모이지 않는 '다초점 다중심'의 그림이다. 일종의 코페르니쿠스적 전환이 일어난 것이다. "새로운 예술을 창조하려면 현대의 예술을 살해해야" 하고 "내 경우에 그림은 파괴의 총액"이라는 철학을 가진 피카소이니 가능한 전환이었다. '아비뇽의 처녀들'을 통해 입체주의가 혁명적으로 탄생했다.

스스로를 죽이고
철칙을 전복하다

피카소의 파괴의 역사는 입체주의에서 멈추지 않았다. 피카소와 브라크는 입체주의로 공동작업을 하는 가운데 새로운 기법을 창시했다. 바로 콜라주 기법이다. 콜라주는 '풀로 붙인다.'는 뜻으로 유화의 한 부분에 신문, 벽지, 악보 등과 같은 실물을 붙이는 기법이다. 피카소는 1912년 '등나무 의자가 있는 정물'을 발표했고 이것이 최초의 콜라주다.

피카소는 등나무 의자 무늬의 유포와 액자 프레임으로 진짜 노끈을 사용했다. 실물뿐만 아니라 다양한 것을 그려넣었다. 오른쪽 상단에는 둥근 레몬조각과 가리비 조개를 나타내는 삼각형이 놓여 있다. 투명한 물잔은 간략한 선으로 윤곽만을 그려 넣었다. 왼쪽에는 JOU라는 철자도 있고 담배 파이프와 담배통도 있다. 물감으로만 표현하던 회화의 개념을 완전히 전복시켰다.

피카소는 철칙을 하나하나 전복하고 전환시켜갔다. 유화 중심의 회화사에 또 하나의 충격을 던졌다. 이제 회화의 재료도 무궁무진하다는 것을 보여주었다. '아비뇽의 처녀들'과는 완전히 다른 실험이며 도전이었다. 본인이 새롭게 구축한 위대한 예술도 그는 스스로 죽이고 새롭게 창조했다.

| 등나무 의자가 있는 정물, 파블로 피카소, 1912년. |

입체주의 시대를 열며 세상에 충격과 놀라움을 던져주던 피카소는 또 한 번의 파란을 일으켰다. 1차 세계대전이 끝나고 피카소는 화풍을 또 한 번 바꾼다. 발레리나였던 올가 코클로바Olga Khoklova와 사랑에 빠져 결국 결혼하게 되었고, 사랑스런 첫 아들 파올로가 태어났다. 행복한 시기에 그는 신고전주의에 빠졌다. 입체주의로 세상을 놀라게 해놓고 갑자기 신고전주의 작품을 들고 나온 것이다. 당시 대표작은 '안락의자 앉은 올가'(1917년)와 '해변을 달리는 두 여인'(1922년)이다.

비평가들은 피카소의 고전주의풍의 작품을 대하고 "피카소가 입체주의를 저버렸다.", "절대고전주의 작품이다."라고 비

| 안락의자에 앉아 있는 올가, 파블로 피카소, 1917년. |

| 해변을 달리는 두 여인, 파블로 피카소, 1922년. |

| 세 무용수, 파블로 피카소, 1925년. |

난하기 시작했다. 이 당시에도 여전히 피카소는 입체주의 작품을 창작하고 있었다. 피카소는 "양식은 사라져라. 신이 양식을 가지고 있는가? 신은 기타를, 어릿광대를, 저음역低音域을, 고양이를, 올빼미를, 비둘기를 창조했다. 나처럼 말이다."[61]라며 맞섰다. 그는 격노하는 파도였다. 전진하며 무엇이든 식상한 것은 휩쓸고 지나가는 역동적인 파도였다. 멈추지 않는 파도 같은 거친 그를 계속 담아낼 수 있는 것은 대양뿐이었다.

그는 잔잔한 호수가 될 수 없는 사람이다. 조용히 머물면서 자신을 드러내지 않는다. 신고전주의에 몰입하던, 입체주의를 버렸다고 비난받던 피카소란 파도는 또 전혀 다른 대양을 침범한다. 그 대양은 바로 '초현실주의'라는 바다다. 예기치 않은 침범으로 사람들은 또 피카소에 놀라고 경탄하고 그를 숭배했다. 그는 1925년 초현실주의 작품 '세 무용수'를 발표했다. 피카소는 초현주의 화가들의 대부가 되었다. 입체주의에서 고전주의로, 어느새 전혀 다른 초현실주의로 돌아섰다.

피카소의 파괴와 창조정신은 어디서 나오는 걸까? 다중지능이론의 세계적인 권위자인 하워드 가드너Howard Gardner는 피카소의 창조성에 대해 흥미 있는 분석을 내놓았다. 피카소는 학습 부진아였고 학교를 혐오했으며 결석도 빈번했다. 일반학교든 미술학교든 피카소는 정규 교육과정에 잘 적응하지 못했다. 노골적인 부정행위나 과외학습이 없었다면 졸업도 어려웠을 것이라고 가드너는 말한다. 미술 분야에서의 특출한 재능과 학교생활에서의 부적응이 오히려 그의 창조력을 강화했을 것이라는 것이다.

이와 관련해 하워드 가드너는 이렇게 분석한다. "피카소의 실험적인 성향은 자극적인 것을 추구하는 기질, 미술 작업에서 느끼는 순수한 즐거움, 점점 커지는 자기능력에 대한 자신감에서 유래했을 것이다. 또한 미술 소재를 다루는 데는 익숙하고 뛰어난 솜씨를 발휘하지만 표준적인 학과공부에는 어려움을 느끼는 불균형에서도 실험적인 성향이 발현되었을 것이다. 마땅히 잘해내야 하는 일을 잘하지 못할 때 사람들은 자기가 강점을 가진 분야를 맹렬하게 파고들어 개인적인 좌절감을 극복하고 가족들에게 자기의 진면목을 보이고자 하는 법이다."[62] 이는 딜리터의 특성과 맞닿는 부분이다.

딜리터는 전 분야에서 천재성을 보이는 존재가 아니다. 학교에서 모범생도 아니었다. 오히려 반대였다. 딜리터들은 과거의 굳어진 관습과 인습을 깰 수 있는 모험가이며 실험가이고 반항아. 체제 순응적인 사람은 딜리터가 될 수 없을 뿐만 아니라 그 전 시대와 전혀 다른 새로운 것을 창조할 수 없다.

9.

기존 체제를 흔들고
세상에 저항한 딜리터들

최근 〈비지니스 인사이더〉는 "성공을 이끄는 놀라운 25가지 특성"이란 제목으로 흥미로운 기사를 실었다. [63] '반항적인 아이가 성공한다'는 연구결과도 포함되어 있었다. 연구팀은 1968년 룩셈부르크에 사는 초등학교 6학년 학생 약 3,000명을 대상으로 IQ 검사를 실시하고, 더불어 학교에 대해 느끼는 감정을 설문조사했다. 당시 교사들을 대상으로도 자신의 학생들의 행동에 관한 설문조사를 했다. 연구팀은 학생들의 가정환경 등도 평가했다. 2008년에 연구팀은 어린 시절의 특성이 직장에서의 성공과 소득을 어떻게 예측했는지 알아보기 위해 40년 전 자료를 꺼내 보았다. 그들은 3,000명 가운데 745명을 만날 수 있었다. 그들은 어느덧 52세가 되어 있었다.

예상대로 교사와 학생 스스로 공부를 열심히 한다고 생각한 사람들은 더 좋은 직업을 갖고 있었다. 그런데 연구팀은 학생의 미래 고소득을 예측하는 또 다른 놀라운 특징을 하나 발견했다. IQ와 부모의 사회경제적 지위, 교육수준 등의 요소를 능가하는 특징이었다. 그것은 바로 '반항적인 성격'이었다. 이 특징은 '규칙을 어긴다.'든가 '부모의 권위에 반항하는 태도' 같은 것이다. 〈비즈니스 인사이더〉는 흥미롭게도 문제행동 때문에 부모에 의해 13세에 군사학교에 보내졌던 도널드 트럼프 사진을 함께 게재했다.

우리는 아이들에게 어른들 말씀 잘 듣고 순종해야 한다고 가르친다. 하지만 실제로는 반항아들이 역사를 바꾸었다. 〈비즈니스 인사이드〉는 도널드 트럼프의 예를 들고 있지만 반항아는 여기저기서 많이 찾을 수 있다. 체제 순응적인 아이는 세상을 바꿀 수 없다.

"순천자順天者는 흥興하고 역천자逆天者는 망亡한다."라고 했던 제갈량의 말은 현대와 맞지 않는다. 아마도 순천자는 당대에는 행복하게 살았는지 모른다. 동시대의 도덕과 가치에 순종하면 갈등할 일이 없고, 모든 걸 강자의 논리에 맞추면 쉽다. 절대적 진리가 존재한다면 당연 그것에 순종하고 따라야 흥하고 행복할 것이다. 그런데 역사의 발전은 역천자에게 신세를 지고 있다. 기존의 가치에 의문을 품고 새로운 길을 개척한 사람들이다. 역천자는 불편하지만 세상을 전진시킨다. 아무도 의심하지 않았던 것을 의심하고, 진리라고 믿었던 것이 진리가 아님을 밝혀내기 때문이다.

니체는 말했다. "선한 사람은 창조하지 않는다." 선한 사람은 대세에 순종하기 쉽다. 다섯 살 때 아버지를 잃은 니체도 반항아였다. 외가에서 자란 니체는 고등학교 때부터 반항적 기질을 보이기 시작했고, 대학 때는 술과 여자, 담배에 빠져 살았다. 그의 불행한 요절과 정신병력이 이런 성장과정 때문일 수 있다. 《성경》 줄줄 외워 '꼬마 목사'라는 별명까지 얻었던 그는 "신은 죽었다." 하고 모든 가치를 부정하는 천하의 반항아가 되었다. 피카소도 마찬가지다. 그도 어려서부터 반항아였다. 미술계의 니체랄까. 학교서도 부적응아였고, 대학진학도 못했다. 하지만 반항과 파괴는 그를 끊임없는 창조로 이끌었다.

반항의 역사가 곧 창조의 역사이고, 역사는 창조적 반란으로 진보한다. 역사를 새롭게 창조한 자들 가운데는 반항아가 많다. 무언가를 딜리트하면 균형이 깨진다. 물리적으로든 화학적으로든 불균형해진다. 딜리터는 기존 체제를 흔들고 혼란스럽게 해 불균형을 초래한다. 그래서 딜리터의 품성 가운데 반항과 이단이 으뜸인 것이다.

부적응아, 혁명가, 문제아, 미친놈…?

"여기 미친 사람들이 있습니다. 부적응아, 혁명가, 문제아. 네 모난 구멍에 끼워진 동그란 마개처럼 이 사회에 맞지 않는 사람들. 하지만 이들은 사물을 다르게 봅니다. 그들은 규칙을 좋아하지 않습니다. 현상유지도 원하지 않습니다. 우리는 그들을 찬양할 수도 있고, 부정하거나 추켜올리거나 비난할 수도 있습니다. 하지만 할 수 없는 것이 하나 있습니다. 결코 그들을 무시할 수 없다는 사실입니다. 그들은 세상을 바꾸기 때문입니다. 그들은 세상을 진보시켜왔습니다. 어떤 사람들은 그들을 미친 것으로 보지만 우리는 그들에게서 천재성을 봅니다. 자신들이 세상을 바꿀 수 있다고 생각할 정도로 미친 사람들이야말로 세상을 바꾸는 사람들이기 때문입니다."

이것은 애플의 광고 '씽크 디퍼런트Think Different'의 내레이션이다. 스티브 잡스는 애플의 설립자였지만, 1985년에 애플에서 쫓겨났다. 1997년에 그는 망해가는 애플의 임시 CEO가 되었다. 12년 전에 강제로 축출되었던 그가 혁명적으로 복귀했다. 복귀하자마자 그는 이사 에드 울러드를 제외하고 전부 사임할 것을 주문했다. 사임하지 않으면 자신이 CEO에 취임할 수 없다는 조건을 달았다. 버림받은 주인이 황제로 다시 등극했다.

방금 소개한 '씽크 디퍼런트(다르게 생각하라)'는 복귀하고 나서 다시 세상을 놀라게 한 광고다.

누구나 알고 있는 스티브 잡스의 성공신화를 되풀이하자는 것이 아니다. 그의 컴백 광고카피에 주목해야 한다. 세상에서 딜리트의 정신을 가장 잘 표현한 카피이기 때문이다. "부적응아, 혁명가, 문제아", "미친 사람들", "규칙을 좋아하지 않습니다. 그들은 현상유지도 원하지 않습니다.", "그들은 세상을 진보시켜왔습니다." 등의 카피를 보면 부적응아, 혁명가, 문제아는 바로 '반항아'라는 것을 알 수 있다. 세상을 진보시킨 사람들은 반항아였다. 그리고 스티브 잡스도 반항아였다.

23살의 대학원생이었던 그의 생모 조앤 시블은 스티브 잡스를 양부모에게 입양시켰다. 양부모는 고등학교를 중퇴한 기계공으로 성실하게 살아온 폴 잡스와 클라라 잡스 부부였다. 스티브는 초등학교 때부터 말썽꾸러기였다. 좀처럼 선생님의 말을 듣지 않는, 한마디로 통제불능의 문제아였다. 그래서 수시로 귀가조치를 당했다. 하루는 '애완동물을 데리고 등교하는 날'이라는 포스터를 학교 게시판 붙여서 친구들이 애완동물을 학교에 데리고 오게 했다. 학교는 당연히 아수라장이 되었다. 그런가 하면 친구들의 자전거 자물쇠 비밀번호를 죄다 바꾸어놓아 아무도 자전거를 타고 집에 가지 못하게 했다.

중학교에 가서도 학교생활에 적응하지 못했다. 그는 외톨이였고 걸핏하면 친구들로부터 괴롭힘을 당했다. 고등학교 생활도 마찬가지였다. 학교보다는 빈 차고에서 혼자 전전긍긍하며 전자제품을 조립하는 걸 더 좋아했다. 히피들과 어울리며 마리화나도 피웠고 긴 머리에 넝마 같은 옷을 입고 늘 맨발에 슬리퍼 차림이었다. 그 누구도 막을 수 없는 자유로운 영혼이 되어갔다. 그는 전형적인 반항아였고 문제아였다. 아버지의 강력한 경고도 소용없었다.

결국 스탠퍼드나 버클리 대학에 가라는 부모의 권고도 무시하고 학비가 비싸기로 유명한 리드 대학에 들어갔다. 결국 그는 대학이 자신에게 무의미하다는 것을 알고 입학한 지 6개월 만에 중퇴하고 청강생이 되었다. 가난했던 부모가 부담해야 할 학비도 문제였다.

그는 유명한 스탠퍼드 대학교 졸업식 축하연설에서 죽음을 앞두고 니체 같은 말을 했다.

"죽음은 삶이 만든 최고의 발명품이기 때문입니다. 그것은 인생을 변화시키는 대리인입니다. 그것은 오래된 것을 치움으로써 새로운 것을 위해 길을 만들어주는 것입니다."

죽음조차도 인생을 변화시키는 대리인으로 인식한 스티브 잡스는 진정한 니힐리스트였다. 죽음이야말로 모든 가치가 무가치화되는 순간이기 때문이다. 애플을 설립할 때도, 매킨토시를 만들 때도, '토이 스토리'를 만들 때도, 1997년 다시 복귀해서 아이맥을 창조할 때도, 아이팟을 발명할 때도, 아이폰으로 세상을 바꾸어 놓을 때도 그의 반항적이고 파괴적인 성품은 과거와 현재를 완전히 다르게 창조하게 하는 원동력이었다.

과거의 가치를 파괴하고자 하는 것은 그의 본능에 가까웠다. 과거의 파괴는 현재의 창조다. 그의 창조적 파괴정신은 1984년 매킨토시의 존재를 세상에 알리는 60초짜리 광고 '1984'에 고스란히 응축되어 있다. 슈퍼볼 시간대에 단 한 번 송출된 그 광고는 엄청난 반향을 불러일으켰다. 역사상 가장 위대한 광고라는 찬사도 받았다. 거기에는 딜리터로서의 스티브 잡스의 사상이 고스란히 담겨 있다.

이 광고는 조지 오웰의 소설 《1984》에서 아이디어를 따왔다. 1949년에 출판된 《1984》는 전체주의 사회를 비판하는 내용으로 '빅 브라더'라는 가상인물이 모든 사람들은 감시하고 통제하며 절대 복종하게 한다는 스토리다. 텔레스크린으로 국민들의 일거수일투족을 감시하고 그들의 정신을 개조하고 통제하는 미래의 디스토피아 사회를 비판하는 소설이다.

광고는 이렇게 시작된다. 노동자들이 텔레스크린 앞에서 마치 식물인간처럼 넋이 나간 채 교시에 취해 있다. 갑자기 흑백 톤의 배경 사이로 여자 육상선수(영국의 육상선수, 안냐 메이저

Anya Major)가 해머를 들고 달려온다. 그녀는 매킨토시가 그려진 흰 탱크톱과 주황색 팬티를 입고 있다. 그녀 뒤에는 무장한 경찰이 쫓아오고 있다. 텔레스크린의 교시 장면과 육상선수의 돌진 장면이 교차편집 되면서 긴강감이 더해진다. 마지막으로 여자 육상선수가 텔레스크린을 향해 해머를 던지고 텔레스크린이 빛과 함께 파괴되며 끝난다. 여기서 텔레스크린은 컴퓨터 업계에서 독주하던 IBM을 상징했다.

스티브 잡스의 반항, 저항정신이 읽혀진다. 과거 컴퓨터 제국 IBM을 파괴하고 새로운 가치를 구축하겠다는 그의 철학이 곳곳에서 느껴진다. 이 광고는 엄청난 반향을 불러일으키며 애플의 존재를 세상에 각인시켰다. 광고의 탄생과정을 보면 역시 새로운 창조는 저항하지 않으면 이뤄지지 않는다는 것을 알 수 있다.

사실 이사회는 처음부터 이 광고를 반대했다. 하지만 반항아 스티브는 굴복하지 않았다. 최종적으로 애플을 공동설립한 워즈니악에게 의견을 묻기로 했다. 워즈니악도 대찬성이었다. 결국 스티브 잡스와 스티브 워즈니악은 자신들의 돈 80만 달러를 들여 가까스로 광고를 할 수 있었다. 본인들이 설립한 회사에서조차 새로운 창조는 저항에 부딪혔던 것이다.

이처럼 역사적으로 창조는 저항을 부르고 반항은 창조를 낳았다. 광고에서 육상선수가 텔레스크린에 던진 해머는 니체

의 망치나 다이너마이트와 같았다. 앙시앵레짐을 폭력적으로
파괴했다. 스티브 잡스는 사내에서 늘 반대에 부딪혔지만 늘 굴
복하지 않고 돌파해 나갔다. 그가 만든 혁명사는 그의 혁명가적
기질, 즉 반항에서 출발했다.

아인슈타인, 밥 딜런, 마틴 루터 킹, 리처드 브랜슨, 존 레
논, 벅민스터 풀러, 토마스 에디슨, 무하마드 알리, 테드 터너,
마리아 칼라스, 마하트마 간디, 아멜리아 에어하트, 알프레드
히치콕, 마사 그레이엄, 짐 핸슨, 프랭크 로이드 라이트, 피카
소…, 이들의 공통점은 무엇일까? 살았던 시대도, 나라도, 직업
도 모두 다르다. 다만 딱 한 가지가 같다. 스티브 잡스가 좋아
했던 사람들이다. 애플의 '씽크 디퍼런트' 광고에 흑백 스틸로
등장하는 인물이다. 그 광고에서 "부적응아, 혁명가, 문제아",
"미친 사람들"이라고 지칭했던 사람들이다.

그들은 왜 학교를
때려치울 수밖에 없었나?

나는 새로운 공통점을 하나 더 발견했다. 모두는 아니지만 대부
분의 사람들이 학교를 중퇴했다는 사실이다. 그리고 반항자이
자 저항자로서 새 역사를 쓴 사람들이다.

애플 광고의 원형인 《1984》를 쓴 조지 오웰도 영국의 이튼스쿨을 졸업했으나 대학 진학을 포기했다. 그리고 미얀마에서 경찰생활을 하다가 식민체제와 제국주의에 혐오를 느끼고 작가의 길로 나섰다. 그는 스페인 내전에 공화파를 지지하며 의용군으로 참전하기도 했다. 혁명가이자 반항아였던 셈이다.

아인슈타인 역시 앞에서 말했듯이 학교 부적응아였으며 취리히 공과대학 시절에도 교수와 갈등이 잦았다고 알려져 있다. 2016년 노벨문학상 수상을 거절하다가 결국 수락한 가수 밥 딜런도 대학을 중퇴했다. 그의 노래는 공민권 운동의 주제가처럼 불렸으며 노랫말이 아름다워 가수로서는 처음으로 노벨문학상을 타게 되었다. 비틀스 멤버 존 레논도 대학 중퇴자다. 토마스 에디슨도 학교에서 쫓겨나 홈스쿨링했고, CNN을 만든 테드 터너도 마찬가지였다. 피카소 역시 미술 이외에는 낙제생이었고, 대학에도 가지 않았다. 그는 남들이 대학에 다닐 나이에 이미 프로 화가였다. 그에게는 과거와 구습을 딜리트하는 코드가 인코딩되어 있었다.

저항자들에게 학교 부적응 문제는 특별히 병적이거나 인지적 능력 때문이 아니라면 당연히 거쳐야 할 일종의 면역반응인 것이다. 새로운 질서를 깰 수 없는 나이에 오는 무기력과 같은 것이다. 저항할 수 없는 상황에서 막강한 물리력과 권위가 쓰나미처럼 덮쳐온다면 어떻게 하겠는가? 쓰나미를 피해 도망치는 것이 바로 중퇴다. 그리고 그들은 자신이 견뎌낼 정도로 저항하며 전혀 다른 세계를 개척한다. 그중에서도 가장 대표적인 중퇴자는 리처드 브랜슨과 리처드 벅민스터 풀러다.

1998년 5월 12일 뉴욕의 타임스퀘어에 셔먼Sherman 탱크 1대가 출몰했다. 영화 촬영의 한 장면이 아니다. 탱크는 코카콜라와 펩시콜라 캔을 뭉개며 전진한다. 그리고 특수효과를 써서 코카콜라 간판에 포격한다. 사람들은 충격을 받고 깜짝 놀랐다. 버진콜라의 미국 진출을 홍보하기 위해 기획된 이벤트다. 그 탱크를 모는 사람은 버진그룹의 회장 리처드 브랜슨이다.

리처드 브랜슨은 괴짜 경영자로 정평이 나 있다. 자유분방하고 저항적인 스타일 때문에 '히피 자본가'로도 불려진다. 350여 개의 계열사에 2016년 기준 약 30조 원의 매출을 만들어내는 버진그룹 회장이다. 항공, 모바일, 호텔, 음료, 여행 등 그가 참여하지 않은 분야가 없다. 최초의 민간 우주여행업체 '버진 갤러틱'도 창업하여 2014년까지 약 700장의 우주여행 티켓을 팔았다. 최근에는 전기자동차 분야에도 진출하려 한다. 4조 7,000억 원의 자산을 가진 영국 4위의 부호다. 그러나 그는 여느 부호와는 딴판이다. 점잖은 신사가 아니다.

리처드 브랜슨은 계열사가 생길 때마다 상상을 초월하는 깜짝 쇼의 주인공으로 등장한다. 버진항공이 출범할 때는 빨간색 미니스커트에 빨간 립스틱을 바르고 스튜어디스가 되어 기내에서 기내식 서비스를 했다. 버진모바일을 광고할 때는 누드 쇼도 마다하지 않았다. '숨길 것이 없다.'는 것이 광고카피였는데, 뉴욕 한가운데서 누드 보디슈트를 입고(남성의 중요한 부분만 핸드폰으로 가리고) 버진모바일 간판을 타고 하늘에서 내려오는 쇼를 했다. 이 '외설스런' 마케팅 덕분에 이 광고 캠페인은 〈월스트리트 저널〉이 선정한 최악의 광고상을 받았지만 홍보효과만큼은 최고였다.

그의 행동은 늘 예측불허였다. 그는 "몸으로 광고한다."는 원칙을 지키며 매번 세상을 놀라게 했다. 언론은 그의 기행을 대서특필했고, 덕분에 그는 광고비를 적게 들이고도 버진그룹을 크게 홍보할 수 있었다. 그는 버진을 신문 1면에 올리기 위해 별의별 짓을 다했다고 고백했다. 그는 링크드인 팔로워 수가 1,400만 명이 넘는다. 리처드 브랜슨은 현재의 모든 것에 의문을 갖고 파격을 가했다. 언뜻 보기에 비정상적 방법으로 기존의 업계를 공격했다. 그는 업계의 고정관념을 무시하고 정규군을 공격하는 게릴라였다. 그의 이런 반항적 성격은 어려서부터 길러졌다.

리처드 브랜슨의 책 《내가 상상하면 현실이 된다》에서 "나는 한 번도 해본 적이 없는 일에 서슴없이 도전했으며, 위험을 무릅쓴 모험 앞에서 언제나 스스로 믿었다. 일단 지금 당장 시작해보라.

시작할 수 있다면 성공할 수 있다."[64]라고 말했다. 그는 먼저 도전했고 시작했다. 이 책의 원제 'Screw it, let's do it'도 굳이 직역하자면 '닥치고 그냥 해!'다. 그의 좌우명은 "용기를 내서 일단 해보자!"이다.

16세에 난독증으로 학교생활이 어려웠던 그는 학교를 중퇴하고 학생잡지 〈스튜던트〉를 만들었다. 이미 있던 〈더 스토익〉이라는 범생이(?) 잡지에 대항하기 위해서였다. 기존의 잡지에는 저항적이고 혁명적인 사상을 담아낼 수 없었다. 그는 교육 방식이나 세상 돌아가는 방식이 마음에 들지 않았고, 당시 확대되던 베트남전쟁을 막는 데 일조하고 싶었다. 하늘에서는 고엽제가 무차별적으로 뿌려지고 있었다.

그는 잡지를 사업이 아니라 재미있는 놀이이자 정치운동이라고 생각했다. 처음에는 돈이 없어 공중전화로 마케팅을 시작했다. 전화교환원에게 "전화기가 돈만 삼킨다."고 말하면 교환원이 공짜로 연결해주었다. 게다가 교환원이 "브랜슨 씨가 전화통화를 원하십니다."라고 말할 때는 비서가 전화를 연결해주는 효과도 노렸다. 첫 호를 발행한 후 들어온 총 광고수익은 2,500파운드에 달했다. 3만 부를 발행할 수 있는 비용이었다. 당시 영국의 평균 집값이 3,660파운드였다고 한다.

그는 두려움이 없었다. 제임스 볼드윈, 장 폴 샤르트르, 존 레논 등 당시 내로라하는 유명인들과 인터뷰를 시도했고 모두 성공했다. 시중의 일류 잡지들보다도 더 많은 유명인을 인터뷰했다. 베트남 전쟁도 현장취재하고 싶었다. 그러나 취재비용이 없었다. 그래서 아이디어를 냈다. 열여섯 살짜리 청소년이 분쟁지역을 둘러보고 어떤 소감을 적는지 세상이 궁금해할 것이라 생각했다. 영국의 유명 일간지인 〈데일리 미러〉에 전화해 아이디어를 전했다. 관심을 보인 이들은 결국 베트남 취재비용을 부담하게 되었다.

그는 모험을 자처했다. '버진 애틀랜틱 챌린저호'로 미국에서 아일랜드까지 횡단했다. 도착 60마일을 앞두고 침몰해서 하마터면 죽을 뻔했다. 만일 대처 수상의 명령으로 긴급 출격한 공군기가 아니었다면 그는 죽고 말았을 것이다. 이미 수억 파운드의 수익을 내고 있는 버진그룹의 CEO였지만 그의 무모한 도전은 멈추지 않았다. 주위의 반대에도 불구하고 열기구로 대서양 횡단에 도전해 성공했다. 결과적으로 그는 열기구로 대서양을 횡단한 최초의 사람이 되었다.

동일성의 감옥에서
탈옥한 자들

그는 천재를 찬양하지 않는다. 인간이라면 누구나 갖고 있는 내면의 힘을 믿고 도전한다. "우리 모두에게는 선천적으로 내재된 장점이 있으며 문제는 그것을 재창조하는 것이 아니라 발견해서 밖으로 표출하는 것이다. 불가능한 것이 없다."[65]

리처드 브랜슨은 전형적인 딜리터다. 딜리터는 자신을 둘러싸고 있는 장벽과 관행, 구습을 제거함으로써 새로운 것을 창조하는 사람들이다. 이래서 이들에게는 용기, 도전, 반항이 필수다. 브랜슨은 모든 딜리터들과 마찬가지로 시장조사나 두꺼운 보고서, 이사회 같은 관료 시스템을 증오한다. 딜리터는 불문율과 상식을 깨고 파괴하는 자이다. 난독증은 그의 장해가 아니라 선물이 되었다. 그는 자신이 난독증 덕분에 더욱 직관적인 사람이 될 수 있었다고 말한다. 제안서를 볼 때 자세한 설명이나 도표는 무시하고 전체적인 콘셉트를 창조적으로 추측하거나 전개하도록 훈련받았기 때문이다.[66] 난독증 때문에 기억력도 좋아졌으며, 복잡한 보고서나 책을 읽을 수 없었기에 그만큼 직관력이 뛰어나졌다. 그는 시장조사도 하지 않고 순식간에 결정하는 통찰력을 가졌다. 그런 능력이 없었다면 300개가 넘는 버진그룹은 시작도 못했을 것이다.

학교를 중퇴한다는 것이 부모들에게는 좌절을 의미할 수도 있다. 하지만 반대로 학생에게는 보수적이고 권위적인 학교 체제에 도전하고 반항한다는 뜻이다. 중퇴자는 반란을 꿈꾸는 사람이자 기존 질서에 의문을 제기하는 사람들이다. 창의적인 아이들에게 학교는 창살 없는 감옥과도 같았다. 전통적인 학교든 혁신을 표방하는 학교든, 학생들의 창의성을 키워주기보다는 억제하는 경우가 더 많다고 한다.

하버드 대학의 하워드 가드너 교수의 연구에 따르면 창의성이 억압될지 발휘될지는 보통 2~7세 사이에 결정된다고 한다. 이들이 학교를 다니게 되면 점차 조심스러워지고, 변화를 싫어하게 되며, 참여자에서 관망자로 바뀌어버린다고 한다. 교사나 또래집단, 또는 교육체계가 아이들의 창의성 발현에 방해가 될 수 있기 때문이다.

독일의 철학자 테오도르 아도르노Theodor Adorno는 400종에 달하는 직업 종사자를 대상으로 '권위'에 대해 조사했다. 가장 권위적인 직업 1위는 경찰, 2위는 군장교였다. 교사는 어땠을까? 놀랍게도 3위를 차지했다.[67] 사실 놀랄 일도 아니다. 우리나라 1970, 1980년대의 학교는 군대 같았다. 검은 색 교복을 똑같이 입고 획일적인 교육을 받았다. 교사의 폭력은 너무도 자연스러웠다. 그러니 창의적인 딜리터에게 이런 학교는 감옥과 같았을 것이다. 딜리터는 동일성의 감옥에서 탈옥한 자들이다.

중퇴자들은 이런 권위적 체제에 거룩하게 저항한 자들이다. 그리고 모두는 아니지만 일부는 사회에 나와서도 기존의 질서와 전투를 벌였다. 이 중에 승리한 자가 있고 전사한 자도 있을 것이다. 중퇴자로서 살아남은 자는 창조라는 위대한 역사를 써왔다. 델 컴퓨터의 마이클 델도, 마이크로소프트의 빌 게이츠도, 소프트뱅크의 손정의도 중퇴자로서 기존 체제와의 전쟁에서 살아남아 역사를 바꾸었다.

기존 체제에 반기를 들지 않고 기존의 것과 다른 것을 창조한다는 것은 논리적으로도 모순이다. 체제를 전복하고자 하는 욕망은 창조의 원동력이 된다. 창조의 역사에는 중퇴자들의 스토리가 차고 넘친다. 그중에서도 리처드 벅민스터 풀러Richard Buckminster Fuller처럼 흥미로운 경우도 드물다.

'최초의 지구인'이 시도한
2,600년 만의 혁신

리처드 풀러는 '최초의 지구인', '20세기 레오나르도 다빈치'라고 불리는 건축가이자 수학자다. 왜 그를 최초의 지구인이라 부를까? 그 이전에는 '지구인'은 없고 모두 '로컬인'이었기 때문이다. '지구촌'이라는 말이 나오기 전에 그는 이미 전 지구적 문제를 제기했다. 1963년에《우주선 지구호 사용설명서Operating Manual for Spaceship Earth》68를 출판하면서 지구를 우주를 여행하는 우주선으로 보고, 지구의 문제를 제기하고 예언했다. 가난, 환경, 에

너지 문제 등이다. 지구인은 '지구호'라는 우주선을 함께 탄 탑승객이었다. 그는 미래학의 창시자이기도 하다. 그는 이 책에서 50년 후의 지구의 미래를 예측했는데 거의 맞았다. 극심한 가난이 찾아오고, 컴퓨터의 시대가 도래할 것임을 예언했다. 컴퓨터가 인간을 대신해 많은 일을 할 것이므로 컴퓨터와 차별화되어야 한다고 강조했다. 컴퓨터가 잘할 수 있는 일, 즉 세부적이고 지엽적인 일보다는 포괄적이고 전체적인 사고가 중요하다고 예언했다.

그는 선지자였다. 철학자이자 발명가, 시인, 디자이너, 건축가, 수학자, 과학자 등으로 활동하며 족적을 남겼다. 그래서 '20세기 레오나르도 다빈치'라는 별명을 갖게 된 것이다. 25개의 미국 특허, 28권의 저서, 47개의 명예 박사학위 등을 가졌고, 건축과 디자인 분야에서 수십 개의 상을 수상했다. '지구인Earthian', '다이맥션Dymaxion', '시너지synergy', '우주선 지구호 Spaceship Eearth'라는 말도 그가 만든 신조어다. 무엇보다도 그는 구형球形 건축양식, '지오데식 돔Geodesic Domes'이라는 건축양식을 발명했다.

그는 1967년 몬트리올 엑스포의 미국관을 지오데식 돔으로 지었다. 그 이전의 건축은 모두 육면체, 원기둥, 사각뿔과 같은 모양을 하고 있었다. 그는 지구에 새로운 기하의 건축물을 창시

| 지오데식 돔을 만든 벅민스터 풀러 |

했다. 그 이전과 차별화한 것이 아니라 완전히 다른 것을 만들었다. 지구 역사에 왜 구형 건축물을 아무도 상상하지 않았는지 알수 없으나 그의 지오데식 돔은 과거의 파괴로부터 나왔다. 그는 1951년 지오데식 돔에 대해 미국 특허청에 출원하고 1954년에 특허가 등록되었다. 경제적으로도 역학적으로도 탁월한 건축방법이었다. 내부구조물 없이도 튼튼하고 넓은 공간을 만들어낼수 있고, 건축과정도 단순하고 편리했다. 1957년 하와이 호눌룰루에 세워진 오라토리움은 부속품이 도착한 지 불과 22시간만에 완성할 수 있었다. 아프리카에서 주거용 주택을 짓는 데도불과 350달러면 충분했다.

특히 미해병대는 이 공법으로 지어진 이동형 건물을 "2,600년 만에 이루어진 근본적 개선"이라고 극찬했다. 미해병대는 1950년 한국전쟁 때부터 가볍고 튼튼하며 슬림한 이동형 건축물이 필요했다. 1953년 포드자동차가 풀러와 함께 돔형건축을 하고 있다는 소문을 듣고 한 해병대 장교가 풀러를 찾아갔다. 그는 그 돔형 건축물을 보고 해병대에 필요한 방법이라고 판단했다. 1954년 해병대는 그 효용성을 테스트하기로 했다. 해병대는 대형돔을 헬리콥터로 공중 수송하는 테스트를 했다. 합격이었다. 해병대의 숙원이 해결된 것이다. 헬리콥터 격납고로 활용할 목적이었다. 공중 수송을 통해 돔에는 헬리콥터 3대를 수용할 수 있었다. 그 정도로 가벼우면서도 견고했고, 덕분에 장거리 수송도 가능했다.

지오데식 돔이 세계적으로 알려지기 시작한 것은 1967년 캐나다 몬트리올에서 열린 세계무역박람회 때다. 벅민스터 풀러는 이 건축공법으로 거대한 미국관을 만들었다. 강철과 강화유리를 사용해서 20층 높이의 거대한 구형 전시관을 만들었다. 모두 놀라워했다. 태어나서 처음 보는 신기한 건축물이었다. 미국관을 6개월간 다녀간 사람이 50만 명에 이르렀고 이것은 1968년에 미국 건축가협회로부터 처음으로 건축디자인상을 수상했다. 그의 상상력은 끝이 없었다. 엠파이어스테이트 빌딩을 덮고도 남을 높이의 투명돔으로 맨해튼 22번가부터 62번가를 덮어버릴 것을 제안하기도 했다. 현재까지 30만 개의 구형 건축물이 세계 곳곳에 세워져 있다.

벅민스터 풀러의 가족은 모두 하버드 대학을 졸업했다. 수재 집안이다. 그도 하버드 대학에 입학했으나 졸업은 하지 못했다. 다른 형제들보다 키도 작고 외모도 볼품없었으며, 사업을 하는 족족 실패했다. 그는 가족에게조차 인정받지 못했다. 지금으로 따지면 루저였다. 어렸을 땐 무언가를 가지고 도구를 만드는 데만 열중했다. 하버드에 들어가서도 중간고사를 보지 않아 쫓겨났다. 노동자 생활을 하다가 재입학을 했지만 결국 졸업은 못했다. 직물공장 기계공, 정육점 포장 노동자. 군인, 라디오 방송국 기사, 출판 담당자, 건축가 등 세상의 오만 직업을 경험했다.

파산상태에 직업도 없었던 그는 첫딸이 수막염으로 죽었을 때 자살을 결심했다. 하지만 죽음을 앞두고 그는 다시 태어났다. 실존이 본질에 앞섰다. 인간의 존재가 우주의 일부라는 깨달음이 그를 다시 일어서게 했다. 그는 기존 체제에 반항했고 기존 체제를 전복했다. 그는 모든 것을 딜리트할 줄 아는 사람이었다.

일개 보병이길 거부한 혁명가들

광고의 아버지, 현대광고의 교황이라 불리는 데이비드 오길비 David Ogilvy도 "훌륭한 인재는 관습을 타파해야 한다."고 주장했다. 또한 "광고업은 이제 재능 있는 사람들을 많이 수혈해야 한다. 재능 있는 사람들은 대부분 규범을 따르지 않고 관습에 반대하는 반항아들이다."[69]라고 말했다. 사실 오길비 스스로가 반항아였다. 그는 1968년 모교 개교기념일에 이런 연설을 했다.

"저는 공부를 못했습니다. 경쟁에서 늘 졌습니다. 학교를 쥐고 흔드는 속물들이 역겨웠지요. 저는 구제불능 반항아에 부적응 학생이었어요, 간단히 말하자면 쓸모없는 놈이었죠. 쓸모없는 놈들이여, 힘내세요. 학교에서의 성공은 인생에서의 성공과 아무 관계가 없습니다."[70]

어려서부터 모범생인 형의 그늘에 가려져 있던 그는, 이미 초등학교 때부터 반항아였다. 선생님에게 책이 틀렸다고 따지기 일쑤였다. 선생님은 그의 통지표에 창의적이지만 그런 버릇을 고쳐야 한다고 경고했다. 그는 장학생으로 옥스퍼드 대학에 입학했으나 거기서도 적응하지 못했다. 대학생활에 흥미를 잃었던 그는 결국 성적부진으로 퇴학을 당했다.

대학에서 퇴학당한 후 그는 파리 마제스틱 호텔의 보조 주방장, 아가 쿠커의 세일즈맨, 갤럽의 여론조사원, 영국대사관

정보분석관으로 일했으며, 심지어 아미시 농장에서 3년 간 농부로 생활하기도 했다. 벅민스터 풀러처럼 명문대를 중퇴하고 엄청나게 다양한 직업을 경험하며 겪을 수 있는 모든 일을 겪었다. 반항아는 하나에 충성하지 않는다. 다양한 영역을 방황한다. 방황은 반항을 예증한다.

그 방황의 종착역은 광고였다. 아미시 농장에서 농부생활을 하며 준비한 끝에 1948년 '휴잇 오길비 벤슨 앤 매더'라는 광고회사를 설립했다. 그의 나이 38세였다. 그때까지 제대로 된 광고 카피 한 줄 써본 일이 없었다. 우연히 헤서웨이 셔츠의 광고를 맡게 되었다. 그가 만든 '헤서웨이 셔츠를 입은 남자'라는 광고가 1951년 9월 22일 〈뉴요커〉에 실리면서 새로운 스타 탄생을 예고했다.

그 광고는 헤서웨이 셔츠를 입은 한 남자가 검은 안대를 하나 끼고 거만하게 앞을 보고 있는 모습의 인쇄광고다. '검은 안대를 한 신사'가 신선한 포인트였다. 시각 장애인이 주로 착용하는 검은 안대를 멀쑥하고 도도해 보이는 신사가 끼고 나타난 것이다. 헤서웨이맨 스토리가 〈라이프〉, 〈포춘〉, 〈타임〉 지에 기사로 대서특필되며 세상의 이목을 집중시켰다. 헤서웨이는 무명의 중소업체였다. 오길비는 "광고주가 광고카피에 점 하나도 수정하지 않는다."는 조건으로 광고를 수락했다. 〈뉴요커〉에 지불한 광고비도 3,176달러에 불과했다. 하지만 헤서웨이 셔츠는 1년도 안 되어 매출이 3배 이상 올랐다. 그리고 유명한 셔츠회사로 거듭났다. 광고를 게재했던 〈뉴요커〉조차 판매부수가 늘어날 정도로 그의 광고는 선풍적인 인기를 누렸다. 검은 안대를 모티브로 한 모방광고가 미국만이 아니라 세계 곳곳에서 이어졌다. 오길비는 이 광고로 '올해의 신진 광고상'을 수상했다.

오길비를 '광고의 교황'으로 등극시킨 결정적인 광고가 1959년 3월 한 신문에 실렸다. 롤스로이스 자동차 광고다. 아직까지도 롤스로이스를 '세상에서 가장 정숙한 차'로 인식시킨 광고이다. "시속 60마일로 달리는 차 안에서 들리는 가장 큰 소음은 전자시계 소리입니다."라는 헤드 카피의 인쇄광고다. 이것 역시 세기의 광고가 되었다. 사실을 중시했던 오길비는 3주간 신형 롤스로이스를 연구했고, 바디 카피도 사실 위주로 기사처럼 썼다. 719단어로 광고라고 하기엔 꽤 긴 분량이다. 재미있는 것은 이 광고의 마지막 문구다. "롤스로이스를 탈 자신이 없는 사람은 벤틀리를 타십시오."[71] 소비자의 질투심을 자극한 것이다.

1982년 프랑스 경제지 〈엑스팡시옹〉이 산업혁명에 가장 큰 기여를 한 사람 30명을 선정했다. 1위는 토머스 에디슨, 2위는 아인슈타인, 3위는 존 메이너드 케인스, 4위 알프레트 크루

프, 5위 레닌, 6위가 카를 마르크스였다. 그리고 7위는 바로 데이비드 오길비였다.[72]

그의 광고철학도 딜리트의 철학이었다. 오길비는 자신의 광고철학을 오길비즘Ogilvyism이라고 자칭했다. 오길비는 정치꾼, 아첨꾼, 허풍꾼을 혐오했다. 오로지 일로 평가받는, 도전적인 사람들을 좋아했다. 그는 "광고 비즈니스는 다양한 재능들이 접목되어야 한다. 이러한 재능들은 체제 변혁자, 반대의견을 내놓는 자, 기존 사고를 뒤엎는 개혁론자들에게 주로 많다."[73]라고 말했다. 또한 "혁신을 격려하라. 변화는 우리의 생명력이요, 정체는 곧 죽음이다. 규정과 규율에 얽매이지 마라."라고 했다. 그는 연고주의를 배격했으며 형편없는 TV 광고가 위원회의 산물이라며 관료적인 의사결정구조를 혐오했다. 그는 "신과 경쟁하라.", "번트 말고 홈런을 노려라. 불멸의 회사를 만들어라."라고 주문하며 도전정신을 늘 강조했다.

오길비즘은 딜리티즘과 유사하다. 구체제와 인습에 항거해야 새로운 것이 창조된다. 기존의 광고 관행에 의문을 품고 신과 경쟁할 만큼 오만한 목표로 새로운 것을 창출했다. 오길비는 진정한 딜리터의 면모를 갖고 있었다. 그리고 이런 재능은 이미 어렸을 때부터 나타나기 시작한 반항심에서 출발한다.

애덤 그랜트는 저서 《오리지널스》에서 "위대한 창시자들은 우상을 파괴하고, 반항하고, 혁명을 일으키고, 말썽을 피우고, 독불장군처럼 행동하고, 반골기질을 발휘하도록 타고났다. 그들은 사람들의 조롱이나 따돌림, 두려움에 아랑곳하지 않는다."[74]라고 말했다. 위대한 창시자는 곧 니힐리스트인 것이다. 과거의 가치와 우상을 파괴할 수 있는 자는 니체의 니힐리스트요, 내게는 딜리터다.

애덤 그랜트는 세상을 바꾼 벤저민 프랭클린, 아인슈타인, 스티브 잡스 등에 대해서는 이렇게 말했다. "호기심이 많고 대세에 순응하지 않았고 반항적이었다. 그들은 잔인하리만큼 정직했고 위계질서에 맞설 만큼 정직했다. 그리고 그들은 위험을 무릅쓰고 신념을 실천했다."[75] 경영철학자 게리 해멀처럼 "나는 더 이상 역사의 포로가 아니다. 나는 내가 상상하는 모든 것을 성취할 수 있다. 나는 더 이상 얼굴 없는 관료주의의 노예가 아니다. 나는 게으름뱅이가 아니라 행동주의자이다. 나는 더 이상 진보의 행진에 속해 있는 일개 보병이 아니다. 나는 혁명가다."[76]라고 천명해야 한다.

10.
이단이 되어 전문가와
싸운 딜리터들

역사는 이단자들이 진보시켰다. 과거를 부정하는 자에게 미래가 열렸다. 전통을 고수하고 독단에 사로잡힌 자는 전진할 수 없다. 지구의 역사를 바꾼 이단자, 반항자는 무수히 많다. 인류의 역사는 사실과 교조와 싸우면서 발전했다. 2,000년 전 예수가 나타나기 전까지 유대인들은 유대교의 율법을 의심하지 않았다. 물론 지금도 유대교는 예수는 인정하지 않고 있다. 유대교도들은 기독교인을 이단으로 몰아 수없이 죽였다. 기독교인도 마찬가지였다. 종교개혁 이후 구교와 신교의 충돌로 100만 명이 넘는 사람들이 서로를 이단이라 주장하며 죽였다.

'지구가 돈다.'는 과학적 사실을 증명한 죄로 갈릴레오도 종교재판에서 종신형을 선고받았다. 코페르니쿠스, 갈릴레오,

다윈 등 수많은 사람들이 사실이라고 믿는 것, 교조와 싸운다. 이단자, 반항아였던 것이다. 이들은 과거의 것과 싸우면서 새로운 것을 구축했다.

갈릴레오가 망원경을 만들어 달이 '쟁반같이 둥근 달'이 아니라 지구의 산이나 계곡처럼 울퉁불퉁하다고 주장했을 때 아무도 믿지 않았다. 목성 주위에 4개의 위성이 회전하고 있다고 말해도 믿지 않았다. 그때까지의 진리는 모든 별과 태양이 지구를 중심으로 도는 것이었다. 사람들은 갈릴레이가 망원경을 조작하여 사기 친다고 생각했다. 로마 대학의 유명한 수학교수 클라비우스Clavius는 4개의 위성이 가짜라고 비웃으면서 자신도 시간만 주어지면 안경(망원경) 속에 위성을 만들어낼 수 있다고 장담했다. 당대 피사 대학의 스키피오네 키아라몬티는 "동물들은 팔다리와 근육이 있어 움직이지만 지구는 팔다리와 근육이 없어서 움직이지 않는다."[77]고 망발했다.

갈릴레오는 탁월한 이단아이며 선동가였다. 전문가들은 망원경으로 보여줘도, 즉 눈으로 보고도 믿지 않았다. 그래서 그는 전문가를 버리고 대중을 선택했다. 당시 대중에게 어필할 유일한 수단은 책이었다. 이미 160년 전 구텐베르크의 인쇄술이 발명되어 지식이 대중화될 수 있었다. 지동설을 주장한 코페르니쿠스의 《천구의 회전에 관하여》도 1543년에 발행되어 지식인들 사이에 읽히고 있었다. 갈릴레오는 책이 효과적인 혁명

수단임을 알았다.

당시 모든 학술서적은 라틴어로 쓰였는데, 서민들은 라틴어를 몰랐다. 마치 조선시대에 백성들은 한문을 모르고 한글을 사용했던 것과 같다. 이탈리아 백성들은 라틴어를 사용하지 않고 지방 방언인 이탈리아어를 사용했다. 라틴어가 귀족의 언어라면 이탈리아어는 서민의 언어였다. 갈릴레오는 이탈리아어로 위대한 책《대화》를 썼다. 그의 탁월한 통찰력이 빛나는 선택이었다. 마이크로소프트가 도스DOS 운영체계를 윈도우로 바꾼 것과 같다. 마이크로소프트가 윈도우를 출시하면서 컴퓨터의 대중화가 획기적으로 빨라졌던 것과도 같다.

《대화》는 세 사람이 나흘간 나눈 대화를 옮겨 적은 형식의 책이다. 지구의 자전과 공전을 대화 형식으로 설득해가는 내용이다. 대화체로 쓰다 보니 눈높이가 자연스럽게 낮아졌다.

세 사람의 대화는 다큐라기보다는 드라마 시나리오였다. 이미 지동설을 주장한 코페르니쿠스의《천구의 회전에 관하여》는 금서禁書가 되었고, 교황청은 1616년 지동설을 공개적으로 금지했다. 갈릴레오도 지동설을 말과 글로 주장하거나 가르치지 않겠다고 교황청에 약속한 상태였다. 픽션 형식이 아니면 출판과 유통이 불가능하다는 것을 갈릴레오는 알았다.

《대화》는 6년이란 긴 시간 동안 집필한 끝에 피렌체에서

1632년 2월에 출판되었다. 1,000권을 인쇄했는데 베스트셀러가 되었다. 여름쯤에는 독자의 편지가 홍수처럼 쏟아져 들어왔다. 책값이 10배까지 치솟기도 했다. 독자 중에는 "당신이 그처럼 간편하게 만든 새로운 이론과 우수한 관측 결과를 설명해주어서 직업이 다른 나까지도 그것의 일부를 이해할 수 있게 되었다.", "낡은 진리에 대한 이 이론의 새로움, 새로운 말, 새로운 별들, 새로운 체계, 새로운 국가 등은 새로운 시대의 시작이다."[78] 같은 뜨거운 반응이 많았다.

갈릴레오는 대중을 움직이는 데는 성공했으나 구교와 신교로부터 십자포화를 맞았다. 갈릴레오는 결국 종교재판에 회부되었다. 종교재판에서 죄가 인정되면 화형에 처해질 수도 있었다. 당시 병중에 있던 그는 로마까지 갈 수 있는 몸이 아니었다. 그럼에도 교황청은 단호했다. 그는 피렌체에서 로마까지 들것에 실려 갔고, 재판 결과 죄가 인정되었으나 사형은 아니고 종신형에 처해졌다. 다행이 죽을 때까지 가택연금이 되었다. 《대화》도 금서가 되었다. 그는 자신의 지동설을 종교재판에서 부인함으로써 살아남을 수 있었다. 그는 법관 앞에 무릎을 꿇고 공개적으로 최후진술을 했다. 그의 나이 70세였다.

갈릴레오는 자신의 지동설을 부정하고, 자신이 이단임을 고백하고, 이단을 버리겠다고 맹세함으로써 목숨을 부지했다. 아이러니컬하게도 갈릴레오의 이단적 성향 때문에 인류의 역사도 살아났다. 이단적 사고는 창조의 원동력이 되었다. 《대화》는 금서가 되었지만 이미 대중 속으로, 유럽 속으로 퍼져나간 상태였다. 그는 전문가들의 분노를 샀지만 대중의 사랑을 얻었다. 그리고 그는 어떻게 하면 대중을 사로잡을 수 있는지 잘 알고 있는 현명한 혁명가요, 딜리터였다. 이단의 역사가 진보의 역사가 될 수 있음을 실증했다. 그는 과거를 부정해야 새것을 창조할 수 있다는 것을 목숨 걸고 보여준 운동가였다. 교조를 딜리트한 진정한 딜리터였다.

급진적인 동생들, 순교할 가능성 48배

전통적 굴레에서 벗어나지 못하는 사람이 혁명적이고 창조적일 수는 없다. 누구나 시간과 공간과 인습의 굴레에서 살아가고 있다. 정설도 인습이다. 정설이란 말에는 '현재까지'라는 단서가 붙어 있다. 어제의 정설이 오늘의 이단인 경우가 허다하다. 정설을 깨는 자는 당시에는 이단이라 불릴 것이다. 이단아는 자신의 시대에 반항했다.

과학역사학자 프랭크 설로웨이Frank J. Sulloway는 종교개혁, 진화론, 지동설 등 사회, 과학 혁신과 관련된 사람들 6,566명의 방대한 전기적 자료를 조사했다. 인류의 역사를 바꾼 주역들의 공통된 특성을 분석해보고 재미있는 결론을 내놨다. 그는 1996년 《타고난 반항아》[79]라는 방대한 책을 통해 과학적, 사회적 혁신을 이룩한 사람들은 대개 타고난 반항아이거나 이단이라고 결론지었다. 그는 '타고난 반항아'는 맏이와 제한된 리소스를 가지고 경쟁하는 후순위 출생자라고 주장했다. 첫째는 생물학적, 물리적으로 후순위 출생자들보다 우위에 있고 부모의 관심과 사랑도 상대적으로 더 많이 받는다. 첫째는 장자 상속제에 의해 부富도 더 차지했다.

형제들은 경쟁하고 갈등하게 마련이다. 《구약 성경》〈창세기〉에서 아담과 하와의 첫 아들 카인이 동생 아벨을 질투하여 살인한 것처럼 역사적으로 형제살해는 빈번했다. 형제의 역학관계가 역사에서 개방과 폐쇄, 혁신과 보수를 가르는 변수로 작용해왔다는 것이다. 설로웨이는 진화론적 관점에서 후순위자들이 개방적이며 혁신적이라고 주장한다. 그들은 한마디로 타고난 반항아요, 이단이라는 것이다. 그들은 전통적 체제와 관습에 본능적으로 저항했고 역사에 있어 변혁의 주인공들이 되었다는 주장이다.

다윈을 비롯해 코페르니쿠스, 아들러, 볼테르, 소비자 운동가 랠프 네이더Ralph Nader 등도 모두 동생들이었다. 헤아릴 수 없이 많은 혁신가가 첫째가 아닌 후순위 출생자였다. 당시 이단으로 통했던 다윈의 진화론을 지지할 확률이 후순위 출생자들이 첫째보다 4.4배 높았고, 급진적인 이데올로기 혁명 과정에서 이단적 대안을 지지할 확률은 4.8배 높았다. 서구 역사에서 후순위 출생자들이 급진적 정치혁명을 옹호할 확률은 첫째들보다 18배 더 높았다. 신교도 종교개혁기에 후순위 출생자들은 첫째들보다 개혁 활동에 나섰다가 순교할 확률이 48배 더 높았다.[80] 후순위 출생자들은 언론의 자유, 종교의 자유, 노예제 폐지, 인종과 성별의 평등을 지지하며 싸웠던 데 반해 첫째는 기존 질서를 옹호했다. 첫째는 책임감이 강하고, 부모를 대리하고 모방하며 적대적이고 지배적이고 보수적이었다.

전문가라는 이름의
노예

찰스 다윈도 '타고난 반항아'였다. 그의 진화론은 스스로 "살인을 고백하는 것 같다."고 말할 정도로 위험한 이단의 학설이었다. 당시 신의 창조설을 부정하는 것이 밝혀지면 바로 화형火刑에 처해질 수도 있었다. 다윈은 용감했고 반항적이었다. 박물학에만 정신을 팔고 있는 다윈에게 아버지는 "개사냥이나 쥐잡기에만 정신이 팔려서 너 자신과 가족을 망신시키고 있다."고 불평했다. 처음에 아버지는 아들이 의사가 되길 원했다. 그래서 다윈은 에든버러 대학 의학부에 들어갔지만 얼마 못 가 중퇴하고 말았다. 이후에 아버지는 그가 신부가 되길 원했다. 그는 아버지의 소망대로 케임브리지 대학 신학부에 들어가지만 그의 관심은 딴 데 있었다. 동식물학과 박물학이었다.

그는 반항아였다. 그 반항성 덕분에 그는 지리학적 탐사, 지질학, 동물학, 식물학, 심리학 등 5개 분야에서 탁월한 업적을 남겼다. 아버지는 다윈이 남태평양을 탐사할 해군 측량선인 비글호를 타는 것도 반대했다. 하지만 삼촌이 아버지를 설득한 덕분에 그는 1831년에서 1836년까지 비글호에 타고 남태평양의 지질과 동식물을 탐사할 수 있었다. 그리고 이것은 그가 자연선택과 적자생존에 기초를 둔 진화론을 창시하는 계기를 마련해주었다. 의사가 되길 원했던 아버지에 반기를 들고 박물학자가 되어 세상을 바꾸어놓았다.

그는 스스로를 전문화의 노예에서 해방시켰다. 탈영역성과 개방성은 남이 보지 못하는 것을 보게 해준다. 반항아들은 전문가의 늪에 빠져 편견과 고정관념의 노예가 되지 않는다. 다윈은 자연선택의 아이디어를 오롯이 자연관찰과 탐사에서만 얻은 것이 아니다. 그는 맬서스의 《인구론》을 읽고 자연선택의 아이디어를 얻었다고 고백했다. 사회과학의 영역에서 '자연선택'과 '적자생존'의 아이디어를 얻은 것이다. 1838년 10월, 그는 우연히 맬서스의 《인구론》을 읽었다. 그는 그 책을 읽으면서 "생존경쟁을 이해할 수 있게끔 준비되어 있었기 때문에 이러한 환경 하에서 유리한 변종은 살아남는 경향이 있고, 불리한 변종은 파멸되는 경향이 있을 것이라는 생각이 머릿속에 떠올랐다."[81]고 말했다. 인구는 기하급수적으로 증가하는 데 식량은 산술급수적으로 증가한다면 어떻게 될까? 결국 식량이 부족해지면 강한 자만이 살아남을 것이다. 이런 아이디어가 자연선택과 적자생존의 아이디어로 연결된 것이다.

그는 책 벌레였다. 광범위한 독서를 했으며 자신의 독서 목록을 보고 스스로 부지런함에 놀랐다고 고백할 정도였다. 이러한 독서습관은 개방적이고 탈영역적인 성품에도 분명히 영향을 미쳤다. 그가 개방적이고 탈영역적인 사고를 하지 않았다면 그런 아이디어를 수용하지 않았을 것이다

지구 역사의 새로운 창시자 니콜라우스 코페르니쿠스도 반항아였다. 그 역시 개방적·탈영역적 과학자의 대표주자다. 기존 질서와 불가침 영역을 딜리트한 진정한 딜리터였다. 그는 1473년 폴란드에서 사남매 중 막내로 태어났다. 설로웨이 식으로 분류한다면 반항적인 후순위 출생자였다. 아버지는 부유한 상인이었지만 코페르니쿠스가 10살 때 돌아가셨다. 외삼촌 루카스 바

첸로데가 그의 후견인이 되었고, 코페르니쿠스의 평생에 영향을 미쳤다. 그는 외삼촌이 걸어간 길을 따라갔다.

코페르니쿠스는 1491년에 폴란드에서 가장 전통이 있는 크라쿠프의 야기엘론 대학에 들어갔다. 교황 요한 바오로 2세도 그 대학 출신이다. 천문학과가 유명했지만 그는 예술 과정을 밟았다. 라틴어로 아리스토텔레스 책을 읽으며 공부했다. 1496년 이탈리아로 건너가 볼로냐 대학에 가서 법학을 4년간 공부한다. 그것 역시 외삼촌이 걸어간 길이었다. 이때 그는 교회의 참사위원이 된다. 일종의 성직자로서 교회 운영위원 같은 것이었다. 참사회는 교회의 재산을 주로 관리했는데, 그는 죽을 때까지 교회 참사위원으로 활동했다.

볼로냐 대학에서는 특히 교회법을 집중적으로 공부했다. 1497년 그는 40대 초반의 노바라Domenico Maria de Novara라는 천문학 교수의 집에서 하숙을 하며 노바라의 천문학 관측을 도와주었다. 그는 법률을 공부하면서 천문학을 공부하고 《알마게스트 발췌본》을 읽었다. 1501년에는 파도바 대학에서 의학을 공부하게 된다. 예술과 법학, 의학을 공부한 후에 그는 참사회 위원이자 외삼촌의 비서 겸 주치의가 된다. 1503년에는 교회법으로 페라라 대학에서 박사학위를 취득했다. 그는 귀국해서는 의사 겸 참사위원 겸 천문학 연구자가 된다.

본업은 성직이었고 천문학 연구는 개인적으로, 아마추어

의 취미생활로 했다. 하지만 평생 취미로 천문학을 연구했던 그가 1543년 죽는 순간에 완간한 《천체의 회전에 관하여》는 세계사를 뒤바꾸어 놓았다.

코페르니쿠스는 광적인 독서가였는데 라틴어와 그리스어로 고전을 읽을 수 있었다. 《천구의 회전에 관하여》 서론에서 그는 '교황에게 올리는 글'에서 이렇게 썼다.

"학교에서 가르치고 있는 것과 다른 천체운동에 관한 제안을 한 사람이 있는지 알아보기 위해 제가 구할 수 있는 모든 철학자들의 책을 다시 읽어보았습니다. 그리하여 저는 키케로의 저작에서 니케타스가 지구는 움직인다고 생각했던 것을 발견하였습니다."[82] 그의 지동설 아이디어는 그리스 철학자들로부터 온 것이다. 그가 법학, 천문학, 고전, 의학 등 광범위한 경험을 하지 않았다면 이런 고대의 아이디어가 그에게 떠오르지 않았을 것이다.

라틴어와 그리스어에 능통한 데다 유럽의 4개 대학에서 공부했던 터라 그는 이미 개방주의자였고 이단아였다. 그는 당국자當局者의 미迷에 빠지지 않았다. 이것은 딜리터의 핵심적인 성품이다. 그는 교회법 박사였지만 중세의 교조주의에 갇혀 있지 않았다. 영역이나 경계 같은 전문가의 벽을 딜리트했기 때문이다.

탈영하여
일본을 구하다

일본은 페리제독의 함포에 무릎을 꿇고 1854년 미국과 화친조약을 맺음으로써 국제사회에 편입되었다. 그 이전에 일본의 스승은 조선과 중국이었다. 비록 힘에 굴복해 문호를 개방했지만 그들은 민첩하게 스승을 서양으로 바꾸었다. 1868년 메이지 유신을 단행함으로써 막부시대를 끝내고 근대의 문을 여는 데 성공했다. 그들은 늘 강자에게 개방적이었다. 역으로 약자에겐 잔혹했다. 약자에겐 굴종을 요구하고 강자에게 무릎을 꿇는 사무라이 정신이 작용했을 것이다.

이 근대혁명을 성공으로 이끈 한 선각자적 사무라이가 있었다. 그가 없었다면 메이지 유신은 일어나지 않았거나 상당히 늦어졌을 것이다. 바로 사카모토 료마다. 그는 메이지 유신을 거의 성사시키고 33세의 이른 나이에 자객에 의해 암살당했다. 그는 개방주의자였고 탈영역주의자였으며 선각자였다. 그리고 진정한 딜리터였다. 구습과 구체제를 딜리트하고 질서와 체제를 새롭게 구축했다.

〈아사히신문〉은 2000년 3월 12일 밀레니엄 특집으로 지난 1,000년간 가장 좋아하는 정치 지도자가 누구인지 물은 설문조사 결과를 발표했다. 누가 1위였을까? 우리에게 익숙한 임

진왜란을 일으킨 도요토미 히데요시? 아니면 도쿠가와 이에야스? 아니다. 1위는 우리에게 다소 생소한 사카모토 료마였다. 2위가 도쿠가와 이에야스, 3위가 오다 노부나가였다. 도요토미 히데요시는 6위에 그쳤다.

사카모토 료마는 소프트뱅크 손정의 회장이 가장 존경하는 인물이자 롤모델로 알려져 있으며 일본 TV 시대극의 단골 주인공이기도 하다. 33세에 암살당한 그가 왜 그토록 일본인들로부터 큰 존경을 받는 것일까? 그는 자신을 드러내지 않으면서도 일본을 전근대에서 근대로 변혁시킨 주인공이기 때문이다. 영국, 프랑스 등 열강의 식민지가 될 위기에서 일본을 극적으로 구해내는 데 크게 기여했다. 그는 에도막부 시대를 끝내고, 메이지 유신의 밑그림을 그렸으며, 결국 그것을 추진했다.

사카모토 료마는 1867년 막부가 국가의 통치권大政을 일왕日王에게 받들어 돌려준다는 의미의 '대정봉환大政奉還'이라는 아이디어를 냈다. 당시 근근이 권력을 이어가던 막부는 권력연장을 위해 1867년 10월 14일에 이 아이디어를 받아들여 264년 만에 왕에게 대권을 넘겼다. 대정봉환이 실현되고 정확히 한 달 후인 1867년 11월 14일, 한 여관에서 이름 모를 자객에 의해 료마는 살해되었다. 공교롭게도 그가 태어난 날이었다.

그가 죽은 지 두 달도 안 되서 메이지 일왕은 1868년 1월 '왕정복고령'을 발표하고 4월에는 막부군을 최종적으로 타도하고 메이지 유신을 단행했다. 에도막부 시대가 끝나고 근대적인 왕정의 시대가 시작되었다. 봉건국가의 시대가 끝난 것이다. 이처럼 새로운 시대를 개척하고 실현을 목전에 둔 채 그는 세상을 떠났다.

료마는 1867년 교토로 가는 배, '유가오 마루'에서 근대 정치사상과 정치체제에 대한 획기적인 아이디어를 구상했다. 배에서 세운 8가지 계책이라 하여 '선중팔책船中八策'[83]이라고 불렸다. 대정봉환의 아이디어, 의회의 양원제 도입, 과거 법령 철폐와 같은 혁명적인 정책이 담겨 있다. 이 아이디어대로 대정봉환이 실행되었다. 뿐만 아니라 이것은 메이지 유신의 기본이념이 되었으며 근대 일본의 정치이념과 체제의 토대가 되었다.

사카모토 료마는 1835년 도사 번土佐藩에서 상업을 하는 무사의 아들로 태어났다. 위로 3명의 누나와 1명의 형이 있었다. 보통 무사는 농사를 지었으나 료마의 집안은 달랐다. 그래서 다른 무사들과는 다르게 비교적 자유로웠다. 료마는 하급 무사였는데, 하필 도사 번은 다른 번에 비해 신분차별이 심한 편이었다. 상급 무사와 하급 무사의 차별도 심했다. 그가 12살 되던 해에 어머니가 돌아가셨다.

1853년, 19세가 된 그는 검술을 연마하기 위해 에도로 유학을 떠났다. 이 시기에 미국의 페리제독은 흑선黑船을 끌고 와서 일본을 개항시킨다. 흑선의 함포 앞에서는 사무라이의 칼도 무력했다. 다음 해에 그는 고향인 도사 번으로 돌아왔다. 무력한 막부와 무사들을 목격하면서 료마는 존왕양이尊王攘夷를 외치는 한편, 서양문물을 배워야겠다는 생각도 갖는다. 그는 보수주의자가 아니었다. 21세에는 아버지도 죽었다. 그의 고향 도사 번은 문화적으로 후진지역이었다. 이때 료마는 일생을 가르는 중대 결심을 하게 된다.

1862년 그의 나이 28세에 료마는 탈번脫藩을 결행했다. '탈번'이라 함은 자신이 살던 번藩을 탈출하는 것을 말한다. 지금으로 말하면 북한 사람의 '탈북'이나 군대의 탈영과 같다. 번을 벗어나기 위해서는 당국의 허가가 있어야 했다. 탈번은 사형죄에 해당하는 중죄이다. 가족들도 고초를 겪게 된다. 동생의 탈번으로 한 누나는 이혼을 당하고, 다른 누나는 자해를 하기도 했다. 형도 처벌을 받게 되었으나 뇌물을 써서 가까스로 멸문지화는 면하였다. 이런 것을 각오하고 료마는 탈번을 결행했다. 탈번해서 료마는 쫓기는 낭인의 신분이 되었다.

탈번의 의미는 무엇일까? 유학을 갔던 에도에서 료마는 전혀 새로운 세계를 목도했다. 도사 번에 있을 때는 상상할 수 없었던 새로운 세계, 새로운 시대가 도래하고 있었다. 탈번은 운명으로부터의 자유, 속박으로부터의 자유를 의미한다. 누구나 문화와 역사와 공간의 노예로 살기 쉽다. 그는 목숨을 걸고 운명 같은 고향을 딜리트했다. 이것은 단지 지리적 공간의 딜리트만을 의미하는 것은 아니다. 그의 사상이 그를 탈번으로 이끌었고, 탈번이 또한 그의 사상을 바꾸었다. 모든 제약으로부터의 탈출을 감행한 것이다.

탈번한 료마는 낭인이 되었고 첫 임무가 암살이었다. 료마는 암살하기 위해 1862년 8월 가쓰 가이슈라는 막부 신하를 찾아갔다. 암살하기 위해 찾아갔으나 오히려 가쓰 가이슈의 철학과 주장에 감동을 받고 그의 제자가 되었다. 이 두 사람의 희한한 만남은 일본사를 바꾸어 놓았다.

껍데기를
깬다는 것

가쓰 가이슈는 미일 수호통상조약 비준을 위해 서양식 군함인 '칸린마루'의 함장으로 태평양을 건너 미국에 갔다 온 경험이 있었다. 미국에서 선진문물을 목도했다. 그는 막부의 휘하에 있었지만 시대를 앞서가는 선각자였다. 그의 이런 세계관이 료마를 감동시켰고 료마의 인생행로에 지대한 영향을 미쳤다. 가쓰 가이슈는 조선에 대해서도 "조선에 망국병이 들고 빈약국이라고 경멸한다 해도 소생할 때가 올 것이다. 조선은 일본의 스승이었다."라고 말할 정도로 개방적이며 보편적인 지식인이며 선각자였다. 자신이 죽이러 간 사람의 제자가 되었다는 것만 봐도 료마가 얼마나 개방적이고 유연하며 편견이 없는 사람이었는지 알 수 있다.

료마는 가쓰 가이슈를 만난 이후 서양의 선진문물을 배우는 데 매진했다. 료마는 그를 도와서 해군 조련소를 만들었다. 오늘날 해군사관학교 같은 것이었다. 출신성분을 가리지 않고 신입생을 받았다. 특히 자신처럼 탈번한 사람들을 적극 입교시켰다. 료마에게 탈번은 불평등과 구체제로부터 해방되는 것이었고, 신분차별을 스스로 철폐하는 것이었다.

1865년 료마는 '가이엔타이'라는 사설 해군 및 무역조직을 만들었다. 일본 최초의 무역상사라 할 수 있다. 료마는 가이엔타이 규약에서 "탈번한 자, 해외에 뜻이 있는 자가 입대할 수 있다."고 정했다. 신분에 상관없이 기업가 정신으로 무장한 사람들을 뽑으려 했던 것이다. 그는 탈번자로서 탈번자의 속성을 너무나 잘 알고 있었다. 탈번자는 구습, 구체제와 싸울 용기가 있는 자들이다. 탈번자는 딜리터다. 자신을 둘러싼 제약과 제한을 벗어버리고 일어서는 자다. 번이라는 제약, 일본이라는 제한에서 벗어나 세계로 나갈 수 있는 기업을 꿈꾸고 있었다.

료마는 노자철학을 실천했던 것 같다. 실제로 료마는 노자를 사랑하여 자기 자신을 '자연당自然堂'[84]이라고까지 불렀다고 한다. 그가 노자철학으로 기존의 가치를 모두 무화시키고 새로운 가치를 창조했는지는 알 수 없지만, 목숨을 걸고 탈번한 일이나, 암살하려 했던 자를 스승으로 모시고 큰일을 했던 것, 그러고도 공로를 탐하지 않는 정신은 노자에 가깝다. 버리려고 할 때 진정한 용기와 자유가 주어진다.

탈번은 생각이 탈각脫殼하는 것이다. 우리의 의식은 지각地殼과 같은 두꺼운 껍데기에 둘러싸여 있다. 마음의 두꺼운 지각은 창조의 열정이란 마그마를 억누르고 있다. 곤충이 탈각하여 새롭게 변신하듯이, 탈번은 탈각처럼 정신적, 물리적 변신을 가능케 하는 위험한 행위였다. 그래서 탈번자는 딜리터다. 껍데기를 깰 때 진정한 자유와 창조가 찾아온다.

료마를 존경한 소프트 뱅크의 손정의도 고등학교 1학년 때 학교를 중퇴하고 일본을 떠나 혈혈단신 미국으로 갔다. 가족의 반대를 무릅쓰고 역경의 길을 선택했다. 그는 밤마다 대하소설 《료마가 간다》를 읽었다고 한다.[85] 료마가 서양의 충격에 각성했듯 손정의도 미국 IT기술에 충격받고 탈번을 결심했다. 그리고 그는 일본 최대 IT회사의 회장이 되었으며 순자산만도 2018년 기준 230억 달러가 넘었다.

**무엇을, 어떻게, 어디까지
딜리트해보았는가?**

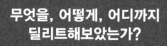

딜리트로 세상을 놀라게 한 사람들

수십 년간 고수해온 철칙도 딜리트할 수 있다.
기술적인 것부터 구조적인 것까지, 구체적인 것부터 추상적인 것까지,
눈에 보이는 것이든 보이지 않는 것이든,
모든 것을 딜리트의 대상과 요소로 정하고 딜리트해보면
새로운 것이 창조된다.

11

다르게
: 동일성의 감옥에서 탈출하는 법

2부에서 인류 역사를 바꾼 세기의 딜리터들을 살펴보며 딜리터의 성품에 관해 이야기했다. 노자, 장자, 니체, 피카소, 갈릴레오, 코페르니쿠스, 다윈, 벅민스터 풀러, 오길비, 사카모토 료마 등, 어마어마한 거인들이 언급되어 주눅이 들었을지도 모르겠다. 더 앞에서는 천재가 될 필요가 없다더니, 정작 천재보다 더 대단한 사람들을 예로 들었으니 이쯤에서 약간 배신감도 들 수 있다. 하지만 이것은 딜리터의 성품을 보여주기 위해서 불가피한 선택이었다. 누구나 아는 사례라서 인용했다.

　나도 스스로를 딜리터라고 믿고 있다. 내가 과거에 해왔던 업무의 성패를 분석하다가 떠오른 아이디어가 바로 '딜리트'였기 때문이다. 딜리트의 기술을 사용하여 내가 해왔던 업무에서 분명한 개선과 개혁의 효과를 맛보았다. 맨 처음에 간단히 소개했듯이 EBS가 유아, 어린이와 다큐 영역에서 최강자가 된 것은 EBS 구성원이 모두 천재여서가 아니다. 세상을 바꿀 만큼, 지구의 역사를 바꿀 만큼 거대하고 위대하지는 않을지 몰라도, 거인들이 한 행위와 본질적으로 같다고 생각한다. 과거와 현재를 딜리트하여 새로운 EBS를 만들어냈기 때문이다. 이것에 관한 좀 더 자세한 이야기는 4부에서 하도록 하겠다.

딜리트 기술은 영역과 차원에 따라 효과와 영향력에 차이는 있겠지만, 대부분의 경우는 중력처럼 보편적으로 작용한다. 초과잉사회에서는 딜리트 기술만으로도 창조와 혁신이 가능하다. 크고 작은 모든 영역에서 성공 스토리를 찾아볼 수 있다. 공산품부터 서비스는 물론 패션, 프로그램 등 모든 영역에서 적용할 수 있는 간단한 혁신과 창조의 원리이다.

딜리트를 통해 창조와 혁신에 성공한 구체적인 사례를 통해 딜리트의 파워를 확인해보자. 그러면 좀 더 자신감을 가질 수 있을 것이다. 누구나 딜리터의 자질을 가지고 있고, 누구나 딜리터가 될 수 있다.

오크통을 없애
유통혁명을 일으키다

와인은 보통 생산, 양조, 숙성, 라벨링 과정을 거쳐 유통된다. 과거 와이너리들은 주로 생산과 양조의 과정만 책임지고 오크 통째로 중간상들에게 와인을 넘겼다. 와이너리들이 와인을 오크통이 아니라 병에 넣어서, 즉 보틀링Bottling을 해서 유통한 역사는 그리 길지 않다. 와인의 병입 유통은 하나의 혁명이었다. 혁명은 1924년 22세의 한 젊은 청년에 의해 시작됐다. 필립 바롱 드 로트칠드Philippe, Baron de Rothschild는 20세 때 '샤토 무통 로트칠드Chateau Mouton Rothschild' 와이너리를 물려받았다. 로트칠드 가는 이미 1800년대 초부터 유럽에서 금융제국을 건설한 명문가였다. 가족경영으로 유명한 로트칠드 가문은 유럽 전체의 경제를 좌지우지할 정도로 영향력이 대단했다. 로트칠드 가문의 후손 중 너대니얼Nathaniel이 1853년 보르도Bordeaux 시에서 50km 떨어진 뽀이약Pauillac 지방의 와이너리를 매입했고 그 이름을 '샤토 무통 로트칠드'라고 지었다.

그 후손인 필립이 그 와이너리를 물려받은 것이다. 필립은 그랑프리 카레이서로 유명했고 영화 시나리오 작가, 극작가, 극장 연출가, 시인 등 다양한 경력의 소유자였다. 필립은 1차 세계대전 당시 이곳으로 피난을 왔다. 그때 고요한 마을 정취와 순박한 농부들에게 깊은 인상을 받았고, 방치되어 있다시피 한 와이너리 운영권을 달라고 아버지에게 이야기한다.

필립이 넘겨받을 당시 샤토 무통 로트칠드의 운영상태는 한마디로 엉망이었다. 관리인들이 중간에서 착복하고 있었고, 적자가 지속되었다. 아무리 철저히 관리해도 좋은 품질평가를 받지 못했다. 와인의 질도 2등급에 불과했다. 대중적인 레스토랑에서조차 샤토 무통 드 로트칠드는 외면당하고 있었다.

1855년 나폴레옹 3세가 와인등급제를 시행한 이후 보르도의 1등급 와인은 4개에 불과했다. '무통'은 거기에 끼지 못했다. 로트칠드 집안의 와인 '라피드 로트칠드'는 이미 1등급 와인이 되어 '무통'보다도 4배나 높은 가격에 거래되고 있었다. 필립은 '샤토 무통 로트칠드'를 맡은 이후 운영상의 문제점을 발견했다. 와인 중간상에게 왜 숙성된 와인을 오크통째 넘기는지 이해할 수가 없었다. 그렇게 되면 와이너리가 와인의 품질을 책임질 수 없었다. 당시 중간상인들은 오크통에 저급 와인을 섞어 팔았다. 심지어 붉은 잉크나 동물피를 섞어 파는 일도 있었다. 마치 생맥주에 물을 타서 파는 것과 비슷했다.

필립은 와이너리 운영의 문외한이었고 와인 유통의 비전문가였다. 덕분에 전문가들이 종종 갇히는 고정관념이라는 동굴에서 자유로웠고, 오히려 문제가 더 분명히 들어왔다. 와이너리가 직접 보틀링을 해서 와인을 공급하면 문제가 해결되지 않겠는가? 아이디어는 단순했다. 불투명한 오크통을 제거하고 투명한 유리병에 직접 보틀링을 하는 것이었다. 그리고 병에 라벨링도 와이너리가 직접 하면 품질도 유지할 수 있고 신뢰도도 높일 수 있겠다는 계산이었다.

중간상들은 당연히 반발했다. 생산자들도 반발했다. 중간상들이 와인을 사주지 않으면 판로가 막히기 때문이다. 심지어 보수적인 와인업계 사람들은 볼셰비키 공산당이 뒤에서 필립을 배후조종하고 있다는 음모론까지 지어냈다.86

하지만 필립은 물러서지 않았다. 샤토의 1등급 와이너리를 설득하여 공동으로 와이너리가 직접 병입瓶入하고 라벨링하겠다고 공개선언했다. 엄청난 반발이 있었지만, 이러한 시도는 와인 산업을 발전시키는 데 크게 기여했다. 뿐만 아니라 필립은 현대예술가협회 회원이자 그래픽 미술가인 장 칼뤼에게 '샤토 무통 로트칠드'를 위한 로고를 제작해달라고 의뢰했다. 이렇게 해서 무통(Mouton, '양머리'를 뜻함)을 상징하는 양머리 모티브로 상표를 개발했다. 샤갈, 피카소, 살바르도 달리, 앤디 워홀 등 세계적인 예술가들을 라벨 디자인에 참여시켰다. 이런 혁신이 성공하고 나서도 한참 후인 1973년이 되어서야 무통은 1등급 와인이 되었다. 그때까지도 샤토 1등급 와인은 1855년 이후 4개를 유지하다가 무통이 추가되어서야 5개가 되었다. 필립 드 로트칠드 와이너리는 보르도 와인 수출 1위, 프랑스 국내 와인

회사들 중 수출 7위를 기록하며 생산량의 80%를 150개국에 수출하고 있는 와이너리의 명가가 되었다.

필립은 딜리터다. 그는 모든 관행을 뒤집었다. 와인의 유통관행을 딜리트했다. 오크통이 당연시 되던 시기에 오크통을 딜리트하고 병으로 대체했다. <u>그가 와인 전문가였거나 와이너리 내부자였다면 중간상인들, 생산자들의 반발을 먼저 걱정했을 것이고 굳이 위험을 무릅쓰지 않았을 것이다.</u>

전문용어를 빼고
대중화에 성공하다

보통 사람들에게 와인의 라벨과 설명은 낯설고 어렵다. 와인에 대해 체계적으로 공부한 사람들이 아니면 와인을 먹고 싶어도 주문할 때 당혹스럽다. 와인을 설명하는 웨이터의 전문용어에 주눅들 때도 있다. 그래서 그냥 가격과 원산지를 보고 주문하게 된다.

와인병을 보면 탄닌, 보르도, 메독, 카베르네 쇼비뇽…, 바디는 뭐고 빈티지는 뭔가? 듣기만 해도 답답해지는 전문용어들이 와인 라벨에 잔치처럼 펼쳐져 있다. 콘테스트 수상경력 등을 포함해 너무 많은 정보가 라벨에 있다. 아무리 들여다봐도 독해가 안 된다. 와인의 특성을 이해시키기 위해 부착한 라벨이건만, 오히려 와인을 이해하는 데 방해물이 되고 있다.

이런 방해물을 없앨 수는 없을까? 단순한 설명으로 쉽게 선택하게 할 수 있는 와인은 없을까? 이 방해물을 딜리트한 와인이 나타났다. 바로 호주의 옐로 테일Yellow Tail이다. 옐로 테일이라는 브랜드명에 캥거루 한 마리가 뛰는 라벨이 인상적이다.

이탈리아 시칠리에서 6세대에 걸쳐 와이너리를 운영하던 카셀라Casella 가족은 1957년 호주로 이민을 왔다. 1969년 카셀라 와이너리를 설립했다. 와이너리를 운영하던 존 카셀라는 기존 와이너리와는 다른 비전을 가진 사람이었다. 누구나 이해하기 쉽고 선택하기 쉬운 와인을 창조하고 싶었다. 사람들이 와인에 접근하기 어려운 이유가 무엇일까? 누구나 재미있게, 즐겁게 마실 수 있는 와인이 무엇일까? 그는 와인을 어렵게 만드는 요소를 제거하기로 했다.

옐로 테일의 라벨을 보면 심플하다. 탄닌이 뭔지 알 필요도 없다. 빈티지 표시도 없다. 와이너리에 대한 장황한 역사 설명도 없다. 피카소나 달리 같은 예술가의 그림도 없다. 이해하기 힘든 와인 전문용어도 제거했다. 라벨 디자인도 미니멀하다. 심지어 와인 전용 오프너도 필요 없다. 코르크 마개도 제거했기 때문이다. 그냥 손으로 돌려서 따면 된다. 병의 규격도 단순하게 했다. 레드 와인과 화이트 와인의 병을 똑같게 했다.

기존에 당연하다고 생각한 것을 딜리트함으로써 새로운 것이 창출되었다. 당연히 제작원가도 획기적으로 줄었다. 굳이 와인 전문매장에서 살 필요도 없다. 옐로 테일은 시장에 출시하자마자 불티나게 팔렸다. 전통적인 와이너리와 전문가들은 옐로 테일이 와인이 아니라며 비난했지만 소비자는 와인으로 알고 소비했다. 2001년 첫해에 11만 2,000상자가 팔렸다. 2003년에는 450만 상자, 2005년엔 750만 상자가 팔렸다. 드라마틱한 성과였다. 프랑스와 이탈리아 와인을 제치고 미국에서 가장 많은 양이 팔린 수입와인이 되었다. 《블루오션 전략》의 저자 김위찬, 마보안 교수는 "카셀라 와인즈는 와인을 와인으로 공급하는 대신 맥주나 완제품 칵테일처럼 다른 비와인 주류 애호가 등 누구나 쉽게 마실 수 있는 대중적 주류로 만들었다."[87]라며 블루오션 전략의 대표적인 성공사례로 분석했다.

옐로 테일은 와인의 민주화, 대중화를 이끌었다. 와인에 대한 전통과 인습의 장막을 걷어냈다. 와인은 특별한 사람들만 마시는 술이 아니다. 모든 사람들이 쉽게 접근하도록 하려면 인식의 장벽을 제거해야 한다. 아마도 카셀라 가족은 이탈리아에서 호주로 이민을 왔기 때문에 이런 딜리트가 가능했을 것이다. 전통적인 와이너리들의 무언의 압력이나 문화적 압박 속에 있었더라면 아마도 파괴적이고 반항적인 발상을 하지 못했을지도 모른다. 그들은 새로운 환경에서 새로운 생각을 했다. 혁명은 문화적 변방에서 일어난다. 이방적 사고와 이단적 사고가 가능하기 때문이다. 존 카셀라가 천재여서가 아니라 그가 이방에 있었기 때문에, 누구나 와인을 선택할 때 어려워한다는 것을 발견하고 바꿀 수 있었다.

맥주병이든 음료병이든, 물건을 담는 그 어떠한 용기容器를 바라볼 때 딜리트의 관점으로 바라보면 새로운 창조를 이룩할 수 있을 것이다. 획기적인 발명에 집착하면 주눅만 든다. 그보다 딜리트를 생각하면 누구나 무언가 아이디어를 떠올리고 만들 수 있다.

하루는 중학생 아들과 딜리트에 관한 이야기를 나누던 중 아이가 불쑥 한마디 한다. '물병 없는 물'이 있다는 것이다. 처음엔 무슨 말인지 이해가 되지 않았다.

"물병이 없는데 어떻게 옮겨?" 하고 묻자 아들의 답이 더 기가 막힌다.

"그냥 통째로 먹어요."

그래도 이해가 안 되서 아들과 컴퓨터로 달려갔다. 공 모양으로 된 물을 그냥 입에 넣는 것이다. 처음엔 황당했다. 정말 물병 없는 물 캡슐이 있었다.

다음 페이지 그림처럼 해초류에서 추출한 성분으로 포장을 만들어 그대로 먹어도 된다고 한다. 먹어도 소화가 되고, 물

| 물 캡슐 오호 |

만 먹고 버리면 4~6주 만에 자연분해된다. 2014년 영국 왕립
예술학교 산업디자인과 학생 3명이 페트병의 대체품으로 '먹는
물 캡슐'을 개발했다. 이름은 '오호Ooho'다. 공해의 주범이 되고
있는 페트병 사용을 줄이기 위해 개발하기 시작했다. 이 아이디
어를 실현시키기 위해 클라우드 펀딩을 했더니 사흘 만에 목표금
액의 2배가 넘는 11억이 모였다고 한다. 페트병이 없어질지 주목
된다. 물병에서 병 자체도 딜리트할 수 있다고 상상하는 능력이
대단하다. 병 모양, 색깔, 재료 등 뭐든지 딜리트할 수 있다.

겉을 딜리트하고
속을 보여주다

컴퓨터 본체 케이스에서도 딜리트를 통한 혁신이 일어났다. 스티브 잡스는 쫓겨난 지 12년 만인 1997년에 애플에 다시 복귀했다. 그리고 처음 내놓은 제품이 아이맥i-MAC이다. 기존 '백설공주Snow White' 컬러가 지배하는 세계에서 '백설공주'를 딜리트한 반투명 컴퓨터였다. 컬러와 재질을 전혀 다르게 바꿔버린 것이다. 세상에 없던 새로운 디자인의 컴퓨터였다.

사실 이 디자인의 주인공은 스티브 잡스가 아니라 조너선 아이브Jonathan P. Ive다. 스티브 잡스와 조너선 아이브는 애플 디자인 혁명의 주인공들이다. 이 둘은 1997년 아이맥으로 인연이 시작되어 아이팟, 아이폰, 아이패드 등의 디자인을 창조했다. 속이 들여다보이는 컴퓨터 아이맥은 적자로 죽어가던 애플을 되살렸다. 1998년 8월 15일 1,299달러에 출시된 아이맥은 6주 만에 27만 8,000대가 팔렸고 연말까지 80만 대가 팔렸다. 초대박이었다. 분기수익이 1억 달러가 넘어섰고 애플은 적자기업에서 흑자기업으로 돌아섰다. 스티브 잡스의 화려한 부활이었다.

아이맥을 계기로 반투명 전자제품은 시대의 아이콘이 되었다. 카메라, 헤어드라이어, 진공청소기 등의 전자제품이 속이 보이는 반투명 몸체로 탄생했다. 현재까지 우리가 볼 수 있는 반투명 전자제품은 조너선 아이브의 아이디어에서 시작되었다고 봐도 된다. 이것을 "전자제품의 관음증"이라고 표현한 언론도 있다.

스티브 잡스가 컴백하기 1년 전 애플은 16억 달러의 적자를 기록했고, 시장 점유율도 10%에서 3%로 떨어진 상태였다. 이때 조너선 아이브는 디자인 책임자가 되었다. 팀원들과 신제품 디자인 아이디어 회의를 하다가 반투명 케이스를 떠올렸다. 그러나 반투명을 구현하는 것이 쉽지는 않았다. 조너선은 투명하면서도 색깔이 있는 것은 뭐든지 모아오라고 했다. BMW 자동차의 후미등을 비롯해 주방기구 등 오만 잡동사니가 모였다. 어떤 사람은 연둣빛이 감도는 유리 조각도 주워왔다. 이런 과정을 거쳐 반투명 컴퓨터 시대가 열린 것이다. 그 후로 컴퓨터 본체는 물론 마우스와 전력 케이블도 투명하게 디자인했다. 반투명의 케이스는 애플 컴퓨터의 완성도도 높였다. 속이 들여다보이기 때문에 내부의 구조까지도 미학적으로 디자인해야 했기 때문이다.

1998년 5월 6일, 스티브 잡스는 쿠퍼티노의 플린트 강당에서 조너선 아이브가 디자인한 반투명 아이맥을 발표했다. 스티브 잡스는 반투명에 반사할 조명까지 일일이 신경 썼다. "몸체 전체가 반투명입니다. 내부가 훤히 들여다보입니다. 이건 진짜 멋진 제품입니다. 이 물건의 뒷면은 다른 제품의 앞면보다도 깔끔합니다. 마치 다른 행성에서 온 제품 같지 않습니까? 훌륭한 행성, 훨씬 더 뛰어난 디자이너들이 살고 있는 행성 말입니다."[88]

그는 환상적인 프리젠테이션을 했다. 그리고 아이맥은 애플의 운명을 바꾸어놓았다. 조너선 아이브는 '백설공주'가 지배하는 세계를 파괴했다.

에어맥스, 에어조던을 디자인한 나이키의 디자인 책임자 팅커 햇필드Tinker Hatfield도 탁월한 딜리터다. 운동화 밑창에 있는 쿠션용 공기 주머니가 겉으로 드러나는 에어맥스를 기억할 것이다. 당시 나이키는 우레탄 주머니에 공기를 주입하여 쿠션을 만드는 에어쿠션을 개발했다. 팅커 햇필드는 완전히 다른 운동화를 디자인하고 싶었다. 그래서 그는 운동화 중창에 구멍을 내서 공기주머니를 보여주자고 제안했다. 딜리트였다. 당시까지는 어느 누구도 운동화의 겉을 딜리트하여 속을 보여줄 생각을 하지 못했다.

하지만 햇필드의 제안으로 회사는 난리가 났다. 상사들은 말도 안 된다며 햇필드를 해고하겠다고 고래고래 소리들을 질렀다. 하지만 우여곡절 끝에 그의 제안은 받아들여졌고 에어맥스는 초대박이 났다. 햇필드는 파리를 방문했을 때 렌조 피아노 Renzo Piano가 설계한 조르주 퐁피두 센터를 보고 이 아이디어를 착안했다. 퐁피두 센터는 지지구조와 파이프가 전부 겉으로 드러나 있는 독특한 건축물이다. 찬사와 악평을 동시에 받았다. 겉으로 다 드러난 누드 건물을 보고 햇필드는 에어맥스의 노출 아이디어를 떠올렸다.

과잉사회에선 하나를 딜리트해도 달라질 수 있다. '차별화'와 '혁신'은 두뇌를 고문할 뿐 성과를 도출하기 어려운 모호한 명령어다. '다름의 철학'은 '우열의 철학'과 다르다. 군계일학群鷄一鶴보다 군학일계群鶴一鷄를 추구하는 것이 차라리 낫다. 학이 무리지어 있으면 10마리의 학을 더하는 것보다 1마리의 닭이 더 돋보인다. 때로는 닭이 학보다 가치 있다.

동일성의 감옥에서 탈출하는 방법은 딜리트의 기술이다. 딜리트의 기술로 학을 만들지는 못할지 몰라도, 확실히 다른 닭을 만들 수는 있다. 컨셉을 딜리트하면 확 달라지고 기능을 딜리트하면 조금 달라진다. 최소한 딜리트한 만큼은 달라진다. 딜리트하고 또 딜리트하다 보면 확실히 달라진다.

12

새롭게
: 모범생들은 절대 하지 못하는 것

얼마 전에 다이슨 청소기를 하나 샀다. 너무 비싸다는 아내의 반대에도 불구하고 고집을 꺾지 않았다. 다이슨 청소기는 일반 청소기에 비해 가격이 5~6배나 비싸다. 제임스 다이슨에 대한 존경의 표시 같은 것이었다. 다이슨은 딜리트 철학을 실천한, 진정한 딜리터다.

제임스 다이슨은 영국의 스티브 잡스 또는 영국의 토머스 에디슨이라고 불리는 전설의 인물이다. 그는 세계 최초로 종이 봉투 없는 진공청소기를 발명했다. 그리고 날개 없는 선풍기와 드라이어를 발명했다. 기상천외한 발명품들이다. 진공청소기에서 종이봉투를, 선풍기와 드라이어에서 날개를 딜리트한 것이다. 누구도 상상하지 못했지만 그는 딜리트의 기술을 통해 지금까지 보지 못한 진공청소기와 선풍기와 드라이어를 창조했다.

제임스 다이슨은 1987년 영국에서 자신의 이름을 딴 '다이 슨Dyson'을 설립했다. 집념의 사나이였던 그는 5년간 시행착오를 거듭한 끝에 1992년 5월 2일, 세계 최초로 종이봉투 없는 진공청 소기를 발명했다. 5,126개의 프로토타입을 만든 후 5,127번째에 성공한 청소기였다. 그는 발명품을 완성한 후에 일렉트로룩스, 후버, 고블린, AEG, 일렉트로스타 등과 같은 가전업체들을 찾아 가 상품화할 것을 제안했지만, 업체들은 그의 사업제안을 모두 거절했다. 눈앞에 위대한 발명품을 보고도 그 가치를 알아보지 못했던 것이다.

결국 그는 혼자서 다이슨 청소기를 만들어 시장에 내놓았 고, 출시되자마자 대박이었다. 매출규모나 판매대수에서 곧바 로 영국 시장 점유율 1위를 차지했다. 빌 클린턴과 엘리자베스 여왕도 이 청소기의 고객이 되었다. 그리고 그는 여왕으로부터 작위를 받았다. 다이슨은 계속해서 날개 없는 선풍기와 헤어드 라이어로 세계를 놀라게 했다. 다이슨은 매년 고도성장을 지속 해 2016년 기준으로 3조 7,000억 원의 매출을 올린 영국 최대 의 가전회사로 성장했다. 영업이익도 9,400억 원에 이른다. 〈 선데이 타임즈〉에 따르면 2017년 그의 순자산은 8조 원이 넘 는다. 그러나 다이슨의 제품은 진공청소기, 헤어드라이어, 선 풍기, 핸드드라이어, 조명 등 종류가 그렇게 많지 않다. 이렇게 적은 제품으로 약 4조 원 매출의 가전회사가 된다는 것은 전례가 없는 일이었다. 최근에는 전기자동차 사업에도 뛰어들 채비를 하고 있는 것으로 알려졌다.

대체가 아니라
완전 폐기

다이슨은 딜리트를 통해 유례없는 발명을 했다. 제임스 다이슨은 "진공청소기 먼지봉투! 지난 수십 년간 나를 괴롭혔던 더럽고 냄새 나는 그 봉투 말이다. (…) 먼지봉투를 다른 것으로 대체할 게 아니라 완전히 버리자!"[89] 하고 결심했다.

　모든 청소기에는 먼지봉투가 있어야 했다. 보통 청소기는 먼지봉투에 쓰레기와 먼지를 모으고, 먼지봉투의 작은 구멍으로 공기를 내보낸다. 먼지봉투가 일종의 필터 역할인 것이다. 그런데 문제는 먼지봉투가 가득 차면 공기가 통과되지 못해 청소기의 흡입력이 떨어진다. 흡입력도 문제지만, 먼지봉투를 주기적으로 교체해주어야 하니 귀찮다. 다이슨은 "우리가 제조업체들이 꾸민 거대한 속임수의 피해자였다니! 쓰자마자 당장 막혀버리는 먼지봉투를 지난 100년간 팔아먹다니!" 하고 분노했다. 그래서 그는 청소기의 성능을 개선하는 것이 아니라 먼지봉투 자체를 없애자고 결심한 것이다.

이렇게 딜리트를 결심하니 해법도 찾아왔다. 그는 "1978년 10월, 차가운 비바람과 폭풍우를 헤치며 집으로 돌아가는 길에 내 머릿속은 온통 먼지봉투 없는 진공청소기 생각뿐이었다."고 회상했다. 먼지봉투를 딜리트하자 그 자리에 사이클론의 원리가 들어왔다. 사이클론의 원리는 간단하다. 깔때기 모양에 공기를 빠르게 통과시키면 깔때기 꼭짓점의 구멍으로 공기는 빠져나가고 미세한 입자는 깔때기에 남는 원리다. 먼지봉투 대신 사이클론이 먼지를 모으는 역할을 대신할 수 있었다.

프로토타입을 만드는 과정에서도 그는 딜리트의 기술을 유감없이 활용했다. 사이클론의 내구성과 성능을 확인한 후에도 제품에 쓸데없는 장치와 요소들을 딜리트했다. 공기청정 버튼 같은 것도 떼어냈다. 복잡한 기능은 오히려 사용자의 편리성을 저해할 뿐이다. 그는 본질에 충실했다.

다이슨은 마구간 2층 사무실에서 컴퓨터로 세부사항을 설계하고, 1층 공장에서 직접 제품을 만들었다. 디자이너와 엔지니어 외에는 아무도 없는, 한마디로 일하기에 완벽한 환경이었다. 그는 "우리에게 어느 방향으로 가야 한다고 말하는 영업사원도, 광고꾼도, 마케터도 없었다. 우리는 그저 꿈의 제품을 만드는 데만 신경을 집중하면 됐다. 시장조사도, 포커스그룹 조사도 없었다. 솔직히 이 모든 것이 디자이너의 감상적인 꿈일 뿐이다."[90]라고 말했다.

광고도 본질만 남기고 모든 것을 딜리트했다. 광고업계의 비난에도 불구하고, 다이슨의 광고는 '먼지봉투가 없다'는 점만 강조했다. 다른 기능은 철저하게 무시했다.

'먼지봉투여 안녕!'이란 광고 캠페인에서 타사 청소기의 먼지봉투 119개를 줄지어 늘어놓고, 각각의 먼지봉투 아래에 세계 여러 나라 말로 '안녕'이란 단어를 집어넣었다. 그리고 평범한 여성이 걸어 나와 "이것 좀 보세요. 진공청소기 먼지봉투요. 이 봉투가 막힌다는 사실 아셨어요? 방 하나만 청소해도 흡입력의 절반을 잃는답니다." 여성은 봉투를 찢어버리며 말한다. "새로 나온 다이슨은 먼지봉투가 없습니다. 그래서 100%의 흡입력을 경험하실 수 있습니다. 먼지봉투는 없애는 게 좋겠죠?"

광고가 나간 뒤 청소기는 날개 돋친 듯 팔려나갔다. 연일 매진행렬이었다. 광고꾼과 시장조사를 딜리트하는 용기야말로 진정한 딜리터가 갖추어야 할 덕목이 아닌가. 애플의 스티브 잡스도 그랬다. 애플은 시장조사를 하지 않고, 각종 위원회도 없다. 딜리터적인 경영이다.

다이슨의 딜리트는 진공청소기에 그치지 않았다. 그는 선풍기에서 날개를 딜리트했다. 같은 원리로 날개 없는 헤어드라이어 슈퍼소닉을 개발했다. 다이슨은 딜리트가 창조의 원천이자 방법이라는 것을 증명했다.

대단한 전문성이
없어도 된다

다이슨은 일찌감치 딜리트의 원리를 터득한 사람 같다. 1974년에 이미 그는 원판모양의 바퀴가 하나 달린, 전형적인 정원용 손수레에서 바퀴를 딜리트했다. 원판형의 납작한 바퀴는 펑크가 나기 쉬울 뿐만 아니라 무거운 짐을 나를 때 뒤뚱거리곤 했다. 젖은 땅을 지날 때는 푹푹 빠졌고, 잔디밭에 자국을 남겼다. 다이슨은 납작한 원판형 바퀴 대신 공모양 바퀴를 달았다. 정원용 손수레 '볼배로우Ballbarrow'를 발명한 것이다. 정원용 손수레에서 바퀴를 딜리트하자는 상상을 했다면 아마 다른 사람도 구형球形 바퀴를 발명했을지 모른다. 볼배로우는 곧 시장 점유율 70%를 차지하는 히트상품이 되었다. 원래 볼배로우의 시제품을 만들었을 때 손잡이로 조작해 짐을 내리는 기능을 넣었지만, 최종적으로 소비자에게 혼란을 줄 위험이 있다는 사실을 깨닫고 공처럼 생긴 바퀴와 적재함만 남기고 모두 딜리트했다.

　같은 시기에 다이슨은 워터롤러Water roller도 개발했다. 보통

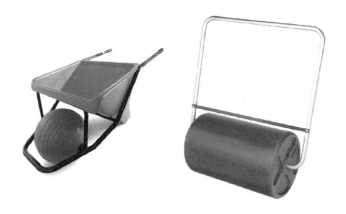

| 볼배로우와 워터롤러 |

정원이나 테니스장에서 땅을 평평하게 다지는 데 쓰는 도구다. 기존의 롤러는 속을 시멘트로 채우고 겉은 금속으로 둘러싸서 무게가 500kg이 넘었다. 너무 무거워서 이동조차 할 수가 없었다. 다이슨은 여기서도 딜리터로 활약한다. 겉을 둘러싼 금속도 없애고, 안을 채운 시멘트를 모두 딜리트해버린 것이다. 금속 대신 플라스틱을, 시멘트 대신 물을 넣어도 땅을 다지는 데 전혀 문제가 없다는 것을 감각적으로 알았다. 시멘트를 딜리트하니 물이 떠오른 것이다. 물을 빼면 그냥 가벼운 플라스틱 원통형 롤러가 된다. 차로 이동하거나 이웃에게 빌려주기도 쉽다.

　　이처럼 딜리트는 마법을 불러일으킨다. 워터롤러는 당시

선풍적인 인기를 끌어 시장 점유율 90%에 달했다. 그러나 롤러 시장 자체가 크지 않았고, 워터롤러가 이동이 쉬워 굳이 집집마다 사지 않고 빌려 쓰다 보니 큰돈을 벌지는 못했다.

제임스 다이슨은 보통 사람도 딜리터가 될 수 있다는 가능성을 삶으로 보여줬다. 그가 발명한 기상천외한 제품은 엄청나게 복잡한 과학적 원리가 숨어 있는 것이 아니었다. 전문성이 없어도 발상의 전환만으로 발명할 수 있는 것이었다. 다이슨은 학창시절에 모범생도 아니었고 천재도 아니었다. 성적도 엉망이었고, 문학 시간에는 내내 코를 골며 졸았다고 한다. 과학 교과서에 나오는 수많은 공식을 도대체 이해할 수가 없어서 문과를 선택한 그는, 대학에서 공학을 전공하지도 않았다. 그냥 예술을 사랑하고 디자인을 좋아하는 평범한 산업 디자이너였다.

그는 "우선 버려야 할 것이 하나 있다. 세상을 뒤흔들 만한 발명품을 내놓기 위해서는 반드시 공학을 전공해야 한다는 생각이다. 나는 학교에서 예술을 배웠고 운이 좋아 영국 왕립예술학교에 들어갔다. 학교에 입학해선 한동안 목재를 가지고 놀았다. 그러다가 플라스틱에 관심을 갖게 됐고 우연히 산업 디자인에 빠져들었다. 공학이란 학위가 아니라 문제를 해결하기 위한 정신상태라는 생각, 그리고 내가 디자인하고 있는 제품을 기술적으로 가능하도록 만들겠다는 결심, 이 둘을 갖게 되면서 어느 순간 나에게도 제법 전문가 티가 났다."[91]라고 말했다. 그는 공학을 전공해야 한다는 생각을 버림으로써 세계적인 공학자이자 발명가가 되었다.

다이슨은 훌륭한 발명가가 되기 위해서 기존 제품을 가지고 가장 싫어하는 점을 적은 리스트를 만들어보라고 권했다. 그도 먼지봉투 없는 진공청소기를 개발할 때 후버 주니어 청소기를 가지고 리스트를 작성했다. 그는 20가지 단점을 찾아냈다. 다이슨은 딜리트 리스트의 위력을 일찌감치 깨달은 사람이다. 그는 청소기를 개발할 때 이미 딜리트 라이팅을 하고 있었다. 이 책에서 말하는 것의 대부분을 그가 실천하고 보여주었다.

서커스에 동물이 없어도 성공할 수 있을까?

1970, 1980년대 명절만 되면 안방을 차지하는 단골 쇼프로그램이 있었다. 바로 서커스다. 40대 이상이라면 코끼리, 사자, 기린 등 동물들이 펼치는 상상 초월의 묘기 대행진을 넋을 잃고 본 기억이 있을 것이다. 서커스단 링링 브라더스를 아는가? 링링 브라더스는 한때 단원만 1,400명, 코끼리 50마리를 비롯해 사자, 하마, 기린 등 별의별 동물을 데리고 묘기와 곡예를 선보

였다. 미 대륙을 돌며 순회공연을 하기 위해 전용열차를 타고 다녔고, 장비운반에 필요한 차만 60대에 달했다. 관객이 1년에 3,000만 명에 달했던 때도 있었고, 영화로도 만들어져 흥행에 성공하기도 했다. 그야말로 '지상 최대의 쇼'라는 말이 지나치지 않았다.

그런데 146년간 미국인들의 사랑을 받아온 링링 브라더스 서커스단이 2017년 5월 21일 롱아일랜드 나소 메모리얼 콜로세움 공연을 끝으로 역사 속으로 사라졌다. 누구도 상상하지 못했던 일이다. 관객 수는 계속 줄어드는데 오히려 운영경비는 늘어 결국 문을 닫게 된 것이다. 링링 브라더스는 특히 동물학대 논란에 휩싸여 고전했다. 동물보호단체들과 소송을 벌여왔고 급기야 2016년 5월부터는 코끼리 쇼를 중단했다. 서커스 공연의 핵심이었던 코끼리 쇼가 중단되자, 불난 집에 기름을 부은 것처럼 내리막길을 달리게 되었다. 146년의 전통을 자랑하는 링링 브라더스는 성공의 경험에 취해 세상이 바뀌었는데도 불구하고 동물 공연에 집착했던 것이 패착이었다.

서커스 공연에서 동물을 '딜리트'하고도 성공할 수 있다는 것을 보여준 사람이 있다. '태양의 서커스'를 만든 캐나다의 기 라리베르테Guy Laliberte가 그 주인공이다. 그는 아코디언 연주가이자 죽마 곡예사였다. 그는 1984년 캐나다 퀘벡주 몬트리올에서 길

거리 공연가 20여 명과 '태양의 서커스'를 만들어 서커스의 새로운 세계를 창출했다. 지난 30여 년간 전 세계 300개 도시에서 다양하고 환상적인 공연으로 1억 5,500만 명 이상의 관객과 만나며 세계적 명성을 쌓아왔다. 매년 1조 5,000억 원의 막대한 수입을 올리고 있다. 이것은 링링 브라더스가 100년 넘게 이룩한 것보다도 더 큰 액수다.

'태양의 서커스'를 설립할 당시에 세계의 서커스단들은 극심하게 경쟁하고 있었다. 더 스릴 넘치고 흥미로운 묘기와 곡예를 보여주기 위해 더 많은 동물을 훈련시키고 출연시켜왔다. 관객이 줄수록 경쟁은 더욱 치열해졌고, 대부분의 서커스단이 매출은 정체되는데 반해 비용은 계속 상승하는 악순환에 빠져들었다. 그런데 '태양의 서커스'는 전혀 다른 길을 선택했다. 기 라리베르테는 전통 서커스에서 필수 요소인 동물을 딜리트했다.

동물 쇼가 없는 전통 서커스는 상상할 수 없었다. 사실 전통 서커스에서 동물은 유지비용을 높이는 주범이었다. 동물 구입, 조련, 건강관리, 운송, 보험 등에 비용이 많이 들었기 때문이다. 그는 전통 서커스에서 당연하게 여겼던 쓰리 링three ring 무대도 딜리트했다. 쓰리 링 무대는 3중 복합무대라고도 하는데, 그 무대를 채우려면 출연자가 많이 필요했다. 또한 관객들에게 거부감을 주고 비용상승의 요인이 될 수 있는 구내매점도 딜리트했다.

'당연'했던 동물을 딜리트하니 전혀 새로운 발상이 떠올랐다. '태양의 서커스'는 동물 대신 사람으로 초점을 옮겼다. 사람 중심의 환상적인 곡예와 묘기를 예술적인 분위기로 승화시켰다. 사람들은 하나에 집중하면 또 다른 하나를 본능적으로 소홀히 한다. 동물을 딜리트하니 브로드웨이의 인간 중심 공연과 자연스럽게 연결되었다. 동물 쇼를 대신해서 브로드웨이 쇼의 스토리 라인, 주제가, 환상적인 무대미술이 그 빈곳을 새롭게 차지했다. 그야말로 옛 것을 버리니 새것을 만난 격이다.

'태양의 서커스' 공연을 본 사람이라면 누구나 감동했을 것이다. 스토리 라인, 연기, 무대, 음악, 분위기…, 무엇 하나 완벽하지 않은 게 없다. 나는 2014년 4월 라스베이거스에서 10년 넘게 소원하던 '태양의 서커스' 공연을 봤다. 윈 호텔Wynn Hotel에서 하는 '르 레브Le Rêve(꿈)' 쇼, 벨라지오 호텔Bellagio Hotel의 '오O(물)' 쇼, MGM 호텔의 '카KÀ' 쇼를 라스베가스 3대 쇼라고 한다. 나는 '르 레브'와 '카' 쇼를 봤는데, 특히 '르 레브' 쇼는 말문이 막힐 정도였다. 상상을 초월하는, 일종의 판타지였다. 태양의 서커스팀이 직접 공연하지는 않았지만 '퀴담'을 만들었던 거장 프랑코 드래곤Franco Dragone이 제작했다.

호텔 내에는 1,600석도 넘는 원형극장이 있었다. 중앙에는 믿을 수 없을 정도로 정교한 특수장치가 설치된 지름 20m의 원형풀이 있었다. 약 380만 톤의 물을 담을 수 있는 일종의 수

중 무대다. 수중 무대에서는 무대가 위로 솟아오르는가 하면 아래로 잠깐 내려앉고 물이 사라졌다 다시 나타나기도 했다. 딱딱한 바닥이 나오는가 하면 호수로 변했다. 수중 무대에서 불이 뿜어져 나오기도 했다. 눈앞에서 라이브로 수중 무대가 시시각각 음악과 조명과 스토리에 맞게 변화무쌍하게 움직이는 것이 도저히 믿어지지 않았다. 30m도 넘는 무대 상공에서 서커스 곡예사보다도 더 아슬아슬한 연기가 진행되다가 눈 깜짝할 사이 수중 무대로 다이빙하며 육해공의 입체 연기가 한 치의 오차도 없이 펼쳐졌다. 음악, 조명, 특수효과의 조화는 예술의 경지를 넘어섰고, 타이밍 또한 절묘했다. 75분 내내 시간이 어떻게 흘러가는 줄 모르고 지켜봤다. 비록 대사는 없지만 한 편의 드라마 같은 스토리 역시 음악과 연기의 상징화가 잘되어 대강 이해할 수 있었다. '링링 브라더스'의 서커스 공연과는 차원이 다른 하나의 종합 예술이었다.

빵맛의 비결,
제빵사를 딜리트하라

딜리트하면 새로운 음식 맛이 탄생한다. 파리의 명물 푸알란 Poilane 빵집은 딜리트를 통해 새로운 맛을 선사했다. 리오넬 푸알란Lionel Poilane은 제빵사인 아버지로부터 1973년에 빵집을 물려받았다. 1932년에 제빵사업을 시작한 아버지는 순수한 빵을 만드는 데 열정적이었다. 밀가루를 맷돌에 갈아서 사용했고 천연발효를 고집했다. 빵도 장작 오븐에만 구웠다. 리오넬은 14살에 학교를 그만두고 아버지 빵집에서 도제로 일했다. 지하실에는 18세기 수도원에서 사용하던 것과 똑같은 화덕이 있었다. 너무 더워서 속옷만 입고 일해야 했는데, 리오넬은 10년간 거기서 일했다. 나중에 그의 친구이자 초현실주의 대가 살바르도 달리가 빵으로 된 새장을 주문했을 때 "나는 빵과 함께 지하실에 갇혀 있는 비극적인 소년이었다. 새장에 갇혀 있는 새와 같았다."[92]라고 회상했다.

그는 아버지가 전수해준 전통적인 방법을 고수하면서도 혁신을 이어갔다. 그는 프랑스의 바게트가 진정성이 없다고 생각했다. 당시 바게트는 19세기 중엽 오스트리아 대사에 의해 프랑스로 건너온 빵이다. 그는 프랑스빵의 정통성과 오리진을 알아내기 위해 연구를 거듭했다. 8,000여 명의 프랑스 제빵사와 면담을 하고, 빵에 대한 책이란 책은 모두 모아 읽고 연구했다. 그가 수집한 제빵 책만 2,000권에 달했다.

그러한 연구를 마친 후 그는 기존 빵집들이 사용하는 재료를 딜리트했다. 2차 세계대전 이후에 빵은 대량생산되었고 다양한 첨가물들이 들어갔다. 그는 빵을 개수가 아닌 무게로 달아서 팔았다. 1파운드(약 0.45kg)에 6달러 정도였다. 프랑스에서 처음으로 유기농 밀가루를 사용했다. 밀가루, 물, 천연누룩, 바다소금만 넣고, 나머지는 모두 딜리트했다. 향료나 조미료를 전혀 사용하지 않았다. 또한 아버지처럼 장작 오븐만을 고집했다. 버려야 할 습관이 너무 많다고 생각한 리오넬은 제빵사조차 채용하지 않았다. 빵에 대해 아무것도 모르는 견습생만 채용해 순수한 맛을 유지했다. 제빵업계에서 당연하게 여겼던 관행과 문화를 깨기 위해서였다. 그는 아버지의 전통을 고수하면서도 업계의 관행을 딜리트했다. 프랑스 제빵업계는 그가 만든 빵이 너무 혁신적이고 기존의 것과 다르다는 이유로 그를 받아들이지 않았다.[93] 그러나 소비자들은 환호했다. 이제 푸알란 빵을 사기 위해 줄을 서며 기다린다. 유럽의 다른 지역과 미국까지 입소문이 나 주문이 빗발쳤다.

한때 비행사가 되고 싶었던 리오넬 푸알란은 부인과 함께 자신이 조종하는 헬리콥터를 타고 가다가 사고로 2002년 10월 31일 57세의 나이로 죽었다. 프랑스 라파랭 총리는 식탁의 마술사를 잃었다고 슬퍼했다. 푸알란 빵집은 그의 딸인 아폴로니아Apollonia가 운영하고 있다. 2012년 기준으로 푸알란은 연간 1,800만 달러의 매출을 올리고 있고 160명의 직원을 고용하고 있다. 파리에서 팔리고 있는 빵의 3%를 만들고, 20개 국가에 매년 20만 개의 빵을 수출한다. 딸 아폴로니아도 아버지의 전통을 이어가고 있다. 아버지가 고집하던 제빵방식을 고수하고 헤이즐넛, 아몬드, 고기, 치즈 등이 들어간 빵은 만들지 않는다.[94] 푸알란이야말로 딜리트 철학의 완결판이다. 맛의 진정성을 지키기 위해 현대적 제조방식, 원료는 물론이고 제빵사마저 딜리트했기 때문이다.

조금 다른 분야지만 화장품에도 순수성과 진정성이 강조되고 있다. 사실 화장품 산업은 화학 산업의 총아라고 할 수 있는데, 요즘 케미컬을 포기하고 자연주의에 승부를 거는 화장품 회사들이 급속히 늘고 있다. 대표적인 기업이 영국의 러시다. 핸드메이드 천연 화장품 회사인 러시는 식물성 천연재료만을 고집하고, 포장도 하지 않는다. 포장을 없애니 비용도 절감되고 내용물도 소비자가 훤히 볼 수 있다. 그럴싸한 수식어나 광고 카피도 없고 속을 볼 수 있으니 신뢰감도 높아진다. 또한 이들은 개발단계에서 동물실험도 하지 않는다. 동물실험을 하지 않음으로써 오히려 독성이 없다는 것을 거꾸로 입증하는 효과도 생겼다.

이처럼 러시는 화장품 회사에서 당연하게 여겨온 것들을 딜리트했다. 판매방식도 파격적이다. 포장되어 있지 않기 때문에 경우에 따라 주문한 크기나 무게만큼 잘라서 판매하기도 한다. 마치 완제품이 아니라 반제품을 판매하는 것 같다. 매장에 들어가면 알록달록 총 천연색 화장품들이 덩어리째 쌓여 있다. 인공색소로 가공한 것처럼 원색적이지만 실제로는 천연색소만 사용한다. 자연의 꽃처럼 화려하다. 매장에서 제조공정도 지켜볼 수 있다. 어떤 때는 식물성 염색약이 찜통에서 방금 나와 따뜻한 상태로 팔리기도 한다. 약초, 과일, 꽃, 방향제 냄새가 진동을 한다. 심지어 화장품을 만드는 사람을 '셰프'라고 하고 만드는 공장을 '키친'이라고 한다.

설립자 마크 콘스탄틴Mark Constantine은 1974년부터 허브로 헤어트리트먼트를 만들어 팔기 시작했다. 이것이 건강식품 매장을 통해 팔려나가다가 바디샵 설립자 아니타 로딕과 인연을 맺으면서 급성장하게 된다. 러시는 1995년에 정식으로 출범해 매년 고도성장했고, 2014년에는 4,000억 원대 매출을 올렸다.

판매방식도, 제작방식도
모조리 딜리트

패션계에서도 딜리트의 기술은 먹혔다. 옷을 파는 판매방식을 딜리트함으로써 새로운 판매모델을 창조했다. 킬로패션Kilo Fashion이 그 경우다. 킬로패션은 이탈리아 패션그룹 릴라 SPA가 운영하는 아울렛 브랜드다. 그동안 옷은 한 벌, 두 벌 하는 식으로 팔았다. 그런데 킬로패션은 옷을 무게로 판다. 그동안의 고정관념을 깬 것이다. 이들은 무게만큼 돈을 받는다. 물론 카테고리별로 단위가격이 다르다. 마치 정육점 고기가 부위별로 가격이 다른 것처럼 말이다. 운동화, 청바지, 스웨터 등 카테고리별로 각각 무게 당 가격을 정해 놓았다.

이들에게는 브랜드도, 원재료도 중요한 변수가 아니다. 유명 브랜드도 무게로 판다. 판매원도, 계절 신상도, 교환도, 환불도 없다. 옷가게에 당연히 있어야 한다고 생각한 것을 모두 딜리트했다. 원가를 줄여서 값싸게 팔기 위해서다. 한곳에서 8개월 이상 머물지도 않는다.[95] 킬로패션은 무엇이든지 딜리트할 수 있다는 극단의 경우를 보여주었다. <u>창조하는 능력보다 딜리트할 것이 무엇인지 상상하는 능력이 더 중요하다. 딜리트할 대상을 최대한 세세하고 다양하게, 다차원적으로 생각해내는 능력이 결국 현대의 창조능력이다.</u> 딜리트하면 그 자리에 자동적으로 창조적인 생각이 들어차기 때문이다.

청바지를 훼손해서 원래보다 더 가치 있는 청바지를 창조한 렌조 로소Renzo Rosso도 전형적인 딜리터다. 그는 뭐든지 딜리트하면 새로운 것을 창조할 수 있다는 것을 보여주었다. 그는 15세에 이미 청바지를 디자인하고 어머니의 재봉틀을 이용해 만들어 입고 다녔다. 그가 만든 청바지는 친구들 사이에 인기를 끌어 1벌에 3,500리라에 팔기도 했다. 시멘트에 청바지를 벅벅 문질러 헤지고 닳게 해서 '빈티지 진'을 만들어 입었다. 정상적인 청바지에 고의적으로 물리적인 힘을 가해 만든 것이 '빈티지 데님'이었다. 이것은 그가 나중에 만든 '디젤'이라는 청바지 브랜드의 기본이 되었다.

그는 1978년 투자를 받아 빈티지 데님 브랜드로 디젤을 설립했다. 디젤은 화학적인 변형을 가하지 않고 손으로 물을 빼고 시멘트나 돌에 문질러서 자연스러운 빈티지 느낌을 창출하는 브랜드로 입소문을 타고 이탈리아에서 점차 인기를 끌게 되었고, 1985년에는 렌조 로소가 투자금을 갚고 완전히 디젤을 인수하게 되었다. 첫 해인 1985년 매출이 280만 달러에서 1,080만 달러로 전년도에 비해 3배나 껑충 뛰었다. 1987년 매출은 2,520만 달러로 승승장구했다.[96]

1996년 본격적으로 미국에 진출해 백화점 같은 고급 유통업체를 중심으로 유통시켰다. 미국에서도 반응이 뜨거웠다. 뉴욕 청바지의 원조 리바이스 매장 앞에 디젤 매장을 열었다. 당시 미국에서 가장 비싼 청바지가 52달러 정도였으나 렌조 로소는 프리미엄 전략을 썼다. 손으로 일일이 빈티지 느낌을 살리기 때문에 100달러 이상을 받아야 한다고 생각했다.

디젤 청바지의 디젤은 무슨 뜻일까? 경유차 디젤엔진의 디젤을 말하는 걸까? 그렇다. 디젤이 설립될 1978년 당시 세계는 2차 석유파동으로 몸살을 앓고 있었다. 이란혁명 이후 이란이 석유를 감산함에 따라 유가가 급등했다. 그는 디젤이 석유파동을 극복할 대안이라고 생각했다. 청바지 업계의 대안이 되겠다는 의지로 디젤이라 브랜드를 사용했다.

디젤은 1978년 이후 2013년까지 10억 벌 이상의 청바지를 팔았다. 2002년에는 그는 디젤의 모회사인 OTBOnly The Brave를 설립했다. 2016년 기준으로 OTB 그룹의 연간 매출은 2조 원에 달했고, 전 세계적으로 7,000명의 직원을 고용하고 있다. 2015년 〈포브스〉 지는 그를 이탈리아에서 11번째 부자, 3조 원이 넘는 자산가로 지목했다.

디젤이라는 브랜드명에서 볼 수 있듯이 그는 청바지 업계의 반항아요 이단아였다. 청바지 자체를 물리적으로 파괴, 훼손, 딜리트함으로써 업계의 가공방식을 파괴했다. 청바지 룩 자체가 반항의 상징 아닌가? 1950년대 반항의 아이콘 제임스 딘이 즐겨 입었고, 1960년대 히피들의 유니폼과도 같았다. 디젤은 청바지 룩을 파괴하고 빈티지 룩으로 진화시켰다. 청바지를 찢고 낡게 하고 헤지게 함으로써 그런 불량스럽고 반항스러운 느낌을 끌어올렸다. 렌조 로소는 딜리터의 성품으로 청바지를 딜리트하여 더 반항적인 빈티지 데님 룩을 창조했다.

기존의 문법, 컨셉을
모두 의심하라

담배 '말보로' 하면 무엇이 제일 먼저 떠오르는가? 말보로를 피우고 있는 터프한 카우보이 혹은 마초적인 이미지가 먼저 연상될 것이다. 말보로는 마초의 상징처럼 각인되었다. 그런데 말보로가 처음에는 여성용 담배로 출시되었다는 사실을 아는가?

영국 기업이었던 필립모리스는 1902년 뉴욕에 자회사를 내면서 미국 시장에 진출했다. 필립모리스는 1924년에 말보로를 미국에 처음 론칭했다. 처음에는 '고급 담배'를 표방하고 주로 호텔과 리조트에서 팔았다. 1930년대에는 말보로를 "5월처럼 부드러워요Mild as May."라는 슬로건으로 여성용 담배로 포지셔닝했다. 여자들의 립스틱 자국을 감추기 위해 필터를 빨간색으로 감싸기도 했다. 그러나 2차 세계대전 이후 여성용 말보로는 새로운 담배들과의 경쟁과 전쟁의 여파로 위축되었다.

필립모리스는 1954년 새로운 활로를 찾기 위해 광고 천재 레오 버넷Leo N. Burnett을 찾아갔다. 그는 1999년에 '가장 영향력 있는 100인' 중 1명으로 선정되기도 했다. 그는 여성용 담배를 남성용 담배로 바꾸기로 했다. 여성용 말보로에 구축된 컨셉을 딜리트한 것이다. 그리하여 20세기 가장 유명한 광고 '말보로 맨Marlboro Man'이 탄생했다.

| 말보로는 여성용 담배라는 초기 컨셉을 버렸다. |

　　레오 버넷은 말보로를 남성용 담배로 바꾸기 위해 팔에 문신을 한 터프한 서부 사나이를 등장시켰다. 극단적인 마초성을 강조했다. 1953년 카우보이 영화 '셰인'이 빅히트를 쳤는데, 버넷은 바로 이러한 시대 흐름을 정확히 잡아냈다. 1954년 신문 광고가 나가자 남성들이 열광했다. 게다가 여성 소비자도 이탈하지 않았다. '말보로 맨'이 1955년에 전국적으로 알려지면서 매출을 300% 상승해 매출은 50억 달러가 되었고 1957년에는 200억 달러까지 올라갔다.[97] '말보로 맨' 시리즈는 1999년까지 45년간 계속되었다.

　　여성용 담배를 남성용으로 탈바꿈시키는 능력도 딜러터의

능력이다. 크리에이티브는 과거의 고정관념에 사로잡히지 않아야 창출될 수 있다. 레오 버넷이 말보로를 더 아름답고 여성스럽게 광고하려고 했다면 이렇게 선풍적인 광고는 만들지 못했을 것이다. 레오 버넷은 '말보로 맨'을 통해 타깃 오디언스와 컨셉조차 딜리트의 요소가 될 수 있음을 입증했다.

요식업이든 화장품 제조업이든 업종을 불문하고 모든 것을 딜리트할 수 있다. 또한 비즈니스 모델, 컨셉, 타깃 오디언스, 유통속도와 기간 등 프로세스 상의 모든 요소 역시 딜리트할 수 있다. 기존의 것들과 차별화하기에 가장 쉬운 방법이 바로 딜리트다. 기존에 해왔던 모든 요소를 딜리트할 수 있다고 생각해보라.

 덴마크의 낙농기업 아를라Arla는 유통의 속도를 딜리트해서 혁신했다. 아를라는 매일 밤 젖소의 젖을 짜서 자정까지 포장을 마친 후 아침에 가게의 판매대에 진열했다. 신선한 우유가 좋다는 무의식을 자극한 것이다. 시장 점유율이 갑자기 50%까지 뛰었다.[98] 1953년에 만들어진 〈플레이보이〉는 흔들리지 않고 지켜오던 철칙을 딜리트했다. 2015년 표지에서 여성의 노출 사진을 딜리트했다. 과거에 남자들이 〈플레이보이〉를 통해 여성을 훔쳐봤다면, 인터넷 시대가 되면서 잡지에 실린 야한 사진이 무의미해졌다. 흑자였던 〈플레이보이〉는 적자로 돌아섰다. 노출 사진을 딜리트하자 무슨 일이 벌어졌을까? 플레이보이 사이트의 방문자가 4배 늘었다. 그 후 플레이보이 그룹은 향수, 의류사업 등에 이르기까지 10억 달러 이상 흑자기업이 되었다.

이처럼 수십 년간 고수해온 철칙도 딜리트할 수 있다. 기술적인 것부터 구조적인 것까지, 구체적인 것부터 추상적인 것까지, 눈에 보이는 것이든 보이지 않는 것이든, 모든 것을 딜리트의 대상과 요소로 정하고 딜리트해보면 새로운 것이 창조된다.

13

임팩트 있게
: 가장 단순한 것이 가장 강력하다

빅데이터! 빅데이터가 유행이다. 매일 250경(1경은 1조의 1,000배) 바이트의 정보가 쏟아져 나온다고 한다. 정보의 '홍수'라는 말로도 부족해 보인다. 사람들은 빅데이터를 통해 뭐든 예측하고 대처할 수 있을 것이라 낙관하고 있다. 빅데이터 전문가들의 인기가 하늘을 찌른다. 심지어 예언자나 선지자의 포스가 느껴질 지경이다. 데이터를 통해 지구의 종말과 구원을 모두 예지할지도 모르겠다. 실제 데이터 분석을 통해 예측하는 대로 적중해온 예지자가 있다. 네이트 실버Nate Silver는 데이터 분석을 통해 선거와 야구경기 결과를 맞춰서 일약 세계적인 스타가 되었다. 〈패스트컴퍼니〉가 선정한 가장 창조적인 인물 1위에 오르는가 하면 〈타임스〉가 선정한 전 세계에서 가장 영향력 있는 100인 중

1명이 되기도 했다.

　　네이트 실버는 2002년 회계컨설팅회사인 KPMG에 다니면서 자신이 좋아하는 메이저리그 야구선수의 성적을 예측하는 시스템인 페코타PECOTA를 개발해서 놀라운 적중을 보였다. 실버는 그의 통계확률기법을 활용해서 카지노에서 1만 5,000달러를 따고 회사를 그만뒀다. 그리고는 2008년에 선거결과를 예측을 하는 블로그인 파이브서티에이트FiveThirtyEight.com를 개설했다. 그는 2008년 대선에서 미국의 50개 주 중 49개 주의 결과를 맞혔다. 총선에서도 상원 당선자 35명 전원이 그의 예측대로 당선됐다. 모든 여론조사기관이 오바마와 롬니의 대결에서 롬니의 압승을 예측할 때 오바마의 승리를 예측했고, 실제로 그의 예측대로 오바마가 당선되었다. 그의 분석능력은 예언가 수준이었다.

　　그는 "빅데이터 시대에 예측은 그다지 잘 맞지 않는 것이 사실이다. 그동안 나는 몇 가지 점에서 행운아였다."고 고백하며 "정보의 양이 하루에 250경 바이트씩 늘어난다고 해도 유용한 정보의 양은 그렇게 빠른 속도로 늘어나지 않는다. 이는 거의 확실하다. 정보의 대부분은 그저 소음일 뿐이다. 소음은 신호보다 점점 더 빠르게 늘어나고 있다."[99]라고 말했다. 보통 소음공해에 오래 노출되면 각종 신경증세와 질병이 생긴다. 면역력이 약해지고 심혈관계 질환이나 수면장애, 우울증도 나타난다고 한다. 정보소음도 예외는 아니다. 정보소음도 결국 공해다. 인간의 두뇌는 정보처리능력이 한정되어 있다. 정보가 지나치게 많이 주입되면 두뇌의 기능에 이상현상을 보이거나 심각한 경우 마비된다.

단순함에 대한 갈망

이처럼 정보과잉의 문제가 야기될 것이라고 예언한 사람이 있다. 앨빈 토플러는 1970년 《미래의 충격》을 통해 미래에 정보의 과부하가 문제가 될 거라고 예언했다. 컴퓨터가 대중화되기도 전에 남긴 앨빈 토플러의 예언은 현실이 되었다. 앨빈 토플러는 '정보의 과부하information overload'라는 용어를 써서 "감각적 차원에서 과잉자극이 현실을 왜곡시킨다면 인식상의 과잉자극이 우리의 사고능력을 저해한다. 우리가 수용할 수 있는 감각의 투입량에 한계가 있는 것처럼 정보를 다루는 능력에도 우리는 일정한 한계를 타고났다."[100]라고 말했다. 뇌에 너무 많은 정보가 들어와 과부하가 걸리면 결정장애가 생기는 것은 물론 정신착란까지 발생할 수 있다고 한다. 과잉자극을 받으면 총탄이 빗발치는 전장에서도 깊은 잠에 빠져들고, 토네이도 같은 재난이 닥쳐도 좀비처럼 멍해진다는 것이다. 육체뿐만 아니라 정신도 생물학적 한계를 갖고 있다. 소화 범위 이상의 자극이나 정보가 주어지면 인간의 두뇌는 제대로 작동하지 않는다.

과잉정보는 인간의 두뇌로 하여금 정보를 포기하게 한다. 포기하지 않으면 두뇌 오작동으로 우리 대부분이 정신병자가 될 것이다. 본능적으로 포기하는 것이다. 과잉정보 시대에 인간은 본능적으로 단순한 정보를 갈망한다. 그리고 본능적으로 적응범위 이상의 정보를 차단하거나 제거한다.

현대사회는 정보, 감각, 상품, 서비스 등 모든 것이 과잉된 사회다. 과잉자극, 과잉정보, 과잉경쟁은 인간을 피로하게 만든다. 피로는 의식을 마비시키고 선택지 앞에서 분별력을 떨어트리며 공동체의 관계를 파괴한다. 그래서 현대사회는 한편으로 '피로사회'다. 한병철은 저서 《피로사회》에서 "과잉시대에 이르면 문제는 거부와 배척이 된다. 보편화된 커뮤니케이션과 과잉은 인류 전체의 저항력을 떨어뜨릴 위험으로 작용한다."[101]라고 말했다. 거부와 배척은 생물학적 실존을 위한 본능적 조치다.

과잉사회에서 삶의 지혜는 딜리트를 통한 단순화다. 과잉사회에 사는 인간은 자신의 의지와 주의를 덜 사용하는 방향으로 의사를 결정하고 선택한다. 《대충형 인간》의 저자 디터 브란데스는 재미있는 실험결과를 소개했다. A가게에는 24종류의 잼이 진열되어 있었고, B가게에는 6종류만 있었다. 고개의 반응은 다음과 같았다.[102]

	24종(A가게)	6종(B가게)
관심을 갖고 서 있는 고객	60%	40%
그중에 구매한 고객	3%	30%
전체 고객 중 구매한 고객	2%	12%

24가지 잼 앞에 서 있는 고객은 그중 2%만이 잼을 구입했다. 반면 6가지 잼 앞에 서 있는 사람은 전체 중에 12%가 잼을 구매했다. 무려 6배나 차이가 난다. 왜 굳이 24가지나 전시해 소비자를 피곤하고 혼란스럽게 해 매출을 떨어뜨리는가? 판매 관리 비용, 전시공간 비용 등 비용을 더 높이고 판매는 오히려 줄이는 희한한 결과가 나왔다.

델, HP, 삼성, LG, 애플 등이 판매하고 있는 노트북 컴퓨터의 종류를 비교해보자. 애플이 맥북, 맥에어 2종류라면 나머지 회사들은 최소한 20가지 이상이다. 아이맥이라는 브랜드명을 짓고 '씽크 디퍼런트' 광고를 기획해 애플의 부활에 혁혁한 전공을 세운 켄 시걸Ken Segall은 델의 판매과정을 알아보기 위해 델의 판매담당자와 통화를 했다. "가볍고 얇은 노트북을 사고 싶은데 웹사이트를 보니 종류가 너무 많아서 판단하기가 어렵네요. 모델별로 차이를 설명해주실 수 있을까요?" 하고 질문했다. 델의 판매담당자는 친절하게 응대하긴 했지만, 수십 가지 모델 간의 차이를 설명하지 못했다. 여러 곳에 전화해보니 판매원마다 추천해주는 기종이 다 달랐다. 판매원도 파악할 수 없을 정도로 복잡하고 다양한 것을 소비자에게 사라고 강요했던 것이다.

1,000개의 돌멩이와 1개 바위의 차이는?

《블랙 스완》과 《안티프래질》의 저자이며 2008년 금융위기를 예측한 나심 탈레브는 재미있는 일화를 예로 든다. 중동 어느 나라의 왕이 아들에게 화가 잔뜩 났다. 왕은 홧김에 신하들 앞에서 아들을 바윗덩어리로 찍어버리겠다고 맹세했다. 그런데 화가 누그러지자 고민이 되었다. 자식을 죽일 수는 없지 않은가? 그때 지혜로운 신하가 아이디어를 냈다. 바윗덩어리를 작은 돌멩이 1,000개로 조각내어 장난꾸러기 아들에게 던지라는 것이었다.[103] 바윗덩어리 1개를 1,000개로 쪼개면 당연히 힘이 약해진다. 집중의 힘이란 이런 것이다. 바윗덩어리 1개와 이것을 1,000개로 나눈 것의 합은 같지만 순간적인 파워는 전혀 다르다. 지구상에 리히터 규모 2 이하의 소규모 지진은 하루에 8,000번, 1년에 300만 번 일어난다고 한다. 이것을 다 합쳐도 진도 9.0의 지진보다는 파워가 약하다. 강력한 지진을 만들기 위해서는 나누지 말고 집중해야 한다. 임팩트는 집중해야만 발생한다.

다윗이 골리앗을 이긴 것도 다윗이 임팩트를 만들어냈기 때문이다. 다윗은 양치기 소년이었다. 덩치도 작고 외모도 별 볼 일 없는 평범한 소년이었다. 양을 지키기 위해 다윗은 물맷돌을 사용했다. 기다란 끈에 돌을 매단 것이 물맷돌이다. 끈에 매달린 돌을 360도로 빠르게 회전시키면 강력한 원심력이 발생한다. 엄청난 원심력을 끌어 모아 늑대가 있는 곳으로 향해 물맷돌을 던지면 늑대가 맞아 죽는다. 다윗은 물맷돌로 움직이는 늑대를 맞출 정도로 명사수였다. 지금의 사냥총으로도 움직이는 늑대를 명중시키기가 어려운데 말이다.

이에 비해 골리앗은 키가 2m가 넘는 거구였고, 무거운 갑옷과 투구, 창으로 중무장했다. 갑옷과 무기의 무게가 45kg이 넘었다. 행동이 느릴 수밖에 없었고 반사신경도 둔했다. 무엇보다 중요한 것은 물맷돌의 임팩트였다. 이스라엘의 탄도학 전문가들은 물맷돌이 초속 35m로 날아갔을 것이라고 한다. 이는 두개골을 관통해 사람을 죽이고도 남을 만한 위력을 지녔단다. 전문가는 45구경 자동권총과 비슷한 수준이라고 한다.[104] 힘껏 팔을 돌려 물맷돌을 360도로 회전시키면 거기서 발생한 원심력의 총합이 권총과 같은 충격과 파괴력을 갖는 것이다. 이것이 바로 '한 방향으로 집중'하는 것의 힘이다.

다윗이 골리앗을 이긴 승리의 비결은 조준력과 집중력이었다. 약자와 강자의 싸움이 아니라 집중과 분산의 싸움, 빠름과 느림의 싸움이었다. 그렇다면 집중된 힘은 어떻게 해야 생길까? 바로 딜리트할 때 생긴다.

48차100서,
제약하니 다양해졌다

집중하면 파괴력만 생기는 것이 아니라 새로운 것도 나온다. 딜리트가 창조의 어머니이듯 집중도 창조의 동기를 제공한다. 제약하면 오히려 궁극의 미美가 창조된다. 일본 에도시대에 유행했던 상인들의 옷 색깔을 보자. 에도시대 후반에는 상인의 힘이 막강했다. 에도시대는 오랜 평화의 시대다. 전쟁이 없으니 평화가 왔고 상업이 발달했다. 덕분에 상인들은 부를 축적했다.

당시 일본도 사농공상士農工商의 신분질서가 확고했는데, 유교질서가 상대적으로 더 엄격했던 조선보다는 덜해도 분명한 신분제 사회였다. 최상층인 사무라이, 즉 사층士層은 이게 못마땅했다. 그래서 상인들에게 '사치금지령'을 내렸다. 사치금지령에는 쓸데없는 사치를 막는 것뿐만 아니라 화투, 불꽃놀이 같은 오락거리도 금지했다. 그중에는 기모노의 소재나 무늬, 색상에 관한 금지항목까지 있었다. 상인의 기모노에 사용할 수 있는 색을 갈색褐色, 회색灰色, 남색藍色 3가지로 제한했다. 상인들의 사치를 막기 위한 조치였다. 그 전에는 상인들의 화려한 복색이 사무라이들을 압도했다. 상인들은 이 조치를 묵묵히 받아들일 수밖에 없었다.

화려하지도 않은 3가지의 색으로 상인들은 어떻게 멋을 부릴 수 있었을까? 그런데 오히려 이러한 제한이 대부분의 컬러를 딜리트하고 3가지 색깔에 집중하는 계기가 되었다. 결과적으로 그들은 화려하지 않은 3가지 색으로 과거에는 생각지도 못한 100가지가 넘는 색의 조화를 창조했다. 갈색, 회색, 남색의 배합과 조합으로 다양한 색을 창조했다. 마치 빛의 3원색 빨강, 초록, 파랑을 갖고 TV가 모든 색을 창조하듯, 에도시대 상인들은 갈색, 회색, 남색을 가지고 다양한 색깔을 만들어냈다. 그래서 상인들의 창조적 욕망이 '48갈색 100회색'을 가능하게 했다.[105] 상인들은 이렇게 해서 사무라이들의 사치 금지령을 피해나갈 수 있었다.

48가지의 차색茶色과 100가지의 서색鼠色, 즉 쥐색을 정확히 만들어냈다는 것을 뜻하지는 않는다. 그 정도로 3가지 색만으로 수많은 색을 만들어냈다는 뜻으로 '48차100서四十八茶百鼠'라는 말이 만들어졌다. 그러나 실제 상인들은 3가지 색을 바탕으로 100가지 이상의 색을 만들어냈다고 한다.

제약이 오히려 창의적인 색감을 만들어낸 것이다. 만약 3가지 색으로 제한하지 않았다면 빨주노초파남보 등, 전혀 다른 전형적인 색깔을 구현하는 데 만족했을 것이다. 죄인을 동굴에 가두었더니 거기서 금맥을 발견한 것과도 같았다. 영역 내에서 다양성이 창조된 것이다. 현대 일본의 세련된 컬러감각이 이때부터 형성되었는지 모르겠다. 이처럼 집중하고 제한하면 전혀 생각하지 못한 것을 만들어낼 수 있다.

일본 무인양품無印良品의 디자인 경향을 보면 바로 '48차 100서'의 감각이 물씬 느껴진다. 무인양품의 전통이 어느 날 갑자기 태어난 것이 아니다. "무인양품 사상의 기초에는 예로부터 지닌 일본의 생활 속의 미의식이 있다."[106]고 스스로 밝히고 있다. 에도시대 상인들이 만들어내는 색깔의 기술이 현대 일본의 색깔에도 이어지고 있다.

무인양품은 '노 브랜드No Brand'를 의미하고 '노 디자인No Design'을 추구한다. 미니멀리즘보다 더 극단적으로 단순함과 간결함을 추구한다. 주로 흰색, 베이지색, 회색, 검은색 같은 무채색으로 제품을 디자인한다. 그러다 보니 시간이 지나도 쉽게 질리지 않는다. 컬러를 제한하고 제한된 컬러 내에서 베리에이션을 추구했기 때문이다. 무인양품의 전략은 딜리트 전략이라 할 수 있다. 기존의 고급화나 브랜드 지향의 전략을 딜리트함으로써 새로운 상품과 서비스를 창조했다. 본질과 필수적 기능이 아닌 것은 모두 빼버렸다. 화려한 장식도 과감히 딜리트했다. 그럼으로써 무인양품은 양질의 상품을 저렴하게 제공할 수 있었다.

1980년에 설립된 무인양품은 의류, 가구, 가전, 식품 등을 판매하는 종합생활용품 기업이다. 무인양품은 경쟁제품에 비해 10~30% 싸고 1991년부터 2000년까지 10년간 일본의 경제성장률이 0%일 당시에도 매출은 440%, 경상이익은 1만 700%나 급증했다.[107] 기업의 기본 컨셉, 경영전략, 상품개발, 디자인 등 모든 차원에서 무인양품은 '딜리트의 철학'을 철저히 구현하고 있다. 오로지 상품의 본질에만 집중하고 불필요한 제작공정을 과감히 딜리트했다. 소재를 표백하거나 일부러 광택을 내지도 않는다. 과도한 포장도 생략했으며 가능하면 일괄포장하고 공통용기를 사용했다. 유행을 민감하게 좇지도 않았다. 그럼으로써 오래 사용할 수 있게 했다. 이런 것들은 제품의 원가를 낮출 뿐만 아니라 순수하고 단아한 이미지를 창출해 결코 싼 제품으로 보이지 않게 만들었다.

하지만 잘나가던 무인양품에도 위기는 있었다. 2001년에 처음으로 적자가 났다. 다이소와 같은 경쟁사가 출현하는 등 경영환경이 변화했을 때 초심을 잃고 대기업 흉내를 내기 시작했다. 간결하면서도 단아한 이미지를 만들어왔던 무인양품이 빨강색이나 오렌지색 제품을 만들기 시작했다. 처음에는 반응이 있는 듯했으나 결국 소비자들은 혼란스러워했고 판매는 더 부진해졌다. 마쓰이 타다마쓰 사장은 이런 것을 다시 딜리트했다.

또한 무인양품은 호칭도 딜리트했다. 과장, 부장, 사장의 직함도 없애고 사장부터 사원까지 모두 서로를 ○○씨로 통일해 불렀다. 수평적이고 창의적인 기업문화를 만들기 위해서였다. 결재 단계도 7~10단계에서 3단계로 대폭 축소했고 의사결정도 즉각적으로 이뤄지게 했다. 또한 모든 보고서는 A4 1쪽을 넘지 못하게 했다. 딜리터로서 유감없이 발휘한 개혁 조치였다.

마쓰이 카다마쓰 사장은 기존의 관행을 과감히 딜리트했다. 그리고 이런 조치는 효과가 나기 시작했다. 2002년부터 수익이 늘어나더니 2005년에는 156억 엔이란 당시 최고의 경상이익을 냈다. V자로 성장한 것이다.[108] 무인양품은 본질에 집중함으로써 승승장구했었으나 성공에 취해 초심을 잃었다. 위기를 맞은 무인양품은 초심으로 돌아가 다시 딜리트 철학을 철저히 실천함으로써 다시 성공기업의 모델이 되었다.

최소의 비용,
최대의 임팩트

2018년 1월 27일 가구업계의 거인이 운명을 달리했다. 이케아 IKEA를 설립한 스웨덴의 잉바르 캄프라드Ingvar Kamprad도 위대한 딜리터였다. 그는 5세 때부터 이웃에게 성냥을 팔았으며 7세가 되어서는 자전거를 타고 방문판매도 했다. 17세가 되어서 그는 뛰어난 성적으로 직업학교를 졸업하고, 그동안 번 돈과 아버지로부터 상으로 받은 돈으로 상점을 열었다. 등록번호 8271번 이케아다. 회사명은 자신의 이름 잉바르 캄프라드에서 IK를 따오고, 자신이 자란 엘름타리드Elmtaryd 농장에서 E를, 아군리나드Agunnaryd 마을에서 A를 따왔다.

이케아는 2016년 기준으로 44조 원의 매출과 5조 7,000억 원의 이익을 내고 있는 글로벌 최대의 가구업체로 성장했다. 직원도 세계적으로 19만 명이 넘어섰다. 잉바르 회장의 자산도 2018년 기준 78조 원을 넘어 세계 10대 부호가 되었다.

그러나 그는 세계에서 가장 유명한 구두쇠였다. 크리스마스카드를 재활용하는가 하면 비행기도 이코노미 클래스나 저가항공을 탔다. 기차도 2등석을 탔다. 호텔 냉장고에서 무언가를 꺼내먹고 나서 동네 가게에서 사다가 다시 채워놓았다. 티백은 여러 번 우려 마시고, 냅킨 자투리에 메모했다. 일회용 접시를 씻어서 재사용했고, 점심은 이케아 식당에서 35페니짜리 핫도그로 때웠다. 생활용품을 조금이라도 싸게 사기 위해 20년이 넘은 볼보를 손수 몰고 더 싼 슈퍼마켓을 찾아 국경을 넘었다. 한마디로 보통이 넘는 구두쇠였다. 구두쇠 중의 구두쇠인 잉바르 캄프라드는 소비자의 낭비도 허용하지 않았다. 이케아 가구는 최대한 싸야 했다. 이것이 이케아의 핵심이자 본질이다. 그리고 본질에 벗어난 것은 모두 딜리트했다.

그는 소비자에게 최대한 싼 값에 가구를 제공하기 위해 가격 상승요소를 최대한 딜리트했다. 딜리트 경영이 그의 성공비결이었다. 그는 가구는 두고두고 오래 사용하는 것이라는 컨셉도 딜리트했다. 이사할 때쯤이면 가구가 고장 나서 버려야 한다는 것을 통찰했다. 완제품으로 판매한다는 고정관념도 딜리트했다. 조립제품을 박리다매로 팔았다. 당연히 운송비와 조립비용, 물류비용도 모두 절감되었다. 그는 가격을 낮출 수만 있다면 뭐든지 딜리트했다. 1987년 영국에 진출할 때 이케아는 "이 침대는 잠옷보다 쌉니다."[109]라고 광고할 정도로 낮은 가격에 집중했다. '빌리'라는 모델의 책장은 30년 전보다 오히려 15%나 저렴해졌다. 물가 상승률을 감안하면 도저히 있을 수 없는 일이 아닌가?

이케아의 디자인 철학 역시 한마디로 '단순함이 미덕', 미니멀리즘이다. 단순한 디자인은 만들기도, 조립하기도 쉽다. 그러면 원가도 낮아진다. 모든 가구는 납작하게 포장된다. 공간을 최소한만 차지하고, 자가용으로 실어 나르기 위해서였다. 플랫 패킹Plat Packing은 이케아의 주요 컨셉이다. 판촉직원도 딜리트했다. 모든 제품이 실제 집처럼 꾸며진 쇼룸에 다양하게 전시되어 있다. 쇼룸에서 판촉직원의 안내도 받을 필요가 없다. 가구마다 가격표가 다 붙어 있다. 마음에 드는 것이 있으면 창고형 매장에서 플랫 패킹되어 있는 해당 가구를 찾아 계산대로 들고 가 계산하면 된다.[110]

이케아의 정신은 44년 전에 잉바르 캄프라드가 작성한 증언에 가장 잘 나타나 있다. 이것은 '한 가구상인의 증언'이라는 제목의 글로 이케아의 바이블이자 DNA이다. 증언은 서문을 제외하고 9개 항목으로 구성되어 있다. 그 증언의 7번째 항목(우리의 성공에 중요한 '집중')을 인용하자면 다음과 같다.

"전력을 나누는 장군은 예외 없이 패배할 것이다. 너무 다재다능한 운동선수도 문제가 있다. 우리에게도 집중은 중요한 문제다. 우리는 결코 모든 것을 모든 곳에서 동시에 잘할 수는 없다. 할 수 있는 범위를 넘는 일을 해서는 안 된다. 어쨌든 우리는 모든 사람의 취향을 만족시키지는 못할 것이다. 우리 자신의 프로필에 집중해야 한다. 또한 우리 제품 전체를 동시에 판촉할 수 없다. 동시에 모든 시장을 정복할 수도 없다. 우리는 종종 최소한의 수단으로 최대의 임팩트를 낼 수 있는 곳에 집중해야 한다."[111]

이케아는 이러한 정신을 바탕으로 가격을 낮추는 데 모든 것을 집중했다. 이익을 더 내거나 시장을 넓히기 위해서 영역을 확장하지 않았다. 최소의 비용으로 최대의 임팩트를 만들어냈다. 그 '증언'에서 잉바르 캄프라드는 "기능과 품질이 손상되지 않는 범위에서 지극히 낮은 가격으로 공급해야 한다."고도 밝혔다. 그는 "단순함이 미덕이다."라고 천명하고 규칙을 단순화시키고, 관료주의를 배격하며, 거대한 계획을 경계하라고 유언했다. 이케아는 기업이 포기할 것은 포기하고 본질적 가치와 자신들이 잘할 수 있는 영역에 집중하면 얼마나 위대한 결과를 만들어내는지를 증명했다. 잉바르 캄프라드의 말처럼, 집중이라는 말이 곧 힘이고, 행동에 있어서도 단순함이 곧 힘이었다.

포기하지 않으면
포기당하게 되어 있다

2차 세계대전 당시 프랭클린 루스벨트 대통령의 측근 참모 중 해리 홉킨스Harry Hopkins이라는 사람이 있었다. 그는 죽음을 앞두고 걷기조차 어려울 정도로 빈사상태에 있었다. 그는 하루건너 겨우 몇 시간 정도 일할 수 있었다. 그런데 그는 업무수행 능력만큼은 저하되지 않았다. 어떻게 그게 가능했을까? 중요한 일 말고는 모두 딜리트했기 때문이다. 윈스턴 처칠조차 그를 "중요한 일만 처리하는 도사"[112]라고 극찬했다고 한다.

피터 드러커는 "레오나르도 다빈치조차도 폭넓은 관심 분야에도 불구하고, 오직 미술 분야에서만 뛰어난 업적을 남겼다."라고 말했다. 또한 그는 "지식근로자들은 우월한 성과가 월등한 결과로 연결될 수 있는 몇몇 주요 부문에 집중한다. 그들은 업무의 우선순위를 스스로 결정하고 그 결정을 고수한다. 중요한 일을 먼저 하는 것 이외에 달리 선택의 여지가 없음을 잘 안다. 두 번째로 중요한 일은 결코 하지 않는다."[113]고 말하며 생산적이지 못한 것을 빨리 포기하라고 권고했다. 그는 "집중하기 위해 노력하는 것 중 첫 번째는 더 이상 생산적이지 못한 과거의 것으로부터 탈피하는 것이다."[114] "새로운 것을 강력하게 추진하는 유일한 방법은 낡은 것을 체계적으로 폐기하는 것뿐"[115]이라고도 했다. 폐기해야 집중할 수 있고, 집중해야 목표를 달성할 수 있다. 포기하지 않으면 포기당하게 되어 있다. '포기'와 '선택'보다 더 적확한 말은 '딜리트'다. 딜리트란 말에는 좌절의 뉘앙스가 없다. 피터 드러커의 말처럼 과거를 포기하거나, 폐기하거나, 딜리트하지 않으면 미래는 없다.

단순한 기업은 포기할 것은 포기하고 집중할 것은 집중한다. '단순함'이란 '포기와 집중'의 다른 말이다. 세계적인 브랜드 전략회사인 '시겔+게일Siegel+Gale'는 "단순한 것이 스마트한 것."이라는 슬로건 아래 매년 수만 명의 소비자를 대상으로 세계의 주요 브랜드의 단순성 가치와 순위를 조사해 발표한다. 시겔+게

일에 따르면 단순성은 브랜드 충성도의 핵심이며, 소비자에게 구매력을 발생시키는 원동력이다. 2009년 이후 세계에서 단순성이 가장 높은 브랜드 10개의 주가가 2016년 기준으로 433% 올랐다. S&P 평균지수가 같은 기간 135%, 다우존스 지수가 106%, 영국의 FTSE 지수가 52% 상승한 것에 비하면 단순한 브랜드 기업의 주가 상승폭은 두드러진 결과였다. 단순한 브랜드는 브랜드 가치를 높이고, 결과적으로 돈이 된다는 뜻이다.

세계에서 가장 단순한 기업은 어디일까? 2017년 단순한 브랜드 순위에 따르면, 1위는 독일 알디ALDI라는 슈퍼마켓 체인이 차지했다. 2위는 역시 독일의 슈퍼마켓 체인 리들RIDL, 3위는 구글, 4위는 넷플릭스, 5위는 이케아, 6위는 아마존이었다. 우리나라 기업으로는 현대가 15위, 삼성이 20위를 차지했다.[116] 독일의 알디는 2013년 이후 구글과 아마존을 제치고 줄곧 1위를 차지하고 있다.

알디가 어떤 슈퍼마켓 체인이기에 구글과 아마존을 제치고 5년 연속 단순한 기업 1위를 차지했을까? 구글과 아마존, 이케아도 비즈니스 모델이나 경영방식, 경영철학에 있어서 단순하기로는 둘째가라면 서러워할 기업들 아닌가? 알디는 이들보다 더 지독하게 단순성을 추구하고 선택과 집중을 했다. 이케아처럼 가격을 상승시킬 수 있는 요소는 최대한 딜리트했다. 독일 기업인 알디는 경쟁업체에 비하면 가격이 절반 수준이다. 우리나라 슈퍼마켓과 비교하면 3~4배 저렴하다. 알디에서는 1.5L 콜라가 490원, 500ml 병맥주가 380원에 판매되고 있다. 우리나라 일반 슈퍼에서는 같은 양의 콜라가 1,800원, 병맥주가 1,900원이다. 어떻게 이렇게 낮은 가격을 유지할 수 있을까? 알디는 가격을 낮추기 위해 할 수 있는 모든 것을 딜리트했다. 독일 전 총리인 헬무트 슈미트와 현 총리인 앙겔라 메르켈도 알디를 애용한다.

칼 알브레히트와 테오 알브레히트 형제는 1946년 어머니로부터 상점을 물려받았고, 1962년 현재의 알디를 설립했다. 'ALDI'는 알브레히트 형제의 할인매장을 뜻하는 'Albrecht Diskont'에서 앞글자를 따온 말이다. 현재 알디는 칼과 테오 형제가 각각 지역을 기반으로 북쪽에 알디노르트Aldi Nord와 남쪽에 알디쥐트Aldi Sud로 나눠서 운영하고 있다. 미국, 영국, 호주 등 20개국에 1만 개의 점포를 운영하고 있고, 매년 크게 성장하고 있다. 독일에서만 연간 매출이 2015년 기준으로 35조 원을 넘어섰다. 글로벌 매출까지 합치면 70조 원도 넘는 것으로 알려져 있다. 월마트나 테스코 등 세계적인 유통업체들은 성장이 멈추거나 심지어 도산하는데 어떻게 알디는 오히려 글로벌로 진출하면서 연평균 10% 이상의 높을 성장률을 보일 수 있을까? 미국 알디는 2010년부터 2015년 사이 매출이 2배 증가했고 영국에서도 시장점유율이 계속 상승하고 있다. 아마존 같은 온라인 쇼핑업체와 경쟁에서도 뒤처지지 않고 있다. 2015년 기준으로 테오의 재산이 22조 원, 칼의 재산이 29조원으로 2009년도에는 빌 게이츠보다 재산이 더 많았다.

세상에서 가장 단순한 기업, 알디

알디의 성공비결은 무얼까? 알디의 임원이었던 디터 브란데스는 알디의 성공비결을 분석한 저서 《단순하게 경영하라》[117]에서 '포기와 단순함'으로 요약했다. '포기와 단순함'을 통해 상품을 최저가에 판매한다. 소품종 최저가 정책이 먹힌 것이다. 알디는 매장에서 판매하는 제품의 품목 수를 엄격히 제한했다. 매장당 1,500종의 품목만 판매한다. 테스코나 아스다 같은 유통업체는 5만 종, 월마트는 매장당 3만 종을 판매하는 것과 대조적이다. 매장당 1,500종도 최근에 늘어난 것이다. 2000년 초반에는 700종의 제품만 팔았다. 가격을 낮게 유지하기 위해 90% 이상을 PB상품으로 구성했다. 월마트는 PB상품 비중이 30%다. 그래서 알디는 월마트보다도 가격이 20% 이상 저렴하다. 작은 제품을 취급할 경우 부대비용이나 물류비용을 줄일 수 있고 매장이 좁아도 된다. 경쟁사들의 매장이 1만 평이 넘는 데 반해 알디의 매장은 400평 내외다.

또한 전체 품목의 수도 적지만 품목 내의 상품종류도 1~2개로 제한했다. 구두약, 치약, 왁스, 설탕, 식용유, 버터 등도 1종류만 판다. 소비자는 상품을 선택하느라 고생할 필요가 없다. 상품의 종류와 수량을 획기적으로 딜리트함으로써 원가도 획기적으로 줄였고, 소비자를 선택의 고통으로부터 구출했다. 알디의 경우 1품목당 판매액이 380억 원, 월마트는 2,000만 원 정도이니 품목 집중도가 얼마나 높은지 알 수 있다. 독일의 경우, 알디에서 판매되는 과일주스의 점유율이 51%, 육류 및 소시지 장기저장 가공품은 50%에 이른다. 소수의 품목을 가장 낮은 가격에 팔기 때문에 가능한 것이다. 납품업체도 대량으로 공급할 수 있으니 원가를 낮출 수 있다. 원가를 낮추기 위해 납품업체와의 계약도 10년 정도 장기 계약을 한다. 납품업체도 박리다매를 통해 안정적으로 경영할 수 있다.

히말라야의 설인보다도 더 깊숙이 은둔생활을 한다고 알려진 알브레히트 형제는 식품 전문 주간지인 〈리벤스미텔 차이퉁Lebensmittel Zeitung〉을 통해 1975년 9월 4일에 단 한 번 공개적으로 알디의 경영체제에 대하여 직접 언급했다.

"구두약은 에르달, 치약은 블렌닥스, 왁스는 지겔라 등과 같이 동일 상품군 내에서는 제일 잘나가는 브랜드 상품 하나만 취급합니다. 마찬가지로 식용유, 버터 등도 1종류만 판매하고,

비용상승의 원인이 되는 제품은 과감히 포기합니다. 판매사원의 입장에서도 1종류만 판매하면, 설명하기 쉽고 고객의 입장에서도 살 것인가, 말 것인가만 결정하면 되니까 훨씬 빠르게 결정을 내릴 수 있습니다. (…) 마지막으로 드리고 싶은 말은, 저희 기업은 오로지 저가정책에 의해서만 움직인다는 것입니다. 사업을 활성화하기 위한 그 이외의 정책은 생각하지 않습니다. 더 이상 내부논의조차 하지 않습니다."[118]

알디는 최저가를 유지하기 위해 상상가능한 모든 것을 포기, 즉 딜리트했다. 알디에는 마케팅, 홍보, 법률 등을 다루는 기획실이 없다. 인건비가 들어가는 관료조직인 기획실이 굳이 필요하지 않기 때문이다. 외부의 시장조사도, 소비자조사도 하지 않고 컨설팅도 받지 않는다. "최저가로 양질의 제품을 제공한다."는 원칙 하나면 굳이 홍보도, 조사도 필요 없다. 홍보비도 전체 매출의 0.1%에 불과하다. 알브레히트 형제도, 회사 임원도 언론에 나가지 않는다. 연간계획도 세우지 않고, 복잡한 통계자료도 만들지 않는다. 일반 유통업체가 하는 거의 모든 것을 딜리트한 것이다. 직원도 최소한만 고용한다. 매장 1곳에 7~8명에 불과하다. 인건비 비중도 2.8%가 고작이다. 경쟁사는 보통 10~15%다. 이런 비용을 절약하여 가격을 낮추었다. 이들은 원가를 낮출 수 있다면 모든 걸 딜리트했다.

지게차가 운반할 수 있도록 팔레트째 물건을 납품받는다.

지게차가 팔레트 3개를 동시에 들어 올릴 수 있는 시스템도 개발하여 운영하고 있다. 비용을 줄이기 위해 포장된 상자의 앞부분만 뜯어서 진열한다. 오로지 상품에만 집중했다. 처음에는 매장에 전화기도 없었다. 일회용 쇼핑백도 없고, 한때는 전표 값을 아끼기 위해 신용카드도 받지 않았다. 가격을 직원들이 일일이 입력했다. 직원들은 다루는 품목이 적었기 때문에 모든 상품의 가격을 외우고 있었다.

알브레히트 형제는 이케아의 잉바르 캄프라드처럼 검소하게 생활하는 것으로 알려져 있다. 그들은 솔선수범해서 이면지를 사용하고 낮에는 전기조명을 사용하지 않았다. 알디의 화물차는 타이어 수명을 연장하기 위해 프로필을 새로 깎거나 공기저항을 최소화하여 연료소모를 줄이기 위해 화물차 앞쪽에 특수장치를 부착해놨다. 결혼식이나 장례식 같은 행사도 가족들만 모여 조용히 치렀다. 심지어 알브레히트 형제가 죽었을 때도 가족끼리 장례식을 치른 후에 외부에 알렸다.

알디는 포기와 집중을 통해 세상에서 가장 저렴하게 물건을 팔았다. 알브레히트 형제는 경영에서나, 사생활에서나 딜리트의 철학을 타협 없이 실천했다. 경쟁자들은 알디가 잘나가는 것을 알고 있으면서도 도저히 모방할 수 없었다. '포기와 집중'이 단지 경영전략만이 아니라 그들의 삶 자체였기 때문이다. 그들의 삶을 모방하기 전에 그들의 경영을 모방할 수는 없었다.

스타를 딜리트한
음반사

오른쪽 페이지의 두 그림은 클래식 CD의 케이스다. 두 그림의 차이점이 무엇일까? 오른쪽에는 베를린 필하모니를 35년간 종신 지휘한 카라얀Herbert Ritter von Karajan의 카리스마 있는 모습이 보인다. '카라얀'이란 타이틀이 가장 크게 부각되어 있다. 카라얀이란 거장에 모든 초점이 맞춰져 있다. 반면 왼쪽에는 유명 지휘자 사진 대신 크리스마스카드에서 봄 직한 명화가 있다. 타이틀도 '로맨틱한 피아노 명곡집'이라고 붙어 있다.

1989년 작고할 때까지, 카라얀은 클래식 음반 판매의 보증수표였다. 독일 최대 클래식 음반사 DG 판매량의 25%를 카라얀이 차지할 정도였으니 말이다. 2억 장 가량 판매한 것으로 알려져 있다. 유럽의 4대 메이저 음반사 DG, 필립스, 데카, EMI는 스타 아티스트에 모든 것을 걸고 마케팅을 했다. 스타 지휘자, 스타 연주자, 탑 오케스트라와 같은 스타 시스템만 있으면 마케팅은 만사형통이었던 시절이다.

한편 1987년에 등장한 낙소스Naxos라는 신생레이블은 메이저 업체와 완전히 다른 방식으로 클래식 음악계를 바꾸어 놓았다. 낙소스는 이단적이고 반항적인 방법으로 등장했는데, 스타 시스템을 파괴하고 염가의 클래식 CD 시장을 개척했다. 당

| 클래식 음반에서 스타를 딜리트하다. |

시 메이저의 클래식 CD 1장이 25달러, LP는 5~6달러였는데, 낙소스는 CD가격을 LP 수준으로 낮춰 1장에 6.25달러에 출시했다. 낙소스의 클래식 CD는 출시하자마자 불티나게 팔려나가며 클래식 음악계의 새로운 시대를 예고했다. 그 주인공이 바로 낙소스의 클라우스 하이만Klaus Heymann이다. 클라우스는 딜리터의 품성과 딜리트의 기술로 새 시대를 열었다.

그는 기존의 클래식 CD 제작관행을 딜리트했다. 당시에는 CD든 LP든 클래식 음반은 메이저 음반사를 중심으로 스타시스템에 의해 제작되었다. CBS의 번스타인, EMI의 오토 크렘페러, DG의 카라얀 등 거장 중심으로 제작되었던 것이다. 이 거장들의 녹음 스케줄에 따라 제작일정이 수시로 변경되었고, 거장들은 LP나 CD 케이스 등을 비롯해 모든 저작물에 초상권을 가지고 있었다. 음반의 커버는 이들의 사진과 이름으로 가득 채워졌고, CD의 사진이 마음에 들지 않으면 녹음을 거부할 권리도 갖고 있었다. 한마디로 그들은 클래식 음악계의 절대군주였다. 오케스트라도 베를린 필하모니, 런던 필하모니, 뉴욕 필하모니와 같은 세계적인 오케스트라여야 했다. 이 모든 것은 제작원가를 높였다. 그래도 이런 스타 시스템은 흥행을 보장해주는 듯했다. 이들이 나서면 수백만 장의 LP와 CD가 팔려나갔기 때문이다.

이미 오디오 음향장비와 LP, 카세트테이프 등을 유통시키던 홍콩의 유통업자 클라우스 하이만에게 우연치 않게 이런 프리미엄 시장을 공략할 기회가 찾아왔다. 홍콩에 본사를 둔 클라우스는 한국의 SRB레코드(서라벌 레코드)에 카세트나 LP패키지를 공급하며 큰 수익을 내고 있었다. 1986년 말 SRB레코드의 미스터 리Mr. Lee라는 사람에게서 한 통의 전화를 받았다.

"하이만 씨, 우리는 30장짜리 클래식 음악 CD 패키지를 방문판매하는 최초의 회사가 되고 싶습니다."

한국의 '리'라는 사람은 아날로그를 디지털로 변환한 것이 아니라 오리지널 음원을 디지털로 녹음한 클래식 CD를 만들고자 한 것이다. 하이만은 이렇게 대답했다.

"리 씨, 난 디지털 음원은 전혀 갖고 있지 않지만, 찾을 수 있는지 한번 알아볼게요."[119]

클라우스가 알아본 결과 슬로바키아에 마스터를 갖고 있는 회사가 있었다. 그런데 그 회사는 돈이 없어 CD를 제작할 수 없었다. 클라우스는 마스터 하나당 500달러에 한국과 동유럽에 유통시킬 판권을 확보했다. 그런데 문제가 생겼다. 한국에서 예산이 너무 많이 들어간다는 이유로 구매의사를 철회한 것이다. 클라우스는 난처해졌고, 어쩔 수 없이 저가음반이라도 제작해서 팔아야 했다. 이렇게 되어 실력이 우수하지만 잘 알려지지 않은 음악가들과 지휘자들이 녹음을 하게 되었다. 슬로박 필하모니 오케스트라가 연주했다.

　　이 앨범은 무명씨들의 작품이기 때문에 궁여지책으로 저가에 시장에 출시했다. 당시 CD 1장 가격이 25달러 정도였는데 이 음반은 1장에 6.25달러였다. 일단 홍콩에서 1987년에 낙소스 레이블로 5장의 타이틀을 발매했는데, 바로 그다음 날부터 전화통에 불이 나기 시작했다. 그는 새 시대가 열렸음을 직감했다. 그는 한국과 동유럽뿐만 아니라 글로벌 판권을 확보했고, 저가 클래식 CD 사업을 적극적으로 추진했다. 그는 새로운 고객을 창출했다. '클래식 초심자를 위한 CD', '꿈을 꾸기 위한 클래식', '사랑에 빠진 사람을 위한 클래식', '식사를 위한 클래식' 등과 같은 주제를 달고 CD가 출시되었고 이것은 당시에 문화적인 충격이었다. CD는 불티나게 팔려 나갔다.[120]

　　어떻게 이런 것이 가능했을까? 어떻게 경쟁사 가격의

25% 수준에 CD를 발매할 수 있었을까? 클라우스 하이만은 염가 LP시장을 겨냥해서 연주능력은 뛰어나지만 유명세는 없는 동구권의 연주자, 지휘자, 오케스트라를 활용해 녹음한 경험이 있었다. 1984년부터 슬로바키아의 브라타슬라바나 헝가리의 부다페스트에서 녹음을 했다. 녹음시설에 방음장치가 제대로 되어 있지 않고 공산국가여서 조용한 밤에만 녹음할 수 있었다.

또한 클라우스는 이들과 계약할 때 저작권 방식을 배제했다. 연주자들에게 60분을 녹음할 경우 1인당 약 6만 원 정도의 대가를 지불했다. 저작권도 주지 않았다. 80명 규모의 오케스트라가 60분간 녹음할 경우 480만 원 정도의 최소비용이 들어갔다. 독주를 녹음할 때도 저작권을 주지 않는 방식으로 1,000달러에 진행했다.[121] 클라우스는 기존 메이저 업체의 음반제작 문법을 완전히 딜리트했다. 비저작권, 초저가로 클래식을 동구권에서 녹음할 수 있었다. 그리고 이것은 지금까지도 낙소스의 기본 제작방식이 되었다. 스타를 활용하지 않고 저작권 계약을 하지 않은 것도 제작원가를 획기적으로 낮추는 계기가 되었다.

파괴자라는 말은
비난이 아니라 칭찬

그는 음반 재킷 디자인도 미니멀리즘을 추구했다. 그는 이미 독일에 있을 때 가전회사인 브라운에서 근무한 경험이 있었다. 이때 브라운의 미니멀한 디자인에 감동한 바 있었다. 음반 케이스 디자인에서 스타를 딜리트하니 그만큼 비용이 절감되었을 뿐만 아니라 제작공정도 단순해졌다. 스타의 사진 때문에 제작일정이 지연되지도 않았고, 사진이 마음에 안 든다며 재촬영하는 일도 없었다. 그는 스타 대신 저작권이 소멸된 명화를 사용했다.

스타를 딜리트하자 또 다른 장점이 나타났다. 카라얀이니 번스타인이니 하는 스타 중심의 기획을 딜리트하니 소비자들이 원하는 주제 중심으로 기획할 수 있었다. '사랑에 빠진 사람들을 위한 클래식', '로맨틱한 피아오 명곡집'과 같은 새로운 컨셉의 음반도 가능했다. 그 돌풍의 발원지는 클라우스 하이만의 딜리터적 품성과 딜리트 기술이었다. 그는 철저히 기존 메이저들이 해오던 방식과 관행을 포기하고 저가음반에 집중했다. 그는 화려한 유혹으로부터 자신을 지켜냈다. 저가음반에 '포기와 집중'을 한 결과 오늘의 낙소스가 존재하게 되었다.

낙소스의 돌풍에 대해 음반업계는 비웃었다. 그리고 허깨비에 불과하며 곧 사라져버릴 것이라고 예측했다. 메이저 음반사들은 클라우스 하이만을 '저가 레이블을 가지고 있는 정신 나간 홍콩의 독일인'으로 치부했다. 클래식 음악업계를 파괴했다며 비난했다. 그들은 파괴가 창조라는 사실을 몰랐다. 딜리터는 파괴자다. 파괴자만이 새 시대를 열 수 있다. 파괴자라는 비난이 사실은 칭찬이었던 것이다.

클라우스는 자신이 아마 독일이나 영국에 있었다면 세상의 변화를 감지하지 못했을 것이라고 말했다. 홍콩에서 클래식을 바라보는 시각은 런던이나 베를린, 뉴욕과 다를 수밖에 없었다. 홍콩에는 스타 지휘자도, 오케스트라도 없으니 말이다. 그는 이방인의 눈으로 세상을 보았기 때문에 다르게 볼 수 있었다. 그 후 낙소스를 비웃던 메이저들도 저가음반을 내놓기 시작했지만 때는 이미 늦었다. 1989년에 카라얀 같은 거목이 사라지고, CD 시대가 오면서 일부 메이저 음반사들은 감원이나 예산삭감, 구조조정을 하지 않을 수 없었다. 파산한 곳도 있다.

낙소스의 클라우스 하이만은 인터넷 시대를 맞아서도 딜리터로서의 실력을 발휘했다. 그는 오디오북 시대를 열었고 클래식 스트리밍 시대를 개척했다. 그는 2002년에 낙소스 뮤직 라이브러리NML를 만들었다. 획기적인 서비스 모델이었다. 다른 레이블들에도 참여를 독려했지만 쉽지 않았다. 우선 자신들이 판권을 갖고 있는 것을 가지고 온라인 음원 비즈니스를 시작했다. 낙소스보다 1년 후 스티브 잡스가 2003년 아이튠즈를 통해 음원사업을 시작하면서 음악 유통산업의 지각변동이 일어났다. 낙소스도 재빨리 아이튠즈에서 클래식 음원을 서비스했다. 당시 다른 레이블들은 이 비즈니스의 개념조차 이해하려 하지 않았다.

70세가 다 된 클라우스보다 이들의 사고는 더 늙어 있었다. LP에서 CD로의 이동을 대비하지 못했던 것처럼 CD에서 인터넷, 모바일로 변화하는 흐름에 이들은 똑같이 적응하지 못했다. 최근 낙소스는 바로 이 음원사업에서 매출의 75%가 나온다. 음반산업도 '포기와 집중'은 예외일 수 없다. 2012년 11월 8일, 낙소스 25주년을 맞이하여 〈워싱턴 포스트〉는 "낙소스, 재발명 그 자체의 25년"이란 기사를 냈다. "클라우스는 기획자다. 빠르게 결정한다. 그는 프로젝트를 연구하지도 않는다. 그는 좋아하면 그냥 한다. 전에 하지 않았던 것을 하는 데 두려움이 없다. 클래식 업계에 남은 특별한 자산이다."라고 썼다. 같은 기사에서 〈워싱턴 포스트〉의 '포스트 클래식 앙상블'의 설립자인 조셉 호로비츠Joseph Horowitz는 "클라우스는 클래식 음악업계의 영웅"이고 "낙소스는 우리에게 선물"이라고 극찬했다.[122]

포기를 통해
새 생명을 허락받은 기업들

포기와 딜리트의 위력은 모든 분야에서 확인할 수 있다. 품목을 90% 딜리트하여 기사회생한 기업이 있다. 슈미츠 카르고블 Schmitz Cargobull이라는 회사다. 이곳은 트럭 몸체와 트레일러를 만드는 독일의 강소기업이다. 1990년대에 슈미츠 카르고블에 위기가 찾아왔다. 1960년대, 1970년대 초 아랍지역에서 주문량이 급증하면서 고도성장을 했다. 그런데 1980년 이라크가 이란을 침공해 전쟁이 터지자 회사에 위기가 찾아왔다. 슈미츠 카르고블은 이런 위기에 '포기'를 통한 성장전략을 채탁했다. 제품 중 4가지 기본모델만 남기고 90%를 딜리트했다. 그러자 놀라운 변화가 일어났다. 10년 사이에 생산성은 4배, 판매실적도 60% 늘어났다. 가격을 30% 정도 내렸음에도 불구하고 이윤이 2%에서 7%로 늘어났고, 1996년 매출이 3억 5,000만 유로였는데 10년 후인 2006년에는 13억 유로로 늘어났다. 2001년 이후 유럽의 선두주자가 되었으며 시장 점유율도 20%에 달한다.[123] 2008년에 20억 유로까지 늘다가 2008년 금융위기 때 급감했으나 최근에 다시 회복하는 추세다. 2010년 6억 6,000만 유로로 급락했다가 2015년에 다시 15억 유로를 회복했다.

슈미츠 카르고블은 강소기업이다. 독일 경영사상가 헤르

만 지몬은 이런 기업을 '히든 챔피언'이라고 정의했다. 그들은 세간에 거의 알려져 있지는 않지만, 세계에서 탁월한 시장입지를 확보했다. 헤르만 지몬은 "세계 정상이 되는 길은 오직 집중과 깊이뿐이다. 히든 챔피언들은 협소한 시장에 집중하는 한편 깊이를 통해 유일무이한 제품을 만들어낸다."[124]고 말했다. 집중해야 전문성이 깊어진다. 남이 따라올 수 없을 정도로 깊이 파고 들어가야 1인자가 될 수 있다. 잘할 수 있는 것을 해야 한다. 좁은 분야여도 세계 1인자가 되면, 비록 강소기업이라도 매출이 1조 원을 넘어설 수 있다.

인텔의 스토리는 애플만큼이나 흔해 보이지만, 그 기사회생의 속사정은 잘 모른다. 인텔의 역사는 사형선고를 받고 사형집행 직전에 사면된 이야기만큼 드라마틱하다. 현대와 같이 광속의 시대, 경쟁의 시대에는 어느 순간에 죽음을 맞을지 누구도 알 수 없다. 하루하루가 전쟁이고 순간순간 생사가 갈린다.

　　영원할 것 같았던 수많은 초일류 기업이 변화 속에 적응하지 못하고 도태되고 죽어갔다. 컴팩Compaq을 아는가? DECDigital Equipment Corporation는? 모토롤라도, 코닥도 한때 왕좌에 앉아 있던 기업들이다. 시간의 시험과 변화의 속도에 살아남는 자가 오히려 이상해 보일 지경인 세상에서 기업들은 새로운 기술이 등장할 때마다 흥망이 엇갈렸다.

인텔은 불멸의 신적 위치에 서는 순간, 자신들이 멸망의 계곡 앞에 서 있다는 것을 깨달았다. 사망의 음침한 골짜기에서 방황하다가 제2의 생명을 허락받은 것은 '포기와 집중'이라는 계시 덕분이었다. 인간은 누구나 죽음 앞에서 생에 더 집착한다. 인텔은 사망의 골짜기를 방황하면서 '포기'만이 살길이라는 것을 깨달았다. 인텔의 역사는 누구나 죽게 돼 있는 운명의 순간에 기사회생의 통찰을 던져준다.

인텔은 1969년 처음으로 메모리 반도체칩을 발명하며 세상에 나타났다. 인텔의 역사가 반도체의 역사였다. 인텔은 창조자만이 누릴 수 있는 특권이란 특권을 다 누리며, 1969년부터 10년의 역사를 이끌었다. 초창기에는 그야말로 이론적으로나 가능한 시장 점유율 100%의 메모리 반도체 기업으로 타의 추종을 불허했다. 인텔은 곧 메모리였고, 메모리는 곧 인텔을 의미했다.

하지만 권불십년權不十年이라고 했던가. 새로운 강자가 은밀히 나타났다. 태평양 건너의 일본 기업이었다. 일본 기업들은 진주만 기습처럼 은밀하게 그러나 압도적으로 공격해왔다. 1970년대 중반부터 전혀 생각지도 않았던 복병을 만난 인텔은, 영원할 것 같았던 지위가 흔들리기 시작했다. 일본 반도체 기업들은 국가권력을 등에 업고 조직적으로 반도체를 개발, 제작했다. 품질도, 가격도 우수했다. 처음에는 인텔도 현실을 인정하고 품질도 높이고 가격도 낮추려고 애썼지만 도저히 일본산을 따라갈 수 없었다. 일본은 '10% 법칙'을 적용하여 인텔보다 무조건 10% 싸게 팔았다. 인텔 역시 별의별 시도를 해봤지만 헛수고였다.

인텔의 연구개발은 메모리칩과 마이크로프로세서로 나눠져 진행되었다. 대부분 메모리칩에 집중되어 있었다. 생산 시설부터 모든 우선순위가 메모리칩에 맞춰져 있었다. 메모리칩에서 해답을 찾으려는 시도가 눈물겨울 정도였지만 여전히 허사였다. 1980년대 초반에 들어서도 그들은 패배를 인정하지 않았다. 자신들이 굳건히 세운 성공법칙은 모두 메모리칩에 관한 것들이었으니, 그 망상에서 벗어나질 못했다. 1984년 수익이 1억 9,800만 달러였던 것이 1985년 200만 달러도 안 되는 수준으로 떨어질 때까지 벼랑 끝에 서 있는 자신들을 인정하지 않았다.[125]

성공의 경험이 오히려 독으로 작용해 과거의 방식, 과거의 관행, 과거의 습관에서 벗어나지 못하게 발목을 잡았다. 현재가 초라할수록 사람들은 화려했던 과거에 더 집착한다. 한 번 망한 부자가 재기에 성공하지 못하는 것은 과거의 영광에 취해 있기 때문이다. 이런 데서 탈출할 수 있는 사람들은 극소수다. 자신을 부정할 줄 아는 사람만이 과거의 늪에서 탈출할 수 있다. 그런데 인간에게 '자기부정'만큼 어려운 일은 없다. 나르시

시즘에는 쉽게 빠져도 자기부정은 너무나 어렵다. 스스로 자신의 과거를 부정하고 과거를 파괴할 수 있는 사람이 바로 딜리터다. 니체가 말하는 니힐리스트이자 초인超人이고 장자가 말하는 진인眞人이다. 하지만 신은 인텔을 끝내 버리지 않았다.

신은 그때, 거기에 딜리터를 보내 인텔을 사망의 골짜기에서 구출해냈다. 당시 인텔의 회장 겸 CEO 고든 무어Gordon Moore와 사장 앤드류 그로브Andrew Grove는 위대한 딜리터였다. 앤드류 그로브의 회상을 통해 딜리트의 순간을 재현해보자. 그들은 매우 비참한 기분으로 인텔이 처한 난국을 걱정하고 있었다. 1985년 중반, 그로브는 창문 너머 놀이공원의 대관람차를 바라보다 돌아서서 무어에게 물었다.

"만일 우리가 쫓겨나고 이사회가 새로운 최고경영자를 앉힌다면, 그가 무슨 일을 할 것 같소?"

무어는 주저하지 않고 대답했다.

"당장 메모리칩 사업에서 손을 떼겠죠."

"당신과 내가 새로 부임한 최고경영자와 사장이 되었다고 가정합시다. 즉 옛날의 위치에서 벗어나 이 골치 아픈 문제를 해결하려는 새로운 접근방식과 새로운 아이디어, 새로운 결심을 한 새 사람이 되는 게 어떻소?"126

그로브와 무어는 문을 박차고 나갔다. 과거를 끊어내려는 상징적인 행동이었다. 그로브는 과거에 대한 애착에 사로잡히면 안 된다는 것을 알았다. 타인의 입장에서 생각하고 실제 타인이 된 것처럼 행동했다. 문 밖으로 나가기 전이 과거라면 다시 돌아온 그들은 이제 과거의 그들이 아니었다. 그들은 딜리터가 되어서 돌아왔다. 아니, 원래 그들은 딜리터였을 것이다. 그리고 메모리칩을 딜리트하고 마이크로프로세서에 집중하기로 결심했다. 당시에 그로브와 무어가 나눈 대화는 오늘의 인텔을 있게 했을 뿐만 아니라 반도체, 컴퓨터, 더 나아가 지구의 역사를 바꾼 위대한 대화였다. 딜리터들이 딜리트 철학에 대해 나눈 철학적 대화였다.

그러나 딜리터의 길은 공통적으로 순탄하지 않다. 당연하다. 과거의 지배적 헤게모니를 파괴하면 헤게모니를 쥐고 있던 사람들은 소외되고 저항하게 되어 있다. 메모리칩을 딜리트하고 마이크로프로세서로 집중하는 것은 생각보다 지난한 일이었다. 이들의 대화는 1985년 중반에 이뤄졌지만 마이크로프로세서로의 이동은 1986년이 되어서야 가까스로 가능해졌다. 1986년에 인텔은 직원을 8,000명이나 해고했다. 13억 달러의 매출을 올리고도 1억 8,000만 달러의 적자를 봤다. 창사 이래 첫 적자였다.

1987년 앤드류 그로브는 인텔의 CEO가 되었고 마이크로프로세서 중심의 인텔은 전략적 변곡점을 통과했다. 그로브는 "기존의 전략이 해체되고 새로운 전략의 등장을 알림으로써 사업이 새롭게 성장할 수 있는 계기가 된다. 그러나 이 변곡점에서 제대로 대처하지 않으면 사업은 최고 절정기에 다다른 후 그 대로 쇠퇴해버리게 마련이다."[127]라고 말했다. 또한 "(전략적 변 곡점을 무사히 통과하는 것은) 낡은 방식과 새로운 방식 사이에 놓인 죽음의 계곡을 뛰어넘는 모험과 같다."[128]고 했다.

그로브는 전략적 변곡점을 넘어서면 10배 이상도 효과가 나타날 수 있다고 봤다. 변곡점을 넘어서면서 매출이 수직상승했다. 그의 재임기간에 매년 매출이 30% 이상 올라 4,500% 성장했다. 1992년에 다시 메모리, 비메모리를 포함해서 세계 최고의 반도체 회사가 되었다. 1992년 매출도 58억 달러에 달했다. 1997년엔 208억 달러, 2016년엔 540억 달러로 세계 최고의 반도체 회사로 군림해오고 있다. 2017년엔 삼성이 611억 달러, 인텔이 577억 달러로 세계 최고의 자리를 처음으로 삼성에게 내주었지만 아직도 마이크로프로세서 분야에서는 인텔을 능가할 수 있는 기업은 없다.

진정한 딜리터는 이런 순간에 나타난다. 그는 본질을 꿰뚫고 있다. 그도 처음엔 각종 방해 전파나 노이즈 때문에 혼란스러워 하지만 곧 사태를 정확히 인식한다. 앤드류 그로브가 고든 무어에게 만약 해고되고 새 CEO가 오면 어떻게 할 것 같으냐고 질문한 것은 통찰의 결과이다. 관행이라는 노이즈에서 벗어나 새로운 사람의 입장에서 사태를 진단할 줄 아는 리더가 딜리터다.

그렇게 질문하니 답은 심플했다. 과거의 관행, 방식, 문화를 딜리트하는 것이었다. 딜리터의 길은 광야의 길이다. 죽음을 각오한 길이다. 죽음의 계곡은 새롭게 태어나기 위해서는 불가피한 여정이다. 그동안 정신을 딜리트하기 위해선 반드시 뇌를 씻어낼 계기와 시간과 장치가 필요하다. 과거의 정신을 순간적으로 씻어낼 방법은 전무하다. 인간의 뇌는 자석을 갖다 대면 포맷되는 전자장치가 아니다. 고통과 연단을 거듭해야 각성된다. 예수의 최측근으로 수많은 기적을 목격한 베드로도 죽기 직전의 예수를 3번 부인했다. 과거의 방식과 인습을 끊어내는 것은 간단한 말과 설득으로 되지 않는다. 정신적, 물리적 충격요법이 필요하다.

죽음의 계곡은 사실 생명의 숲 앞에 놓여 있다. 거길 지나야 생명의 숲에 들어갈 수 있다. 죽음의 계곡을 건너면 생명의 숲이 나온다고 믿지 않기 때문에 도전하지 않는다. 사람들은 새로운 생명을 추구하다 죽는 것보다는 지금의 비참함이 더 안전하다고 믿기 때문이다. 그러나 과거의 인습과 단절하고 그 계곡을 통과한 사람들에게 새로운 영광과 평화가 보장된다. 인습과 단절하는 데는 저항과 고통이 따른다. 기득권을 가진 세력의 저항은 자연스러운 것이다. 역사는 말한다. 새 질서가 구축될 때 구舊질서에서 특권을 누리던 세력은 조직적으로 혹은 심정적으로 저항한다.

이런 저항세력을 지지세력으로 바꾸는 것도 딜리터의 능력이다. 딜리터는 다이너마이트처럼 구질서를 마냥 파괴하기만 하는 테러리스트가 아니다. 인습에 찌든 자들을 구원하고 구출하는 것도 딜리터의 몫이다. 그러면 도약과 새로운 평화가 찾아온다. 그러나 지금은 과거와 다르다. 광야에서 길러진 생존감각은 어떤 야생동물의 감각만큼이나 예민하고 본능적이다. 그들은 시간이 지나 현재의 성공이 약효가 떨어질 때가 오면 또다시 딜리터로 나서 관행을 파괴하고 새 질서를 구축할 것이다. 딜리터는 이미 강해졌고 예민한 감각을 가졌다. 사자의 용맹과 여우의 지혜를 겸비한 것이다.

14

아름답게
: 컷과 오프는 자유와 해방

딜리트의 기술은 아름다움과 우아함도 배가 시킨다. 중세에서 근대로 넘어오는 미美는 화려함이었다. 몸도 풍만하고 패션도 화려해야 아름답다고 여겼다. 화려하지도 풍만하지도 않은데 더 아름답고 우아하다는 것을 입증하는 한 여인이 있다.

173cm의 훤칠한 키에 깡마른 체구를 가진 19세 소녀가 서성이고 있었다. 소녀는 발랄하고 태양이 빛을 발하듯 눈이 부시게 아름다웠다. 사슴처럼 커다란 두 눈은 모든 걸 잠재우는 고요한 호수 같다. 아이만이 가질 수 있는 순진무구한 눈빛이다. 아직 소녀티를 벗지 못했지만 걷는 모습에서 무시할 수 없는 존귀함이 엿보인다. 상아빛의 길쭉한 목줄기와 광대뼈가 솟아오른 얼굴이 어울려 이국적인 신비감마저 느껴졌다. 소녀는

뮤지컬 코미디 '소스 타타르sauce tartare'(1949년)에서 코미디언이 등장하는 풍자극 사이를 연결해주는 브리지 댄서의 배역을 가까스로 맡았다. 그다지 비중 있는 역할은 아니었고, 그녀는 이제 연극계에 첫발을 들여놓는 완전 초보 중의 초보였다.

어렸을 때부터 발레리나를 꿈꾸었으나 스스로 그 꿈을 접어버린 소녀는 자신에게 냉정했다. 너무 커져버린 키 때문에 프리마돈나가 될 수 없다는 현실을 차갑게 인식했던 것이다. 반드시 배역을 따내야 했고, 그래서 더 초조했다. 눈부시고 청초한 아름다움을 가진 그녀였지만 밋밋한 가슴이 늘 걱정이었다. 당시 아름다움의 기준은 풍만함이었다. 초조했던 그녀는 양말 한 켤레를 돌돌 말아 가슴에 넣었다. 풍만한 가슴을 만들기 위해서다. 소녀는 천성적으로 화려하고 과장스럽게 자기를 드러내는 것을 싫어했다.

풍만한 가슴을
유물로 만든 소녀

그 소녀가 바로 '로마의 휴일'의 주인공 오드리 헵번이다. 그녀는 평생 딜리트의 미학을 몸소 실천했다. 화려함과 복잡함이 딜리트된 순수함과 단아함의 상징으로 전 세계인의 가슴속에 딜리트되지 않고 영원히 남아 있다. 배역을 따기 위해 초조해하던 소녀가 양말 한 컬레로 밋밋한 가슴을 위장했지만 아무도 그 가슴에 집중하지 않았다. 그녀는 "풍만한 가슴을 자랑하는 것을 과거의 유물로 만들어버린 소녀"가 되었고, 딜리트하니까 딜리트되지 않는 역설의 주인공이 되었다.

그녀는 섹스 심벌이 아니었다. 혈기왕성한 남자들만 그녀를 사랑한 것이 아니었다. 만인이 그녀를 사랑하고 기억한다. 외모만이 아니라 그녀의 삶과 태도를 사랑했다. 개구쟁이 같은 천진함은 남녀 모두가 좋아했고, 출연한 영화들이 흥행한 이후로는 오히려 여성 팬이 더 많아졌다.[129]

'로마의 휴일'의 감독 윌리엄 와일러는 미국식 악센트가 없는 배우를 원했다. 공주가 되기 위해 교육을 받았다고 모두가 믿을 만한 배우를 찾고 있었다. 여왕의 나라 영국에서 태어난, 영국적인 느낌의 엘리자베스 테일러가 적임자라 생각했다. 1951년 오디션 당시 그녀는 19세의 아름답고 가녀린 공주였다. 엘리자베스를 캐스팅하기 위해선 소속사인 MGM의 허락이 필요했는데, MGM은 끝내 동의하지 않았다. '로마의 휴일'은 이미 작가도, 감독도 바뀐 상황이었다. 이제 주인공도 바뀔 운명이다. 그 운명의 기회는 오드리에게 찾아왔다.

1951년 9월 18일, 오디션이 시작되었다. 그러나 테스트에 몰래 카메라가 사용되었다. 와일러 감독은 테스트가 끝나도 카메라를 계속 돌렸다. 오드리의 자연스런 개성을 평가하고자 했던 것이다. "미국인 신문기자의 침대 위에서 혼자 눈을 뜨고는 즐거운 표정으로 귀엽게 기지개를 켜고 평민들의 놀라운 세계에 처음 온 사람처럼 순진하고 신선하게 팔을 죽 편다. 기자와 이야기를 하고 발레 연습을 통해 몸에 밴 우아한 걸음걸이로 문까지 가서 장난기 어린 요정처럼 윙크하는 장면이 이어진다." 현장감독이 끝났다는 콜 사인을 했다. 그러나 그의 연기는 카메라가 돌고 있는 한 계속되었다. 오디션 때도 그녀는 순수했다. 연기는 완벽했고 몰래 카메라를 통해 확인된 오드리는 너무 매력적이었다.

같은 시기에 프랑스 여성 소설가 콜레트는 자신의 소설을 각색한 브로드웨이 연극 '지지'의 주인공으로 오드리 헵번을 캐스팅했다. 연극은 1951년 11월 24일에 상연되었고, 결과는 대성공이었다. 오드리에 대한 찬사가 쏟아졌다. 〈에스콰이어〉는 "그녀는 건강해 보였고 자유로운 표정에 보폭이 컸다. 그녀는 우유와 채소만 먹고 자란 소녀 같았고 한 번도 혼자서 길을 건너도록 허락받지 못한 소녀 같았다."[130]라고 평했다. 어떤 비평가는 목욕통에서 방금 뛰쳐나온 강아지처럼 신선하고 활기차다고도 했다. 헵번 신드롬이 시작되었다.

'로마의 휴일'에서 오드리는 딜리트의 미학을 통해 세상을 바꾸어 놓았다. 헵번 스타일의 탄생이다. 너무나 유명한 이 영화의 스토리는 이렇다. 로마를 방문한 앤 공주는 꽉 짜인 궁정 생활에 진력이 난다. 로마 대사관에서도 마찬가지다. 숙소인 대사관을 몰래 빠져 나갔으나 이미 맞은 진정제 때문에 벤치에서 깜박 잠들고 만다. 그곳을 지나가게 된 미국의 통신기자 조(그레고리 펙)는 그녀를 하숙집으로 옮겨 자신의 침대에서 편히 재운다. 이튿날 소녀가 앤 공주임을 알고 본능적으로 특종을 직감한다. 그는 공주와 로마를 함께 관광하며 친구인 사진사를 시켜 몰래 사진을 찍게 한다. 하지만 그는 순진무구하고 발랄한 공주를 마음으로 사랑하게 되고는 특종을 포기한다. 둘 사이에 사랑과 우정이 조용히 싹트고, 공주가 돌아가야 할 시간이 다가온다. 공식 기자회견이 열리는 대사관을 찾은 조는 그동안 찍은 사진을 앤 공주에게 돌려주고 쓸쓸히 돌아선다. 수채화 같은 만남과 이별이다.

　공주와 기자의 로마에서의 하루는 꿈결 같다. 앤 공주는 트레비 분수가 있는 시장거리를 배회한다. 모든 게 신기할 따름이다. 마치 세상에 태어나 처음으로 외출을 하는 듯한 천진한 소녀의 모습이다. 눈에는 호기심이 가득하다. 그녀는 긴 머리에 흰 블라우스와 플레어스커트를 입었다. 목에는 스카프를 두르고 허리는 벨트로 타이트하게 조였다. 덕분에 20인치의 허리는 더 가늘어 보인다. 평범한 소녀처럼 플레어스커트에 달린 주머니에 손을 넣고 시장통을 구경하는 공주의 모습이 너무도 사랑스럽다. 주머니에 손을 넣은 것은 누구의 아이디어였을까? 손을 밖에 내놓았다면 다이내믹한 손동작에 모든 시선을 빼앗겼으리라. 손을 주머니에 감춤으로써 시선은 온통 그녀의 커다랗고 순진무구한 눈으로 모아진다.

CUT과 OFF의 미학, 헵번 스타일의 탄생

그레고리 펙이 뒤따른다. 특종을 잡겠다는 기자정신을 발휘한다. 그녀는 우선 신발을 하나 샀다. 그리고 트레비 분수 앞에서 역사가 일어났다. 그녀가 발견한 것은 헤어숍. 한참을 밖에서 지켜보다가 숍에서 나오는 짧은 머리의 여자를 바라본다. 그리고 숍으로 들어간다. 거기에는 코믹해 보이는 이탈리아 남자 미용사가 있다. 미용사는 소녀의 긴 머리에 흠뻑 반한다. 헵번 스타일의 탄생을 대사를 통해 보자. 영어로 읽어야 제맛이 나는 대사라 영어를 병기한다.

미용사 와우, 이렇게 멋진 긴 머리를 가졌다니! What wonderful

hair you have!

오드리 그냥 커트해주세요. Just cut, thank you.

미용사 그냥 커트하라고요? 좋아요, 근데… 이렇게 커트해
요? Just cut? Well, then, cut so?

오드리 더 위까지요. Higher.

미용사 여기까지요? Here?

오드리 더 위로요. More.

미용사 (더 위로 자르며) 여기까지요? Here?

오드리 더 위로요. Even more.

미용사 (약간 짜증을 내며) 어디까지요? Where?

오드리 거기요. There.

미용사 정말 괜찮아요? Are you sure, miss?

오드리 좋아요. 고마워요. I'm quite sure, thank you.

미용사 모두 잘라요? All off?

오드리 모두 잘라요. All off.

화가 난 미용사는 머리를 한 줌 자른다. 오드리 얼굴까지
머리카락이 온통 흐트러져 있다. 한 줌을 자르고 또 묻는다. 정
말 잘라도 괜찮으냐고. 공주도 좀 짜증이 났다. 그래서 "모두
잘라요!"라고 단호하게 말하자 미용사는 화난 채 한 줌 한 줌을
쥐며 "OFF!", "OFF!", "OFF!"를 외치며 자른다.

커트를 마치고 미용사는 깜짝 놀란다. 미용사도 오드리도 모두 놀랐다. 관객도 놀랐다. 영화를 보면서 나도 놀랐다. 헵번 스타일의 탄생이다. 짧은 시간에 이뤄진 기적의 변신, 2분간의 기적이었다. 윌리엄 와일러 감독은 헤어커트에 겨우 2분의 시간을 배정했다. 관객은 이미 헵번 스타일을 알고 있었다. 그래도 다시 태어난 오드리의 헤어는 전혀 다르게 다가온다. 처음 같다. 단순함의 충격은 복잡함이 주는 견고한 벽을 뚫고도 남는다. 나의 여인, 모두의 여인으로 그녀는 돌변했다. 남녀 불문하고 모두가 사랑한 오드리 헵번 스타일이 탄생했다. 그것은 딜리트의 미학이다. 딜리트의 미학은 컷cut과 오프off의 기술로 구현된다. 자르고cut 버리기off는 미니멀리즘의 핵심이 아닌가? 오드리는 실제 인생도 미니멀하게 살았다. 많은 것을 줄이고 복잡한 것을 단순하게 했다.

다비드상을 완성한 후 "어떻게 그런 훌륭한 작품을 만들 수 있었느냐?"고 교황이 묻자 미켈란젤로가 이렇게 대답한 것과 같다. "간단합니다. 다비드와 관련 없는 것은 다 버렸습니다." 긴 머리를 딜리트한 것은 전혀 다른 앤 공주의 탄생을 의미했다. 구습의 상징인 공주가 한 여성으로 해방된 것이다. 공주의 일탈은 시대적 해방을 상징했고, 신시대 여성들은 이에 열광했다.

'로마의 휴일'은 알다시피 흑백영화다. 흑백영화여서 앤 공주의 존재감이 더 실화처럼 느껴진다. 왕정시대 기록물과 같은 역사성의 코드를 담고 있다. 흑백은 영화의 미니멀리즘을 강화했다. 컬러를 딜리트함으로써 다큐멘터리 같은 진실이 묻어났다. 컬러로 제작되었다면 디테일한 컬러 정보가 관객의 주의를 분산시켜서 오드리의 청초하고 순결한 이미지를 감쇄시켰을 것이다. 와일러 감독의 천재적인 컬러 선택 덕분에 '로마의 휴일'은 불멸의 작품이 되었다. <u>오드리는 흑과 백의 여인이다. 흑과 백으로 미니멀한 이미지를 창조하고 우아한 품격을 유지해왔다.</u> 흑백 영상은 오드리의 이미지나 패션과도 맞춤이었다. '로마의 휴일'이 반복적으로 방송되어도 시청률이 떨어지지 않는 이유이기도 하다. 앤티크 가구처럼 오래될수록 고상함이 더해진다. 흑백은 시간을 정지시키는 효과를 발휘했다.

그녀의 전기를 쓴 알렉산더 워커Alexander Walker는 "그녀의 의상감각은 전통적이며 단순했다. 그녀는 보석을 수집하지 않았다. 가격이 얼마든 가장 단순한 것이 오드리에게 가장 잘 어울렸다. 엘리자베스와 같은 화려한 스타와 함께 있어도 오드리는 왕족처럼 두드러졌다. (…) 그녀는 속세를 떠난 사람 같은 독특한 성향이 있었다."[131]고 말했다. 오드리는 보석이나 귀걸이 등을 액세서리를 착용한 후, 더 이상 추가할 게 없다고 생각하는 순간 한두 가지를 딜리트했다. 그녀의 장남 숀 페러는 "어머니는 단순함의 힘을 믿었다. (…) 만약 어머니가 아직도 이 시대의 스타일의 아이콘이라면 그것은 한 번 자신의 룩을 발견한 이상 살아가는 동안 그것을 바꾸지 않았기 때문이다. 어머니는 유행에 휘둘리지 않았고, 시즌마다 자신의 모습을 재창조하지도 않았다."[132]고 회상했다.

둘째 아들 루카 도티는 한국의 한 언론과의 인터뷰에서 "어머니는 화려한 걸 싫어했다. 단순한 걸 좋아해서 디자이너들이 복잡한 옷을 주면 장신구를 다 떼어냈다."며 그래서 디자이너들이 골치 아파했다고 비하인드 스토리를 털어놨다. 할리우드 초창기 스타 시절에 세탁도 직접 한다고 해서 기자들을 놀라게 하기도 했다. 스포트라이트를 받기도 싫어했고 오히려 기자들을 피해 다녔다. 미니멀한 삶, 미니멀한 스타일, 미니멀한 패션 등 모두가 일치하는 것이었다. 그녀의 사진과 화보를 보면 장황하거나 복잡한 장신구가 없다. 그런데 우리는 장신구의 부재를 전혀 느끼지 못한다. 부재하지만 부재함과 부족함을 느끼지 못할 때 딜리트 미학은 절정에 도달한다. 그녀의 인생에서 허영은 찾아볼 수 없다.

다음 페이지의 사진은 1957년 영화 '퍼니 페이스' 촬영 당시에 찍은 사진이다. 버드 프래커Bud Fraker는 그녀의 몸과 영혼과 영화를 가장 잘 표현하는 사진을 남겼다. 개인적으로 딜리트의 극상

| 딜리트의 미학을 보여준 오드리 헵번 |

의 이미지라고 생각한다. 한때 빈약한 가슴을 걱정하며 양말을
돌돌 말아 넣은 19세의 오드리와 완전히 다른 자세다. 다리부
터 가슴까지 측면에서 볼 때 굴곡이 느껴지지 않을 정도도 슬림
한 바디라인을 유감없이 보여준다. 얼굴은 틀어서 정면을 보고
웃고 있다.

　　가슴도 없고 힙도 없는 측면 샷은 그녀 자체에 몰입하게
한다. 군더더기 하나 없다. 성적 감정을 거세시키고 사람 자체
에 천착하게 만든다. 어떠한 장식도 없는 그녀의 사진을 보며
왜 그녀가 그렇게 장식을 혐오했는지 이해할 수 있었다. 장식을
하는 순간 모든 게 천박하게 보였을 것이다.

블랙은 모든 걸 흡수하고 지배한다. 블랙 속에 다른 컬러가 있다면 그것은 상아빛의 기다란 목과 얼굴뿐이다. 목과 얼굴과 손이 보석처럼 빛난다. 거기에 광채 나는 보석을 추가하면 그녀의 몸은 화려한 보석가게가 될 것이다. 보석은 보석가게에서 더 이상 아름답지도 돋보이지도 않는다.

노자도 사랑할 여인

오드리는 확실히 노자老子도 사랑할 여인이다. 노자가 "날카로움을 꺾어라. 번잡하고 복잡한 것을 풀어내라. 빛을 부드럽고 조화롭게 하라. 먼지와 같게 하라. 맑고 깊다. 존재하는 것 같구나!"[133]라고 말한 것을 이 사진에 빗대어 보면 절묘하게 이치가 맞는다. 오드리와 보석! 보석은 날카롭고 복잡하며 보석은 빛난다. 보석의 본질이다. 날카로움을 꺾으면 둔해진다. 복잡하게 꼬여 있는 것을 풀어내면 심플해진다. 빛나는 것을 고르고 조화롭게 하면 은은한 빛이 된다. 먼지가 되어라. 날카롭고, 복잡하고 빛나는 것과 반대로 먼지와 같아지는 것이다. 그리고 그 먼지는 화이트가 아니고 블랙이다. 깊고 맑구나! 존재하는 것 같구나! 모든 인위적 장신구를 제거하고 몸은 블랙으로 단순화했다. 블랙은 빛을 흡수하고 지배한다. 깊고 맑다. 존재감이 더 산다. 그녀의 빛나는 눈은 어떠한 보석으로도 대체할 수 없다. 보석이 더 이상 무기물이 아니라 생물이 될 때 어떤 보석도 그것을 능가할 수 없다.

그녀의 눈은 생명이 있는 보석, 빛을 스스로 내뿜는 보석이다. 그녀의 가슴과 힙이 솟아올랐다면 사람들은 거기에 초점을 맞췄을 것이다. 인간은 본능적으로 비정상의 특징에 시선을 고정시킨다. 그녀의 가슴과 힙은 바로 그런 시선을 제거할 목적으로 조물주가 만들기라도 했듯 이내 오드리 자체, 전체에 초점을 맞추게 만든다. 딜리트는 새로운 관심의 이동이며 집중이다. 오드리는 스포트라이트의 원리를 일찍이 터득한 것 같다. 장식을 제거함으로써 온 시선을 그녀 자체 영혼과 몸에 집중시켰다. 어떤 보석도 자신을 대신하는 것을 허락하지 않았다.

신화학의 거장 롤랑 바르트Roland Barthes는 "가르보의 얼굴이 이데아Idea라면 오드리의 얼굴은 사건Event"이라고 표현했다. 그는 가르보가 주연한 영화 '크리스티나 여왕'을 보고 "가르보의 화장은 눈이 쌓인 듯이 희고 두터운 가면과도 같다. 그녀의 얼굴은 화장한 얼굴이라기보다는 석고를 바른 얼굴이며, 윤곽에 의해서가 아니라 색채의 표면에 의해 보호된 얼굴이다."[134]라고 말했다. 가르보와 오드리를 비교하고는 "오드리 헵번의 얼굴은 개인화된 얼굴인데, 이것은 단지 그녀의 독특한 주제-아이 같은 여성이나 고양이 같은 여성-에 의해서일 뿐만이 아니다.

이것은 또한 그녀의 얼굴에 거의 고유하다고 할 수 있는 특징적인 용모 때문이기도 하다."[135]라고 말했다.

오드리 헵번의 외모는 일반화하거나 보편화하기 힘들 뿐만 아니라 개념화될 수 없는 독특함을 가졌다. 얼굴이 사건이 된다는 것은, 다시는 같은 얼굴이 반복되지 않는다는 것이다. 동일한 사건이 동일하게 일어날 수는 없다. 리틀 블랙 드레스로 온몸을 감추어도 그녀 자체는 일반화되지 않았다.

오드리의 미니멀리즘은 처음으로 헵번 스타일을 보여준 '로마의 휴일'에서 시작해 1961년에 개봉한 '티파니에서 아침을'에서 완성되었다. 이 영화에서 오드리는 상류사회로 진입하기를 갈망하는 창녀 홀리 골라이틀리 역을 맡았다. 이 영화의 정수는 스토리나 오드리의 캐릭터가 아니라, 그녀가 입고 나타난 리틀 블랙 드레스였다.

영화를 보는 내내 관객은 홀리의 정체성에 혼란을 느낀다. 홀리는 상투적으로 상상할 수 있는 천박한 창녀가 아니다. 그렇다고 고급 창녀도 아니다. 그런 혼란은 홀리가 오드리이기 때문에 발생한다. 오드리 헵번의 정체성이 영화에서 홀리의 정체성을 압도했다. '로마의 휴일', '퍼니 페이스', '파계'에서 공통적으로 작동하고 있는 것은 그녀만의 인성과 물성이었다.

영화는 아무도 없는 이른 아침에 옐로 캡이 뉴욕의 거리에 미끄러지듯 들어오면서 시작된다. 커다란 검은 선글라스에 화려한 장신구를 주렁주렁 단 한 여인이 내린다. 택시에서 내린 홀리가 상류사회를 상징하는 보석가게 티파니 앞으로 다가선다. 그녀는 봉지에서 베이글 빵과 테이크아웃 커피를 꺼내 들고 티파니 숍을 동경하며 바라본다. 컷이 바뀌어 정면 바스트 샷Bust Shot으로 오드리의 새로운 모습이 드러났다. 오드리의 새로운 룩에 관객들은 열광했다. 평생의 친구 위베르 드 지방시가 디자인한 검은 드레스를 입고 등장한 것이다.

잊을 수 없는 그 첫 장면은 전 세계의 여심을 흔들어 깨웠다. 유명한 LBDLittle Black Dress의 화려한 부활이었다. LBD는 전 세계 모든 여인의 패션이 되고 말았다. 지금도 뉴욕 티파니 숍은 관광명소가 되어 사람들이 몰려든다.

'티파니에서 아침을'에서 오드리의 패션이 딜리트의 미학과 무슨 상관인지 궁금할 것이다. 홀리는 역할이 그러하니 어쩔 수 없이 과도하게 치장하지 않을 수 없다. 하지만 치렁치렁한 왕방울 진주 목걸이나 커다란 선글라스 대신 사람들은 그녀의 리틀 블랙 드레스만을 기억한다. 사람들은 보고 싶은 것을 보고, 이미 본 것을 또 본다. 관객은 지방시가 창조한 LBD에 시선을 집중했다. 오드리의 LBD는 2006년 12월 5일 열린 크리스티 경매에서 익명의 바이어에게 무려 92만 달러, 우리 돈으로 10억 원이 넘는 가격에 팔렸다. 그 수익금은 인도 콜카타 어린이들을 위한 학교를 짓는 데 기부되었다.

"유행은 지나가도
스타일은 남는다."

미니멀리즘의 상징 LBD는 패션 역사에 있어 하나의 혁명이었
다. 그리고 이 혁명의 이념 역시 딜리트의 철학과 맥을 같이 한
다. LBD가 오드리와 지방시의 환상적 만남을 통해 1960년대
화려하게 부활했다면, 그 이전인 1920년에 이미 샤넬의 패션혁
명은 시작되었다. 패션의 역사에서 딜리트 철학의 거장은 단연
가브리엘 샤넬Gabrielle Chanel이었다.

　　샤넬의 딜리트 철학은 1920년대에 완숙의 경지에 도달한
다. 딜리트! 딜리트! 딜리트의 철학과 기술로 20세기 초 패션혁
명을 주도해온 샤넬은 진정으로 여성을 해방시켰다. 값싸고 우
아하며 심플한 새로운 패션을 창조하여 코르셋의 속박을 벗어
나게 해준 데서 더 나아가 계급해방을 도모하였다. 샤넬은 세계
최초로 LBD를 창조했다. 그 이전까지는 오직 검정색으로만 여
성의 의상을 만든 적이 없었다. 검정색은 상복喪服으로 사용되
어왔다. 빅토리아 시대에는 미망인은 2년간 검정 옷을 입어야
했다. 슬픔이 큰 첫 해에는 무늬와 장식이 없는 검은 옷을 입고

둘째 해에는 검은 실크 옷까지는 허용되었다.

　1920년대에는 1차 세계대전이 끝난 지 얼마 되지 않은 때라 전쟁으로 남편을 잃은 미망인이 많았다. 샤넬은 상복을 이브닝드레스같이 전혀 다른 패션으로 바꾸어 놓았다. 1926년 샤넬은 '리틀 블랙 드레스'를 발표하며 검정색을 새롭고 우아하면서도 매력적인 컬러로 바꾸어놓았다. 상복이 주는 우울함, 무거움이 전혀 느껴지지 않았고, 오히려 고귀하고 고상한 이미지를 주었다. LBD는 여성의 라인이 자연스럽게 살아나도록 디자인되었다. 이것을 입은 여성은 품위 있고 여성스러우면서 자유롭고 도도하다는 느낌마저 주었다. 샤넬은 스스로 입고 다니며 시선을 끌었고, 다양한 LBD를 선보였다. 이브닝드레스로서도 훌륭했다. 코르셋이 없어도, 화려하게 치장하지 않아도, 단 하나의 컬러, 그것도 검은색 하나만으로 여자가 얼마나 아름다워질 수 있는가를 보여주었다.

〈보그〉는 1926년 샤넬의 LBD를 '샤넬 포드'라고 불렀다. 포드 자동차의 모델 TModel T처럼 심플하고 계층에 관계없이 누구나 살 수 있을 정도로 쌌기 때문이다. 포드의 모델 T의 가격은 다른 자동차가 대당 2,000~3,000달러였는데 반해 300달러에 불과했다. 1920년대에 모델 T는 미국의 자동차 대중화에 일등공신이었다. 〈보그〉는 또한 앞으로 LBD가 모든 취향의 여성들의 유니폼이 될 것이라고 예측했다. 그 예측은 적중했다. LBD는 여자라면 누구나 옷장에 하나 정도 갖고 있는 필수 아이템이 되었다.

게다가 LBD는 디자인이 단순해서 누구나 쉽게 따라 만들 수 있었다. 샤넬 덕분에 숙련된 파리의 재봉사뿐만 아니라 어느 나라에서도 쉽게, 비슷하게 만들어 입을 수 있었다. 원저 공작부인 월리스 심프슨은 "제대로 된 리틀 블랙 드레스 한 벌만 있으면 다른 것은 아무것도 필요 없다."고 말하기도 했다. 샤넬은 "부유하지 않은 사람들도 백만장자처럼 걸어 다닐 수 있게 되었죠."라고 말했다. LBD는 탄생한 지 90년이 넘었지만 그 생명력이 줄지 않았다. "유행은 지나가도 스타일은 남는다."고 한 샤넬의 말은 현실이 되었다. 90년이 넘어도 살아남았으니 앞으로도 100년은 더 살아남을 것이다.

샤넬 이후 LBD 역사에서 가장 영향력 있는 사람은 지방시와 오드리 헵번일 것이다. 위베르 드 지방시와 오드리 헵번은 1954년에 개봉한 '사브리나' 때 처음 인연을 맺은 후 오드리가 죽을 때까지 지속된다. 지방시는 샤넬이 발명한 LBD를 오드리 헵번을 통해 재창조했다. 두 사람은 플라토닉한 사랑을 하는 가운데서 사업적인 공생관계를 지속한다. 그래서 신화학의 거장 롤랑 바르트는 《신화론》에서 "명성의 거래, 옷의 창조자와 그것을 입는 자 사이의 아우라"라고 말했고, "이 세상 언어로는 묘사할 수 있는 형용사가 부족한 창조물인 오드리 헵번은 1950년대에 위베르 드 지방시의 옷을 전 세계적으로 칭송받게 했고, 지방시는 이를 통해 자신의 천재성을 숭배받았다."라고 말했다. 지방시도 "내 삶에는 커다란 특혜가 둘 있었다. 특출한 재능을 가진 두 사람을 알고 그들과 친구가 된 것이 그것이다. 크리스토발 발렌시아가와 오드리 헵번. 이들은 오늘날까지 내게 영향력을 행사하는 어떤 특별한 것을 선사했다."라고 말했다.

헵번 스타일과 샤넬 스타일은 모두 딜리트 철학과 기술을 통해 구축되었다. 그리고 그 핵심은 미니멀리즘이었다. 이것은 오드리와 샤넬의 향기가 수십 년이 지나도 사라지지 않고 우리를 감싸고 있는 근본적인 원인이다. 화려하고 치장할 수밖에 없는 영화와 패션 산업에서 절제와 억제를 통해 몸은 죽었어도 불후의 그리고 불멸의 스타일을 남겼다. 미니멀리즘과 딜리티즘의 위대함은 바로 이런 불멸성에 있다. 화려한 꽃은 쉽게 진다.

금기를 깬
'저지의 여왕'

샤넬의 패션역사는 딜리트의 역사였다. LBD가 딜리트 역사의 완성이라면 그녀가 처음 디자인한 모자는 딜리트 역사의 시작이었다. 불행한 유년시절을 보낸 샤넬의 인생은 '에티엔 발장'이란 장교를 만나면서 변하기 시작했다. 승마 광팬이었던 발장과 사귀면서 샤넬 역시 말의 매력에 흠뻑 빠졌다. 샤넬은 몸에 달라붙는 바지에 장화, 조끼, 검은 모자 차림으로 승마하는 것을 즐겼다.

그 당시는 여자가 말을 타는 것을 금기시했다. 샤넬은 남자들의 승마 모자에서 힌트를 얻어 모자혁명을 시작했다. 샤넬은 발장의 별장에 있는 동안 재미삼아 모자를 만들었다. 처음에는 자신이 쓸 모자를 만들었다. 그런데 샤넬이 쓴 모자를 보고 다른 여자들이 자기 것도 만들어달라고 부탁했다. 그래서 모자를 만들기 시작했다. 샤넬이 만든 모자는 당시 여성들이 쓰던 모자와는 완전히 달랐다. 당시 여자들은 지나치게 화려하고 복잡한 디자인의 모자를 썼다. 형형색색의 천에 커다란 챙을 달고 그 위에 레이스와 리본, 꽃과 새의 깃털, 심지어 실제로 먹을 수 있는 과일까지, 요란하고 찬란한 장식들을 붙였다.

샤넬은 이렇게 불편한 모자를 쓰고 파티를 하는 여자들의 모습이 꼴불견이라고 생각했다. 승마를 하기 위해 만든 모자는 군더더기 없이 간결하고 심플했다. 지금의 남성용 모자 같았다. 단순한 디자인을 하고 싶었던 샤넬은 남자들의 모자와 자신이 쓰곤 했던 승마용 모자에서 영감을 얻었다. 모자를 부탁했던 여자들도 대만족이었고, 입소문을 타고 인기도 높아졌다. 모자

혁명은 이렇게 시작되었다. 샤넬은 당시 여성용 모자에서 거의 모든 것을 딜리트했다. 우선 챙의 크기를 획기적으로 줄였다. 그리고 챙 위에 있던 레이스, 리본, 꽃, 깃털 등 거의 모든 오브제를 딜리트했다. 색깔도 딜리트해 단순한 색으로 만들었다. 기존의 모자가 조금 개선되거나 나아진 것이 아니라 완전히 새롭게 창조된 것이다.

1909년 봄, 26세의 나이에 샤넬은 파리지앤느가 되었다. 발장을 설득해 파리에 아파트 한 채를 빌렸다. 거기에서 모자 디자인을 본격적으로 시작했다. 발장은 여전히 소극적이어서 새로운 친구인 카펠이 발 벗고 나섰다. 카펠이 은행에서 신용대출을 받을 수 있게 도와준 덕분에 캉봉가 21번지에 '샤넬 모드'라는 가게를 열 수 있었다. 카펠은 샤넬의 평생의 은인이자 연인이 되었다. 모자는 파리 사람들에게도 인기를 끌었다.

샤넬의 두 번째 패션혁명도 딜리트를 통해 이룩되었다. 샤넬의 두 번째 혁명은 프랑스 북서쪽에 있는 대표적인 휴양도시, 도빌에서 시작되었다. 파리에서 기차로 2시간이면 갈 수 있는 도빌은 영국과 마주보고 있는 노르망디 해변의 고급 휴양도시다. '꽃으로 수놓은 해변'이라고 불릴 정도로 아름다운 곳인데, 인구가 4,000명도 안 되지만 7~8월이면 휴가객으로 발 디딜 틈이 없다. 경마장, 카지노, 각종 명품 매장이 즐비하고, 휴가철이면 파리의 상류사회를 통째로 옮긴 것처럼 변한다. 예술가들도 즐겨 찾는다.

1913년 7월, 파리로 옮긴 지 4년 만에 샤넬은 도빌의 공토비롱 거리에 의상실을 열었다. 대담한 성품의 샤넬은 여기서도 승부수를 던졌다. 샤넬은 파리에서 인기를 끈 모자를 전시하고 휴양지에 맞는 옷을 개발했다. 당시 대부분의 사람들은 휴양지에서도 답답한 정장차림을 하고 활동하기에 불편한 옷을 입었다. 샤넬은 복잡하고 불편한 옷을 체질적으로 싫어했다. 휴양지에 맞는 옷을 디자인하면 인기를 끌 거라 생각했다. 그래서 가볍고 헐렁한 휴양지 패션을 창조해냈다. 샤넬의 휴양지 패션은 불타나게 팔리기 시작했고, 그녀 역시 도빌에서 유명인사가 되었다. 파리에서도 마찬가지였다.

당시 여성들은 치맛자락을 부풀리기 위한 크리놀린(새장 모양으로 생긴 강철 후프)과 허리를 잘록하게 만들어주는 코르셋을 착용했다. 고래 뼈로 틀을 잡은 코르셋 위에 너댓 벌을 겹쳐 입어야 비로소 겉옷을 입을 수 있었다. 혼자서는 입지도 못해서 하녀의 도움이 필요했다. 코르셋은 여성들에게 감옥이나 다름없었는데, 심지어 골격이 휘거나 기형화되는 경우도 있었다. 게다가 크리놀린으로 거대해진 치마 때문에 난롯가 옆에 있다가 불이 옮겨 붙어 죽는 여자들도 많았다.

이런 상황에서 샤넬의 간편한 휴양지 패션은 혁명이었다. 샤넬은 시대를 내다보고 있었다. 휴양지 패션이 불티나게 팔리던 상황에서 1914년 7월 1차 세계대전이 터졌다. 전쟁은 모든 걸 바꾸어 놓았다. 풍요의 시대는 갑자기 빈곤의 시대로 바뀌었고, 구시대의 허례허식은 전쟁과 함께 날아갔다. 옷감이 부족해 사치를 부릴 수가 없을 뿐만 아니라, 치렁치렁하고 거추장스런 옷으로는 갑작스런 비상사태에 대응할 수 없었기 때문이다.

샤넬은 전후 세계의 패션을 전쟁 전에 이미 팔고 있었다. 그녀의 미니멀한 패션은 시대를 명중했다. 도빌에 피난객이 몰리기 시작하자, 샤넬의 옷은 없어서 못 팔 정도였다. 전쟁은 사람들에겐 불행이었지만 샤넬에게는 기회이자 행운이었다. 재봉사를 300명이나 고용했지만 물량이 달렸다.

샤넬의 새로운 패션혁명은 옷감에서 시작되었다. 남자로 보일 만큼 깡마른 샤넬은 여성스럽고 사치스런 옷에는 늘 반감이 많았다. 그러던 어느 날, 그녀의 디자인 철학을 구현할 수 있는 옷감을 발견해냈다. 바로 저지다. 저지는 손으로 짠 털옷 편물編物같이 기계로 짠 두꺼운 메리야스 직물을 말한다. 샤넬은 평소에도 값싸고 대중적인 편물을 좋아했다. 저지는 보통 속옷에 사용되었는데, 그녀는 그러한 통념을 딜리트했다. 샤넬은 허리를 조이지 않는 반코트와 수도복처럼 단순한 앙상블을 저지 옷감으로 만든 저지패션 시대를 열었다. 그것이 바로 '샤넬

슈미즈 드레스'다. 샤넬은 또 다른 딜리트를 시도했다. 드레스의 길이를 과감히 딜리트해 발목 위로 올렸다.

'저지의 여왕'에 등극한 샤넬은 1917년 5월 또 하나의 딜리트를 단행했다. 허리 아래까지 기르고 있던 머리카락을 짧게 잘랐다. 옷뿐만 아니라 머리카락도 잘라낸 것이다. 자신이 디자인한 심플한 모자와 옷에 짧은 머리를 한 채 파리를 누비고 다녔다. 1950년대 헵번 스타일처럼 1920년대 샤넬 스타일이 탄생한 것이다. 그리고 이것은 곧 대유행이 되었다.

샤넬 스타일은 유행을 넘어 시대정신이 되었다. 짧은 머리는 자유, 즉 남성으로부터의 자유, 구습으로부터의 자유를 상징했다. 새로운 시대를 알리는 신호였고, 미니멀리즘과 모더니즘이라는 시대정신을 통해 대표되었다. 〈타임〉 지의 평처럼 "샤넬은 언제나 시대정신의 노른자위"였다.

15

튼튼하게

: 본질을 이해하는 직관

모더니즘 건축가의 대표 미스 반 데어 로에Mies van der Rohe는 "Less is More." 즉 "적은 것이 많은 것이다."라는 아포리즘을 반복해서 사용했다. 이것은 미니멀리즘을 대표하고 미니멀리즘 시대를 확산시키는 역할을 했다. 이 말은 예술, 건축, 디자인 분야의 슬로건이 되었다. 독일 가전사 브라운의 디자인을 이끌어왔던 디터 람스도 그의 영향을 받았다. 애플의 디자인 책임자 조너선 아이브 역시 디터 람스Dieter Rams의 미니멀리즘에 영향을 받았다.

사실 이 말은 미스가 처음으로 한 말은 아니다. 미스는 1908~1911년 사이에 독일의 건축가이자 최초의 산업디자이너인 피터 베렌스Peter Behrens 밑에서 일을 했다. 피터 베렌스는 모더니즘 건축의 선구자였고, 건축현장에서 미스나 르 코르뷔지에, 발터 그로피우스Walter Gropius와 같은 근대 건축가를 키워낸 정신적 지주였다.

어느 날, 미스가 베렌스의 사무실에서 건축제도를 하고 있었다. 더 이상 그릴 것이 없을 정도로 충분히 많이 그렸다. 마침 지나가던 베렌스에게 자신의 설계도를 보여주었다. 그랬더니 베렌스가 그것을 보고 미스에게 "Less is More."라고 말했다고 한다. 드로잉이 너무 많다는 뜻이었다. 미스는 그것을 잊을 수 없다고 말하면서 벤렌스가 말한 "Less is More."와 자신이 이후 말한 "Less is More."는 다른 것이라고 말했다.[136]

이 말은 미스의 건축사상을 잘 표현한 대중의 언어이자, 미니멀리즘의 대명사가 되지만, 사실 이 말을 최초로 사용한 사람은 미스도, 피터 베렌스도 아니었다.

알려진 바로는, 영국 빅토리아 왕조를 대표하는 시인 로버트 브라우닝Robert Browning이 1855년에 처음 사용했다고 한다. 브라우닝은 '안드레아 델 사르토Adrea del Sarto'라는 르네상스 화가에 대한 전기傳記를 읽었다. 안드레아는 르네상스 시대에 미켈란젤로나 라파엘로만큼 재능 있는 화가였다. 브라운닝은 그의 재능만큼 위대한 작품을 만들어내지 못한 것을 안타까워했다. 안드레아는 미모의 과부 루크레치아와 결혼하면서 그림에 쏟았어야 할 예술혼과 열정을 그녀에게 쏟았다. 브라우닝은 안드레아의 독백 형식으로 1855년 '안드레아 델 사르토(완벽한 화가로 불리는)'라는 시를 썼다. 브라우닝은 예술이냐 사랑이냐 사이에서 갈등하는 안드레아의 내면을 시어로 잘 표현했는데 화가로서 자신의 능력을 제대로 평가받지 못하는 대목에서 "Less is More."라는 표현이 나온다.

물론 미스가 말한 "Less is More."의 뉘앙스는 브라우닝이나 피터 베렌스가 말한 것과는 다르다. 피터 베렌스는 미스가 그린 드로잉의 숫자가 더 적으면 좋겠다는 뜻으로 사용했다. 베렌스는 아마도 미스가 더 고민하고 더 통찰하면 드로잉 숫자를 줄일 수 있을 거라고 생각했던 것 같다. 대개 내용에 자신이 없을 경우 보고서의 양이 늘어나고 문서는 자꾸 두꺼워진다. 베렌스는 초보 제도사 미스에게 이 점을 말하려 했는지 모른다. 한편 브라우닝은 '더 못한 것이 더 좋게' 평가받는다는 의미로 사용했다.

　　우리가 주목하는 것은 미스의 "Less is More."다. 미스는 장식적 요소를 배제하고 본질만을 추구했다. 그의 건축 디자인은 현대건축으로 들어가는 입구에 있었다. 미스의 시대에는 웅장한 신고전주의 건축이 유행했고 장식적 예술운동이 활발했다. 겉은 웅장하고 내부는 화려하고 복잡했다.

"장식은 범죄다!"

이미 미스 이전에 건축이 기능 중심이 아니라 장식적인 예술작품화되는 것에 반기를 들고 일어난 사람이 있었다. 미스보다 16년 전에 태어난 오스트리아 건축가 아돌프 로스Adolf Loos다. 그는 비엔나를 중심으로 예술과 공예, 건축이 결합하는 현상을 반대했다. 건축은 실용적이고 기능적이고 편리해야 한다고 믿었다. 예술적으로 만든 의자는 앉으면 불편할 뿐이다.

그는 장식은 일종의 범죄라고 봤다. 1910년에 출판한 자신의 저서 《장식과 범죄》에서 그는 이렇게 말했다. "만약 파푸아 사람들이 사람을 죽여서 먹는다면 그것은 범죄가 아니다. 현대인이 누군가를 죽여서 먹는다면 죄를 받거나 타락해야 한다. 파푸아 사람들은 스스로 문신을 하거나 그들의 보트, 귀, 그들이 찾을 수 있는 모든 것을 장식한다. 그러나 스스로 문신을 한 현대인은 죄인이거나 타락한 자이다. 왜 죄수의 8%가 문신을 했겠는가? 감옥에 있지는 않지만 문신을 한 사람은 잠재적 죄인이거나 타락한 귀족이다. 문신한 사람이 아무 일 없이 죽는다면 그것은 단지 그가 죄를 범할 시간이 없었다는 것을 의미한다. (…) 나는 그러므로 다음과 같은 격언을 만들어서 세상에 발표했다. "문화는 유용한 물건으로부터 장식을 제거하는 것과 발맞춰 진보한다."[137]

그는 건축에 있어서 장식을 문신에 비유하며 장식이 죄라고 단정했다. 문화적 진보는 바로 장식을 딜리트하는 것이었다. 아돌프 로스의 적나라한 공격처럼 건축은 이제 현대를 향해 진보하고 있었다. 그 방향은 장식과 고전주의 전통을 딜리트하는 것이었다. 그 전복과 파괴는 미스 반 데어 로에와 르 코르뷔지에에 의해 본격적으로 진행되었고 완성되었다.

미스는 1929년 스페인 바르셀로나 세계박람회에서 독일관 '바르셀로나 파빌리온Barcelona Pavilion'의 설계를 맡았다. 파빌리온은 당시 박람회가 끝난 1930년에 철거되었다가 역사적 가치가 인정되어 1986년 당시 모습대로 복원되었다. 바르셀로나 파빌리온은 현대건축의 시작을 알리는 신호와도 같았다. 그 이전의 건축과는 완전히 달랐다. 복원된 현재의 파빌리온을 보면 이것이 1929년의 건축이라고 믿을 수 없을 것이다. 21세기 현재의 건축이라 해도 전혀 이상할 것이 없다. 과거의 건축과 무엇이 그리 다를까? 비교하며 봐야 확연히 다르다는 것을 알 수 있을 것이다.

다음 페이지의 사진 중 맨 위에 '제체시온 전시관Secession Hall'은 19세기 후반 오스트리아 비엔나를 중심으로 일어났던 건축, 회화, 조각이 결합한 총체적 예술운동을 상징하는 전시관이다. 전시관 중앙에는 금빛 잎사귀들로 형성된 구형 돔Dome이

| 빈의 제체시온 전시관, 1898년. |

| 가우디의 까사 밀라 주택, 1910년. |

| 바로셀로나 파빌리온, 1929년. |

Part 3. 무엇을, 어떻게, 어디까지

자리 잡고 정면에는 빛나는 금박 장식의 문양과 조각들이 장식하고 있다. 19세기 후반의 건축은 장식적이고 예술적인 표현이 대세였다. 제체시온 운동은 바로 장식주의 운동과 비슷했다.

가운데 있는 것은 스페인 안토니 가우디의 까사 밀라 주택이다. 아르누보Art Nouveau는 19세기 말에서 20세기 초에 성행했던 유럽의 예술사조로 '새로운 예술'이란 뜻이다. 아르누보는 자연물, 특히 꽃이나 식물 덩굴에서 따온 장식적인 곡선을 특징으로 삼고 있다. 가우디가 대표적인 건축가다. 19세기부터 20세기 초까지 지역에 따라 차이는 있었지만 화려한 예술적 장식이 성행하고 있었다. 이런 가운데 20세기 초에 모더니즘 건축이 등장하기 시작했다.

미스의 바르셀로나 파빌리온은 돌연변이처럼 완전히 새로운 것이었다. 아래의 파빌리온을 보면 무엇이 어떻게 다른지 굳이 디테일하게 비교하지 않아도 알 수 있다. 우선 모든 장식적 요소가 완전히 딜리트되었다. 파빌리온은 평평한 대리석, 유리, 크롬으로 합금한 기둥으로만 건축되었다. 바닥이든 벽면이든 그 위에는 어떤 인위적 장식을 추가하지 않았다.

둘째, 미스는 곡선을 제거했다. 제체시온 전시관은 입방체 모양을 하고 있지만 돔이나 장식적 요소 때문에 곡선을 완전히 제거할 수 없었다. 아르누보의 건축은 자연의 선과 모양을 그대로 모방했다. 가우디 건축에서 직선을 찾아보기 어렵다. 미스의 파빌리온은 완벽한 직선들의 집합체이다. 직사각형들의 수직적 만남으로 건축이 되었다. 가로, 세로, 높이가 수직으로 만난다. 가로 53m, 세로 17m의 길쭉하고 커다란 대리석 기단 위에 또 다른 직사각형이 평행과 수직을 이루며 완벽한 대칭을 형성한다. 곡선을 딜리트하자 차가운 느낌도 주지만 간결, 정결, 순결의 이미지가 구축된다.

셋째, 내력벽을 딜리트했다. 대개의 건물을 지탱하는 것은 내력벽과 기둥이다. 철골조 건축방식이 등장하기 전 건물의 중력을 버티는 것은 내력벽이었다. 파빌리온은 8개의 십자형 단면을 가진 크롬합금 기둥으로 상층부 지붕을 지탱한다. 8개의 기둥으로 직사각형 슬라브를 지탱하고 있다. 보이는 유리벽과 대리석벽은 중력과 상관없이 영역을 구분하는 역할만 한다. 문도 없다. 안에서 밖이 보이고 밖에서 안이 보인다. 건축이 은폐의 공간이 아니라 교감과 소통, 공유의 공간이 되었다. 내력벽을 딜리트하는 것만으로 생각할 수 없는 교감의 건축이 되었다. 미스 이전의 건축은 소통과 교감보다 단절과 비밀의 공간처럼 보였다.

넷째는 재료의 딜리트다. 미스는 오로지 대리석, 유리, 크롬만 사용했다. 최소의 재료로 최소의 가공을 하여 그전에는 볼 수 없었던 새로운 건축을 창조했다. 미스의 창조철학도 딜리트의 철학이었다. 비록 미국의 건축학자 로버트 벤추리Robert

Venturi는 1960년대 초 건축의 다양성을 회복해야 한다고 주장하면서 "Less is More."가 건축을 지루하게 만들었다고 비판했다. "Less is More."를 "적을수록 지루하다."는 뜻의 "Less is Bore."로 바꿔야 한다고 주장했다.[138] 하지만 그러한 비판에도 불구하고 미스를 필두로 한 모더니즘 건축가들은 건축의 수명을 연장시켰다. 바로셀로나 파빌리온이 수십 년이 지나도 지루하지 않게, 유행을 타지 않고 지속적으로 관심과 사랑을 받을 수 있는 이유는 딜리트를 통한 미니멀리즘 덕분이다. 미니멀한 아름다움은 시간이 지나도 사람들의 관심에서 멀어지지 않는다.

가장 단순해야
가장 오래 쓴다

디자인은 수명과 직결된다. 교복 한두 벌로 3년을 지내듯이, 가장 단순해야 가장 오래 쓴다. 건축과 패션에만 해당하는 것은 아니다. 가전이나 가구도 마찬가지다.

"디자이너로서 우리는 큰 책임이 있다. 디자이너는 불필요한 것을 제거해야 한다. 그것은 유행하는 모든 것을 제거한다는 것을 의미한다. 그런 것은 단명하기 때문이다."[140]

브라운의 수석 디자이너였던 디터 람스가 2004년 2월에 건축 전문잡지 〈아이콘ICON〉과의 인터뷰에서 한 말이다. 그는 1955년 산업디자이너로 입사하여 1995년 은퇴할 때까지, 40년간 브라운에서 일했다. 디털 람스는 20세기 산업디자인에 있어서 가장 영향력이 있는 인물로 평가받는다.

디터 람스의 디자인 철학은 "적은 것이 좋다Less But Better."란 아포리즘으로 압축할 수 있다. 그 역시 미니멀한 디자인으로 산업디자인의 역사를 다시 썼다. 미니멀한 디자인은 유행을 타지 않는다. 디터 람스가 1960년대에 디자인한 시스템 가구는 60년이 다 되어가도 아직까지 생산하고 있다. 1957년 오토 잡Otto Zapf이라는 영국의 젊은 가구 디자이너가 디터 람스를 찾아갔다. 가구 디자인을 의뢰하기 위해서였다.

당시 디터 람스는 브라운에 입사한 지 2년밖에 안 되는 신참내기 디자이너였는데, 오토는 그의 디자인에 깊은 인상을 받았다고 했다. 참고로 오토는 영국의 가구회사 빗쏘Vitsoe의 공동 설립자이다. 브라운의 사장 어윈 브라운Erwin Braun은 오토의 의뢰를 흔쾌히 허락했다. 디터 람스는 이미 브라운에 들어오기 전에 가구를 디자인한 경험이 있었다. 그렇게 해서 1960년에 빗쏘는 시스템 가구 '606 유니버셜 셀빙 시스템606 Universal Shelving System'을 출시했는데 이것은 지금까지도 생산되고 있다.

디터 람스가 디자인한 시스템 가구를 보면 얼마나 심플하고 간단한지 알 수 있다. 스노 화이트 계열의 단일한 컬러지만

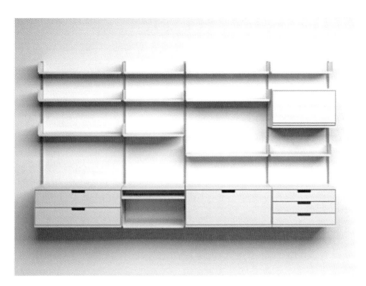

| 606 유니버설 셸빙 시스템, 1960년. |

지루하지 않고 질리지 않는다. 오래 사용할 수 있도록 장식적 요소는 모두 딜리트했고, 기능과 유용성에 초점을 맞춰 디자인했다. "적지만 정말 좋았다Less But Better." 그러다 보니 가구의 수명이 거의 무제한으로 늘어났다. 유닛별로 크기와 길이를 조절할 수 있어서 거실, 침실 등 어느 공간에서나 사용할 수 있다. 또한 차지하는 공간도 줄이고 운송비도 절감할 수 있었다. 변화하는 라이프스타일에 적용할 수 있도록 유연하게 디자인했고, 시각적으로도 중립성을 지켜서 한쪽으로 치우치지 않게 했다. 한마디로 사람을 가구에 짓눌려 살지 않도록 해방시켰다.

디터 람스는 "나의 의도는 본질적인 것에 우선순위를 두기 위해 불필요한 것을 생략하는 것이었다. 그러면 형태는 차분하면서도 부드럽게 이해할 수 있고 오래 간다."[141]라고 말했다. 또한 그는 좋은 산업디자이너가 되는 것은 아티스트나 데코레이터가 되는 것과 상관없다고 주장한다. 본질만을 추구하고 불필요한 것을 딜리트함으로써 수명을 늘렸을 뿐만 아니라 새로운 시스템 가구를 창조했다. 그에게 좋은 디자인이란 "가능한 한 최소로 디자인하는 것"이고, 불필요한 것을 딜리트해 본질에 집중하는 것이다.

디터 람스의 미니멀한 디자인 철학은 수많은 디자이너들에게 막강한 영향력을 미쳤다. 그중에서도 대표적인 인물이 조너선 아이브일 것이다. 그는 애플에서 아이맥, 아이팟, 아이폰을 디자인했는데, 공개적으로 디터 람스를 찬양했다. 조너선 아이브의 디자인은 깔끔한 라인, 심플한 이미지, 직관적인 작동, 사용자 중심 인터페이스 등이 특징인데, 이는 디터 람스의 영향을 받았다.

예를 들어, 애플이 2001년에 발표해 세상을 떠들썩하게 했던 아이팟과 디터람스가 1958년에 디자인한 '포켓 라디오 T3'는 같은 시기에 나온 것이 아닌가 싶을 정도로 느낌이 유사하다. 형태, 컬러가 마치 같은 회사의 제품 같다. 특히 아이팟에 있는 클릭 휠이나 T3에 있는 주파수 다이얼은 놀랍도록 컨셉이 유사하다. 조너선 아이브의 디자인 철학도 "Less But Better."

| 브라운의 T3 포켓 라디오(1958년)와 애플의 아이팟(2001년) |

였다. 애플은 모든 제품은 매뉴얼이 없어도 이해할 수 있을 만큼 직관적이고 단순하며 명확하다.

조너선 아이브는 어느 인터뷰에서 1980년대에 디자인을 공부할 때 디터 람스에 대해 읽었다며, 분명하고 간명하며 즉각적으로 제품의 의미를 소통할 수 있는 디자인 능력이 정말 탁월하다고 상찬했다. 그리고 그는 "단순성은 복잡함의 부재가 아니다. 잡동사니를 제거하면 복잡하지는 않게 되지만 의미 없는 제품이 된다. 디터 람스의 천재성은 사물 자체의 본질을 이해하고 거기에 형태를 부여하는 데 있다."고 덧붙였다.

딜리트의 미학은 딜리트하는 것만으로 완성되지 않는다.

가위질은 누구나 할 수 있다. 어떻게 가위질하느냐가 결국 딜리트 미학의 핵심이다. 긴 머리카락을 자르기만 한다고 해고 헵번 스타일이 완성되는 것은 아니다. 치맛자락을 자른다고 리틀 블랙 드레스가 탄생하는 것도 아니다. 아이팟이나 아이폰은 단순한 인터페이스와 이미지를 구축했지만, 그 내부에는 복잡다단한 회로가 응축되어 있다. 물 위의 백조는 그냥 우아한 것이 아니다. 수면 아래에 부단하고 고단한 발버둥이 있다.

반 페이지로
혁명하기

지금 당장 해볼 수 있는 딜리트 실전연습

세상을 살아가는 모든 사람들은
발명가, 혁신가, 개선자, 창조가의 위치에 서게 될 운명을 타고났다.
라면 가게를 하거나 방송 프로그램을 기획하거나 그 본질적인 운명은 같다.
우리는 남들과 다른 그 무엇인가를 해야 하는 운명이다.

17.

딜리트로
TV 살아남기

쇼핑을 할 때마다 아내는 내게 불만이다. 왜 쇼핑만 하면 그렇게 금방 지치느냐는 것이다. 나는 30분만 쇼핑을 해도 다리가 후들거리고 정신이 혼미해진다. 그래서 혼자 쇼핑할 때면 목적을 정하고 30분 이내에 마무리한다. 아내와 함께 할 때는 3시간은 버텨야 하므로 마음을 단단히 먹어야 한다. 자칫 잘못하면 내가 받은 스트레스가 아내에게 전가되어 부부싸움이 시작될 수 있기 때문이다. 남자들 중에 나만 그런 것은 아닐 것이다.

대체 왜 이렇게 남자들은 쇼핑 스트레스가 클까? 이와 관련된 재미있는 실험이 있다. 한 대학에서 뉴욕과 런던의 남성 쇼핑객을 대상으로 스트레스 실험을 했다. 스트레스를 측정하기 위해 심장박동수와 혈압을 자동으로 측정해주는 기기를 몸에 부착하고 선글라스에 초소형 카메라를 달았다. 실험결과 20대 남성의 경우, 경찰이 소란을 피우는 갱들과 맞서 싸울 때 느끼는 스트레스 수치와 같았다. 쇼핑 스트레스가 전쟁터에서 느끼는 스트레스와 비슷하다니 놀라운 결과가 아닌가?[142] 수많은 물품 가운데 선택을 해야만 하는 스트레스, 혼잡스러운 공간과 시끄러운 음악, 복잡한 통로 등이 쇼핑 스트레스의 대표적인 원인이었다.

수년 전 서울의 어느 대학에서 한 학기 동안 강의를 한 적이 있다. 아래에 제시한 단어들이 무엇을 의미하는지, 당시 내 수업을 듣던 학생들에게 낸 퀴즈다. 독자 여러분들도 맞혀보기 바란다.

OBC? 드림? 브레인? GOOD? 차이나 원? BCN? MPLEX? CR? NOLL? VIKI? TREND E? Qwiny? 264?

당시 50여 명의 학생 중 답을 아는 학생은 아무도 없었다. 아마 독자 여러분도 대부분은 잘 모르실 것이다. 오랜 세월 EBS에서 편성을 맡아왔던 나조차도 사실은 몰랐으니 말이다. 이것은 초다매체, 초다채널 시대에 매체를 얼마나 인식하고 있는지 궁금해서 재미로 낸 퀴즈였다. 이것은 EBS, MBC, KBS와 같은 방송 채널명이었다. 우리나라에서 서비스하고 있는 채널만 2016년 기준으로 435개다. 20년 전에 비해 100배 가까이 늘었다. 다매체, 다채널 시대라는 말도 부족할 지경이다.

과거에는 방송허가가 '특혜사업'이라고 했지만 요즘은 '저주사업'이라고도 한다. 수많은 채널사업자 중 흑자를 내는 곳이 별로 없기 때문이다. 누구나 흑자일 것이라고 생각하는 종편사업자도 최근에야 가까스로 흑자를 내기 시작했거나 아니면 여전히 적자다. 2016년 결산을 기준으로 살펴보면 JTBC가 1,994억 원의 매출을 기록했으나 역시 534억 원의 적자를 기록해 종편 4사 중 적자폭도 가장 컸다. TV조선은 매출 1,319억 원에 77억 원 흑자, MBN은 83억 원 흑자, 채널A는 17억 원 적자였다. 지상파 방송국들의 살림살이도 옛날 같지 않다. 방송광고 시장이 10년 넘게 하향세이기 때문이다. 특히 2008년 이후 매출도 급격히 떨어지고 있다. 2012년 지상파 TV광고 총액이 2조 원에서 2016년 1조 6,000억 원으로 줄었다. 방송광고가 인터넷이나 모바일광고로 이동했기 때문이다. 방송이 '황금알 낳는 거위'라는 말은 이제 옛말이 된 지 오래다. 신문이 방송에 밀려 사양화되고 있는 것처럼, 방송도 인터넷과 모바일에 밀려 사양화되고 있다.

앞에서도 말했듯이 현대인은 과잉정보, 과잉서비스, 과잉제품 속에서 선택장애를 앓으며 살아가고 있다. '선택장애 증후군'이 생길 정도다. 이것이냐 저것이냐라는 선택의 연속에서 신음하고 있다. TV산업도 마찬가지다. 과거와 비교도 되지 않을 정도로 채널수가 넘치니, 채널선택이 스트레스가 되었다.

전문가들은 이런 다매체·다채널 시대가 될수록, 시청자가 단골로 찾는 프로그램이나 채널이 오히려 제한적일 것이라고 말한다. 전문가들은 여기에 레퍼토리라는 개념을 가지고 분석하는데, 연주하거나 노래할 수 있는 곡목을 '레퍼토리'라고 한 데서 착안한 아이디어이다. 시청자들이 채널이나 프로그램에 대해 가지는 레퍼토리는 6~7개에 불과하다. 채널이 50개든, 100개든, 400개든 사람들은 실제 6~7개 내에서 소비를 한다는 것이다. 시청자의 레퍼토리에 끼지 못하는 채널과 프로그램은 허무하겠지만, 한번 굳어진 레퍼토리는 쉽게 바뀌지 않는다.

이런 초과잉시대에 살아남기 위해서는 딜리트 시스템을 작동시켜야 한다. 기존 레퍼토리에 진입하지 못했다면 기존 레퍼토리에 있는 곡을 빼내고 새로운 곡을 입력시켜야 한다. 이것이 보통의 방법으로는 쉽지 않다. 강력한 임팩트가 최대한의 면적, 최다의 빈도로 기존의 레퍼토리를 공격해야 한다. 핵무기급으로 무력화시켜야 한다는 말이다. 그러나 아무나 핵무기로 무장할 수는 없다. 최대한의 노출빈도와 파괴력을 장착해야 한다. 이것이 결국 다매체·다채널 시대 방송이 살길이다. 핵무기급 파괴력은 어떻게 장착해야 할까? 앞에서 했던 다윗의 물맷돌 이야기를 기억하는가? 버릴 것을 과감히 버리고 전력을 한곳에 집중시켜야 한다. 초과잉, 초경쟁시대에 살아남기 위해서는 송곳처럼 모든 힘을 한곳에 집중시켜야 한다. 백화점식으로 펼쳐 놓으면 시청자의 주의가 분산되고 교란된다. 시청자는 결국 스트레스만 받고 떠나버린다.

이런 경쟁상황에서 훌륭한 퍼포먼스를 보이고 있는 방송사들은 부차적인 것을 과감히 딜리트하고 회사의 모든 전력을 하나의 컬러, 하나의 컨셉, 하나의 장르로 집중시킨 방송사들이다. EBS도 마찬가지로 이런 정책을 사용했다. 세계적으로 '한 놈만 팬다.' 전략에 집중함으로써 가장 성공한 방송사는 드라마와 영화 전문채널인 미국의 HBO Home Box Office다. HBO는 다채널, 인터넷, 모바일 시대에도 승승장구하고 있다.

"TV가 아닙니다. HBO입니다."

"It's Not TV. It's HBO."

HBO가 1996년부터 최근까지 사용하고 있는 슬로건이다. 이것은 HBO의 정체성을 가장 잘 표현해준 문구이기도 하다. "TV가 아니다."라고 외친 것은 HBO가 딜리트 철학으로 무장되어 있음을 보여준다. 딜리트 철학은 무화無化를 외치는 일종의 니힐리즘이라고 수차례 강조했었다. "아니요." 즉 '부정'의 철학이다. 니체의 니힐리즘으로 표현하면 "TV가 아니다."라는 표현은 TV를 우상으로 하는 기존의 모든 가치를 부정하겠다는 의미다. HBO가 TV의 기존 가치를 다 무가치하게 하고 HBO만의 새로운 가치를 구축하겠다고 선언했던 것이다.

보통 우리는 기존 가치와 인습에 노예처럼 갇혀 산다. HBO는 1995년부터 바로 이런 기존 가치를 혁파하기 위한 조직적인 작업에 착수했다. 그 딜리트 조치는 크게 성공했고 오늘의 HBO를 있게 했다. 여느 채널과 달리 HBO는 지속적으로 성장하고 있고, 2016년 기준 매출이 58억 9,000만 달러, 영업이익이 19억 2,000만 달러에 이른다. 2016년 기준 미국에 4,900만 명의 가입자를 비롯해 전 세계 1억 3,000만 명의 가입자를 확보하고 있다. 또한 151개국에 콘텐츠를 수출하는 세계 최대의 드라마, 영화 전문채널이 되었다. 2004년 에미상 시상식에서 HBO의 작품이 무려 124개가 노미네이트되어 32개의 상을 수상하는 기염을 토했다.

세계 최초의 케이블 방송으로 1972년에 개국해서 승승장구하던 HBO는 경쟁 케이블 방송사가 속속 등장하면서 90년대 들어서서 성장이 둔화되고 정체되었다. HBO는 1985년에 입사한 크리스 알브레히트Chris Albrecht를 창의성 부서 책임자로 승진 발령하고 대대적인 편성과 프로그램 혁신을 도모했다. 크리스는 HBO를 재정의했다. 스포츠, 문화예술, 드라마, 할리우드 영화 등 다양한 장르를 방송하던 HBO를 '프리미엄 드라마 전문채널'로 포지셔닝했다. 딜리트 전략을 구사한 것이다. 자체 제작한 명품 드라마에 '선택과 집중'을 했다. 그 외에 나머지는 모두 딜리트했다. 얼마 후 자체 제작 비율이 25%에서 40%로 올라갔다. 프로그램 제작 예산을 5,000만 달러에서 3억 달러로 6배 올렸고, 프로그램 R&D 비용도 이전의 배로 올려 황금 시간대 프로그램은 시간당 400만 달러를 투자했다. 게다가 오히려 송출시간을 줄이는 식으로 극단적인 프리미엄 전략도 불사했다. 드라마 작가에게도 무제한의 자유를 허용했다.

전성기를 구가하던 CBS, ABC, NBC와 같은 지상파 방송사들은 전통적인 가치를 파괴할 이유도 필요도 없었다. 이들은 세상의 흐름을 읽을 수 없었고, 드라마 작가들은 현실의 드라마가 아니라 방송사가 원하는 드라마를 강요받고 있었다. 실험적이고 도전적인 시나리오는 늘 탈락되었다. 그들은 전통적인 드라마 문법만 재생산하고 있을 뿐, 방송사 간의 차별점도 그다지 두드러지지 않았다. 어느 방송사나 드라마의 결이 같았다. 크리스가 작가들에게 부여한 절대적 자유는 절대적이라고 믿었던 공중파 TV의 가치를 무너뜨리는 무기가 되었다. 자유야말로 딜리트의 핵심도구다.

첫 번째 딜리터로 나선 작가는 톰 폰타나Tom Fontana였다. 그는 극작가면서 프로듀서, 시나리오 작가다. 크리스는 톰에게 100만 달러와 함께 완전한 자유를 주었다. 그것은 파괴의 자유였다. 그 결과가 HBO의 역사를 바꾼 드라마 '오즈OZ'다. 감옥 안에서의 동성애, 폭력, 강간 등을 아무렇지도 않게 그린 드라마였다. 당연히 당시 공중파 방송에서는 내보낼 수 없는 내용이었다. 그러나 '오즈'가 방영된 후 엄청난 이슈를 낳았고 헌신적인 팬층이 생겨났다. 대성공이었다.

크리스의 모험과 도전은 이제 시작이었다. 작가도 딜리터였고, 크리스 자신이 탁월한 전략적 딜리터였다. 그는 과거와는 전혀 다른 문법으로 드라마 왕국을 건설했다. 다음 차례는 시나리오 작가이자 감독인 데이비드 체이스David Chase였다. 끈질긴 설득 끝에 그를 끌어들이는 데 성공했다. 이렇게 해서 그 유명한 '소프라노스The Sopranos'가 탄생된다. 이 드라마는 뉴저지 마피아의 중간 보스인 토니 소프라노를 주인공으로 벌어지는 블랙 코미디다. 주인공은 알 수 없는 이유로 공황발작을 일으켜 정신과 상담을 받으며 범죄 사실을 고백하는가 하면 딸의 대학진학을 위해 여기저기 대학을 돌아다니며 전전긍긍하는 평범한 아버지면서 아무렇지도 않게 살인을 하는 냉혈한이다. 마피아도 아빠이고 남편이다. 마피아도 종종 아프고, 삶에 있어서는 실존적 존재이다.

'소프라노스'는 그 이전의 여느 드라마와 완전히 달랐다. 1999년 1월 10일 첫 방송이 나간 후 난리가 났다. 찬사가 끝없이 이어졌고, 드라마의 역사가 바뀌었다. '소프라노스'는 공중파 방송과 비견할 만큼 많은 시청자를 끌어온 첫 번째 케이블 방송 프로그램이었다. 첫 시리즈를 750만 명, 세 번째 시리즈는 1,130만 명, 네 번째 시리즈는 1,340만 명이 시청했다. 공전의 히트였다. 에미상 21개와 골든 글로브 상을 5개나 탔다.

크리스 알브레히트가 전면에 등장 때부터 시작한 HBO의 슬로건은 그냥 말뿐인 슬로건이 아니었다. "TV가 아니다. HBO다."는 그들의 행동강령이었다. 이후에도 '섹스 앤 더 시티Sex and the city', '식스 피트 언더Six feet under', '밴드 오브 브라더스', '왕좌의 게임' 등 HBO가 만든 새로운 문법의 드라마가 연속해서 히트를 치면서 전 세계 최강의 드라마 왕국이 건설되었다.

절벽에서
뛰어내리겠다는 각오

HBO는 어떻게 이처럼 뛰어난 성적을 거둘 수 있었던 것일까? 경쟁 방송사보다 더 뛰어난 대본을 확보해서? 아니면, 아주 유명한 배우를 써서? 아니다. 어떤 가치를 어떻게 만들어낼 것인가에 관해 독창적이고 명확한 시각을 가졌기 때문이다. 이것은 남과 다른 파괴적인 시각이다. 그러한 시각을 통해 HBO는 시청자들이 무엇을 보고 싶어 하는지를 알아냈고, 공중파 방송을 지배해온 통념으로부터 벗어나 자유롭게 사고했다.[143]

남과 다른 파괴적인 시각으로 통념을 깨부수고 인습에서 벗어나는 것이 진정한 딜리티즘이다. 인습과 통념은 안전하지만 새롭지는 않다. HBO는 최초의 케이블 방송사라는 것에 안주하지 않고 스스로를 부정하며 혁신해왔다. 작가에게 부여한 창작의 자유는 편견과 고정관념을 벗겨내는 칼날이 되었다.

크리스 알브레히트는 1995년 창의성 부서를 맡은 후 운영위원회를 열었다. 거기서 경영진들은 "절벽에서 뛰어내리자."고 결의했다. 절벽에서 뛰어내리면 죽거나 운이 좋아도 최소한 중상이다. 그럼에도 죽기를 각오하고 과거를 딜리트하기로 결의한 것이다. 크리스는 "발전하고 성공하는 유일한 길은 모험을 감행해 차별성과 독창성을 갖는 것"이라고 강조한다. 그러한 자유와 반항, 모험과 도전이 계속 허용되는 한 HBO의 신화는 무너지지 않을 것이다.

CBS, ABC, NBC 같은 미국의 거대 공룡 방송사들의 드라마나 예능도 한때는 최고였고 영원히 최고일 것 같았다. 하지만 스스로를 부정하는 딜리터의 자세를 확고하게 갖지 않아 시청자도 모르는 시청자 욕구를 발견하지 못했다. 딜리터는 크리스 알브레히트처럼 절벽을 뛰어 내리는 사람들이다. 자기를 부정하고 딜리트할 수 있는 자가 진정한 딜리터다.

드라마에 크리스 알브레이트가 있다면 다큐멘터리에도 진정한 딜리터가 있다. 미국의 '디스커버리' 채널을 만든 존 헨드릭스John Hendricks다. HBO가 드라마에만 집중해 최강의 드라마 왕국을 건설했다면, 디스커버리는 훨씬 더 재미없는 교양 장르 하나로 새 세상을 창조했다.

하루 종일 다큐멘터리만
나오는 채널

디스커버리 채널의 매출이 HBO를 능가한다는 사실을 아는 사람들은 드물다. 2016년 기준 디스커버리 그룹의 매출은 64억 9,000만 달러(한화로 약 7조 4,000억원)에 영역이익이 24억 달러(한화로 약 2조 7,000억원)였다. 영업이익률이 무려 36.9%나 된다. HBO는 2016년 기준 매출이 58억 9,000만 달러, 영업이익이 19억 2,000만 달러에 달했다. 믿어지지 않는 실적이다. 참고로 2016년 기준 KBS가 1조 4,800억 원 매출, 영업이익 248억 원, MBC는 8,300억 원 매출에 영업이익 404억 원, SBS는 7,900억 원 매출에 영업적자 10억 원이었다. 국내 방송과 비교하면 디스커버리 그룹의 매출과 영업이익은 놀라운 수준이다.

디스커버리 채널 설립자 존 헨드릭스는 1982년 2월 아내 모린에게 다큐멘터리만 방송하는 채널을 만들면 어떨 것 같으냐며 자신의 아이디어를 세상에 처음 내놓는다. 아내의 의중을 떠보려는 것이었다. 아내가 "굉장히 멋질 것 같아!" 하는 순간 존은 숨이 멎을 것 같았다. 그는 어려서부터 다큐멘터리 광팬이었다. 1957년부터 1966년까지 월터 크롱카이트의 '20세기'라는 시리즈 222개를 하나도 빼놓지 않고 봤을 정도였다. CBS, NBC, ABC와 같은 전국 네트워크 방송사를 이길 수 있다는 생각이 들어 자신이 미친 것이 아닐까 의심하기도 했다.[145] 그리고 흥분했다. 그는 대학 때부터 교육용 다큐멘터리에 관심이 높았다. 1975년 대학을 졸업할 때 존은 〈워싱턴 포스트〉에서 타임 사가 HBO라는 새로운 텔레비전 서비스를 한다는 가사를 읽고 다큐멘터리 전문 채널도 가능할 것이라고 생각했다. 자신이 미친 것이 아닌지 확인하기 위해 아내에게 물어본 것이었다.

존은 1982년 9월 8일 아내의 반응을 보고 케네스 킹이라는 변호사를 통해 메릴랜드 주에 '케이블 교육방송사'라는 이름으로 정관을 제출했다. 그리고 최종적으로 존 헨드릭스는 '케이블 교육방송'의 명칭을 '디스커버리'라는 브랜드명으로 바꾸게 된다.

1975년 대학 졸업 때 다큐멘터리 전문채널을 만들고 싶어

했던 존 헨드릭스는 꼭 10년 만인 1985년 6월 17일에 디스커버리 채널을 개국하고 '아이스버그 앨리'란 다큐멘터리 프로그램을 첫 송출했다. 아내에게 고백한 지 3년 만이다. 그리고 1987년 2월 15일에 대사건이 벌어진다. 디스커버리가 소련방송을 아무런 편집 없이 라이브로 신호를 받아서 66시간 동안 방송을 한 것이다. 미국무부 장관 조지 슐츠의 반대에도 불구하고 존 헨드릭스는 송출을 강행했다.

미국 전역이 난리가 났다. 신생 채널 디스커버리가 전 국민에게 강력하게 각인되었다. 이 사건은 디스커버리가 고도성장하는 원동력이 되었다. 그는 모험가였다. 정부의 반대에도 굴하지 않는 반항아였다. 1988년부터 디스커버리는 흑자로 돌아섰다. 굉장히 가파른 성장세였다.

존 헨드릭스는 장르TV 시대의 주인공이 되었다. HBO가 영화와 드라마로, CNN이 뉴스로, ESPN이 스포츠로 대표주자가 되었듯이, 장르TV 시대에 다큐멘터리라는 장르를 개척했다. 그는 어느 인터뷰에서 이런 말을 했다.

"지금 생각해도 놀라운 사실은, 3대 메이저 지상파 방송사가 HBO의 성공을 목격하고도 이렇게 뻔한 다음 단계의 TV 소비패턴을 사업화하려고 달려들지 않았다는 점이다. 우리와 달리 그들은 돈도 많고 콘텐츠도 많이 가지고 있었는데 말이다."[146]

앞에서도 말했듯이 지상파 방송사들은 자신들의 성공문법에 취해 있었고, 특정 장르가 이렇게 막대한 부를 창출할 거라고 생각하지 못했다. 그런 상황에서 파괴적 혁신은 요원한 일일 뿐이다. 딜리터의 품성을 갖고 있지 않은 사람은 은밀한 신호를 포착하지 못한다. 자신에게 덧씌워진 잡음을 딜리트할 수 없기 때문이다.

자기부정의 달인

존 헨드릭스는 달랐다. 성인의 25%를 가시청 규모로 가정해도 디스커버리 채널이 감당하기에 충분하다는 것을 알았다. 나머지를 딜리트하고 오로지 다큐멘터리에만 집중해도 네트워크 방송사를 이길 수 있다고 생각했다. 1996년 '디스커버리 시빌리제이션'이라는 채널을 론칭했다가 시청자를 확보하지 못하자 잘못된 판단이라는 것을 인정했다. 1999년에는 〈뉴욕타임스〉와 합작 채널 '디스커버리 타임스' 채널로 바꾸었다가 또 잘못된 결정이라는 것을 알고는 딜리트했다. '디스커버리 타임스'를 폐지한 대신 시청자들이 범죄 관련 프로그램에 관심이 많다는 것을 알게 되어 다큐멘터리라는 광대영역을 좀 더 좁혀서 범죄물 전문 채널 ID Investigation Discovery를 출범시켰고 이것이 대박이 났다. 시청자들의 요구를 송곳처럼 집중시켰다.

보통 사람들은 자신의 결정을 잘 번복하지 못한다. 자기 변명에는 능숙해도 자기부정에는 서툴다. 딜리터는 자기를 부정할 줄 아는 사람이다. 자기를 결정하는 정체성, 문화, 전통을 부정할 줄 안다. 실패를 인정하고 그 실패를 딜리트하는 자는 성공하게 되어 있다. 실패하면 대개는 남의 탓을 하거나 때가 되지 않았다고 시간을 더 달라고 말한다.

누구나 실패한다. 실패를 계속 인정하고 수정할 때 성공이 찾아온다는 것은 당연한 이치다. 정답을 찾아가는 과정은 오답을 제거하는 과정과 동일하기 때문이다. 딜리터는 실패를 인정하고 자신마저 딜리트하는 사람이다. 존 헨드릭스는 디스커버리 채널을 처음 만들 때도, 채널을 운영할 때도, 전형적인 딜리터적 면모를 보여주었다.

존 헨드릭스는 어느 인터뷰에서 이렇게 말했다.

"디스커버리 채널이 출범한 이래로 나는 항상 우리 직원들에게 '우리가 하는 일을 케이블 방송국으로 정의하지 않는 것이 중요하다.'고 강조해왔다. 우리가 종사하고 있는 사업은 방송업이 아니라 소비자들이 세상을 탐험하고 그들의 호기심을 만족시키도록 돕는 일이다. 우리가 새로운 유통 플랫폼과 새로운 화면으로 옮겨간다면 이런 철학을 고수하는 일이 그 어느 때보다 중요해질 것이다."[147]

HBO의 슬로건처럼, 디스커버리는 케이블 방송이 아니라고 자신들을 재정의했다. 딜리트의 철학이다. 케이블 방송국으로 정의하는 순간 그 이외의 것에 대한 상상은 문이 닫힌다.

현재 넷플릭스, IP TV, 인터넷, 모바일이 확산되면서 케이블 방송사들이 경영의 어려움을 겪고 있으나 디스커버리는 지속적으로 성장하고 있다. 스스로를 케이블 방송으로 정의하지 않기 때문에 시대에 앞선 상상과 창조를 해나가는 것이다.

17.
EBS가 경험한
딜리트의 기적

EBS 방송공사법이 1999년 12월 국회를 통과하고, 2000년 6월 22일 한국교육방송공사가 출범했다. 공사 창립기념식이 끝난 지 얼마 되지 않아, 나는 사전 통보도 없이 사내 전자게시판에 편성기획부장으로 승진 인사발령이 났다. 나도 놀랐고 주변도 놀랐다. 당시 나는 입사 8년차 평PD였기 때문이다. 왜 그렇게 인사를 했는지 그 후에도 사장은 구체적으로 설명해주지 않았다.

인사발령 후에 사장실에 찾아갔다. 박흥수 한국교육방송원장이 공사사장이 되었다. 사실상 연임이었는데, 이것도 이례적인 일이었다. 박흥수 사장은 이미 공사가 되기 전 EBS에 온 지 4년 반이 되었고 임기가 2번이나 연장되었다. 그런데 이번에는 EBS가 공사가 되었고 정권도 바뀌었다. 김영삼 정부에서 김대중 정부로 정권이 바뀐 시점이었다. 사장은 김영삼 정부 때 임명되었다. 방송사에 흔치 않은 일이 일어났다.

사장실에 올라갔더니 사장이 속내를 말씀하셨다. 박홍수 사장은 연세대학교 신문방송학과 교수였다. 박 사장은 "내가 방송학자라는 사람인데 뭘 잘못 알았나봐. 4년 동안 별의별 짓을 다 해봤는데 방송이 바뀌질 않아. 편성을 개혁해야겠어. 방송이 편성이라는 사실을 망각했어. 편성을 바꿔야 방송이 바뀌겠어. 그래서 눈치 보지 않을 젊은 자네를 발탁한 거야. 내 눈치도 보지 말고 소신껏 해보게." 하며 발탁인사의 배경을 설명했다.

박 사장은 정말 별의별 일을 다 했다. 모든 직원의 생일날 직접 손글씨로 쓴 카드와 축하 케이크를 보내줬다. 차 안에 비디오 플레이어를 장착해놓고, 거의 모든 프로그램을 모니터링했다. 열정이 놀라울 따름이었다. 조금이라도 내용이나 기술적인 실수가 발견되면 즉각 불호령이 떨어졌다. 연출, 조명, 오디오 등 사장의 전화를 받지 않은 실무자가 없을 정도였다.

그러나 그의 성과는 눈부실 정도다. 2000년 공사화를 이룬 1년 반 만에 채널 전체 시청률도 3배가 올랐고 6년의 재임 기간 동안 방송사 매출 규모 역시 6배나 커졌다. 일반회사의 CEO 같았다. 모든 걸 과학적으로 관리하길 원했고, 시청률이든 경영실적이든 실적 중심, 성과 중심의 관리에 철저했다. 방송사가 다이내믹하게 성장하고 있다는 것을 누구나 느꼈지만, 직원들은 솔직히 힘들었다. 이런 성과 중심의 호랑이 사장이 "방송은 편성이야. 내 눈치도 보지 말고 소신껏 해봐."라고 했으니 부담이 이만저만 아니었다. EBS 구성원들은 오랜 세월 교육방송공사화를 위해 투쟁해왔다. 구성원들의 여망에 맞는 공사의 첫 편성을 내가 잘할 수 있을까 두려웠다.

전면적 쇄신에 뛰어들다

사장의 말씀이 혹시 그저 듣기 좋은 덕담이 아닐까 생각하면서도 다시 확실히 해두는 게 좋겠다고 생각했다. 바로 다음 날, 사장의 기억이 아직 생생할 때, 1장짜리 편성 기본원칙을 가지고 사장실을 찾았다. 13개 편성개혁 아이디어를 담은 페이퍼였다.

첫째, 모든 프로그램을 폐지할 수 있다. 둘째, 수신료는 제작비에 우선 배정되어야 한다. 셋째, 편성기획에서 마련한 편성안은 최대한 원안이 유지되어야 한다. 그러기 위해서는 단계적 결재 절차를 밟기보다 경영진이 동시에 모여서 편성안을 결정한다. 협의, 조정, 결재 과정에서 편성안의 초기의 철학이 사라지고 누더기가 되는 것을 수도 없이 목격했기 때문이었다.

이런 것을 포함해, 파격적인 편성개혁을 위한 기본방침을

13개 항목에 걸쳐 보고했다. 정말 무리한(?) 내용을 열거했는데도 사장은 모든 걸 허락했다. 그 소식을 전해들은 부원들은 모두 환호했다. 너무 흥분되었다. 정말 뭔가를 할 수 있을 것 같았다. 시시콜콜 간섭해온 호랑이 사장이 전권을 실무자에게 위임했으니 이제 무한한 자유와 파워가 충전되었다. 공사 첫 편성을 제로베이스에서 다시 그리기 시작했다.

다행히 평PD 시절에 세계 방송사를 분석한 경험과 자료를 가지고 있었다. 세계적인 교육 관련 방송사의 눈높이로 편성을 한다는 목표를 세웠다. 공사가 출범하고 사장의 혁신의지가 투철한 지금의 타이밍을 놓치면 EBS를 전면적으로 쇄신하는 것은 불가능하다고 판단했다. 부장도 젊었고 부원도 젊었다. 젊은 혈기로 혁명을 하자! 우리는 당시 힘든 줄 모르고 불철주야 파격적인 편성 혁신안을 준비했다.

프로그램을 100% 폐지할 수 있다는 확약은 사장으로부터 받아냈지만 사실상 100% 폐지한다는 것을 불가능했다. 국가로부터 위임받은 수능강의도 있었고, 오랫동안 아이들로부터 사랑받던 어린이 프로그램도 있었다. 기존 프로그램의 70%를 폐지하는 편성안을 만들어 원안대로 승인을 받았다. 사장은 약속을 모두 지켰다. 이것은 EBS 역사에서 처음 있는 일이었다. KBS와의 차별화를 위해 EBS의 강점인 유아·어린이 프로그램을 대폭 확대하고,

성인의 경우 에듀테인먼트 프로그램으로 탈바꿈시켰다. 이는 세계적인 추세였다. 공사 첫 편성개편을 한 2000년 10월 2일을 기점으로 시청률이 수직상승했다. 평균 시청률이 300%나 뛰었다. 개편한 첫 달부터 효과가 나타나기 시작했다. 흥분되는 일이었다.

지금까지의 관행을 모두 파괴했다. 의사결정 방식도 바꾸었다. 단계별 승인을 없애고 모두 모여서 일괄 승인하는 방식으로 바꾸었다. 이견은 현장에서 조정되었고 사장은 약속대로 원안이 지켜지도록 힘을 실어주었다. 실무에서 만들어진 전략과 전술이 디테일 하나도 훼손되지 않았다. 그동안의 관료주의적 의사결정 방식을 버리고 정치화되기 쉬운 위원회 방식도 배제했다. 딜리터적인 경영자와 실무자의 용기 있는 합작이었다.

실적은 확실히 좋아졌지만 그만큼 반발도 거셌다. 일단 프로그램을 70% 폐지하는 혁신안이 문제였다. 연출하던 프로그램을 모두 빼앗아버린 셈이니 말이다. PD에게 프로그램은 자식과 같다. 그래서 할리우드에서는 편집을 '자식 죽이기'라는 표현으로 'Killing the Baby'라고 한다. 그냥 편집 정도가 아니고 프로그램을 통째로 폐지한다니 당연한 반응이었다. 과격한 개혁은 과격한 도전을 낳았다.

공사 첫 편성의 핵심은 국내 최고의 어린이 방송 채널이 되는 것이었다. 최소한 어린이 영역에서라도 1위가 되는 것이 목표였다. 당시 EBS의 어린이 시청률이 KBS1, KBS2, MBC, SBS 등 5개 채널 중 꼴찌였다. 하지만 어린이만큼은 EBS의 고유 영역이 될 수 있다고 생각했다. 편성비율을 획기적으로 확대하여 어린이 방송사로서의 이미지와 포지셔닝을 구축하고자 했다. 세계 방송사 편성을 분석하며 내린 결론이었다. 주당 1,500분 방송하던 편성시간을 2001년에는 2,500분으로 늘렸고, 2007년에는 3,800분으로 편성비율을 48%까지 올렸다. 어린이들이 활동하는 시간에 EBS를 틀면 언제나 어린이 방송이 나온다는 인식을 심어주기 위한 것이었다.

단위 시간당 정보를 최소화할 수 있는 포맷과 장르를 집중 개발했다. 어린이 방송사 이미지가 구축되면서 시청률 순위도 올라갔다. 2002년에는 4위로 한 계단 올라갔다. 2005년에 또 한 계단 올라가 3위, 2007년에 2위, 2011년에는 드디어 1위로 올라섰다. EBS는 국내에서 유아·어린이 시청률이 1위인 방송사가 되었다. 1위가 되자 어린이 대상 광고가 EBS로 몰려오기 시작했다. 1위만이 가질 수 있는 특권이었다. 그리고 그 아성은 아직까지도 굳건하다. 당연해 보였던 과거의 관행과 통념을 딜리트한 결과였다.

포정해우의
지혜

어린이 프로그램 영역은 당시 다른 공중파 방송사들이 편성을 기피하는 소외영역이었다. 심지어 어린이 프로그램을 편성을 더 하면 방송평가에 있어서 가산점을 주었다. 그런데도 이 영역의 편성비율과 시간을 늘린 것을 상업주의, 시청률 지상주의라고 비판하고 나서는 사람들도 있었다. 공영방송사가 소외영역을 확대 편성하는 것은 칭찬받을 일임에도 거꾸로 상업주의가 되었다.

2002년 1월, 내가 편성기획 부서를 떠나고 나서 시청률은 다시 공사 이전으로 돌아가기 시작했다. 떠난 지 5년 만인 2007년 6월에 다시 편성기획 부장으로 컴백했을 때 시청률은 공사 이전의 수준으로 완전히 바닥 상태였다. 시청률 지상주의라고 공개 비판했던 사람들조차 위기의식이 생겼던 모양이다. 이로 인해 나는 다시 편성기획에 컴백하게 되었다.

불행히도 나를 기다리고 있던 것은 경영진의 제작비 삭감안이었다. 당시 EBS는 처음으로 경영적자를 기록했다. 적자 경험이 없던 임직원 모두 큰 충격을 받았다. 경영은 적자에 시청률은 바닥이니, 거의 모든 부문에서 이미 예산이 삭감됐다. 제작비 삭감 카드도 거스를 수 없는 대세였다. 2000년 공사화 이후 사상 최저 수준의 제작비로 방송을 만들게 되었다. 지상파 EBS 1TV의 경우 2008년에 연간 232억 원이 배정되었다. 한때 400억 원이던 시절도 있었다. 이것은 현재보다도 약 42%나 적은 제작비인데, 쉽게 말하면 대하사극 1개 시리즈를 제작하는 데 드는 비용보다도 적다. 사상 최저 제작비와 최저 시청률일 때, 나는 다시 편성을 맡았다. 하늘이 노랬다. 아이디어는 있었지만 제작비가 너무 적었다. 당시 분위기로는 제작비를 더 달라고 하는 것은, 파산한 아버지에게 아들이 용돈을 올려달라고 떼쓰는 것과 같았다. 상황을 숙명처럼 받아들일 수밖에 없었다.

당시 위기를 돌파하는 전략도 딜리트 전략이었다. 2007년에 어린이 시청률은 떨어졌어도 순위는 5위에서 2위로 올라섰다. 프라임 타임대 성인 프로그램이 심각한 문제였다. 편성의 특성은 사라지고 다양한 장르, 다양한 영역의 프로그램이 백화점식으로 늘어서 있었다. 시청률도 공개하기 민망할 정도로 낮았다. 어린이 시간대의 성공전략을 성인 시간에도 적용해보면 어떨까 싶었다. 가뜩이나 자원이 적은데, 전력과 화력을 분산 배치하는 것은 망하는 지름길이다.

　　나폴레옹이 "부대의 전투력이 병력이나 기병, 포병에서 열세할 때는 통상적인 작전을 피하는 것이 중요하다."[148]고 말했던 것처럼 통상적이지 않은 남 다른 방법을 강구해야 했다.

"전투를 결심했다면 먼저 전 전투력을 집결시켜라. 아무것도 분산시키지 말라. (…) 양동이에 물을 넘치게 하는 것은 단 한 방울이다."[149]라는 나폴레옹의 지침처럼 전력을 한곳으로 집중시켜서 마지노선을 돌파하기로 했다. '단 한 방울'로도 양동이에 물을 넘치게 할 수 있다는 확신부터 가져야 했다. 누구나 모든 걸 잘할 수는 없다. 잘할 수 있는 것, 잘하면 칭찬받을 수 있는 것에 집중하면 된다. 송곳이라야 딱딱한 나무를 뚫을 수 있다. 주먹만 한 틈새로도 거대한 댐이 무너진다.

말콤 글래드웰은 새로운 인상파의 등장을 두고 "작은 연못의 큰 물고기가 되는 것이 큰 연못의 작은 물고기가 되는 것보다 더 나은 때와 장소가 있다."[150]고 말했다. 새로운 역사는 기존의 독재에 저항하는 시민군에 의해 전진한다. 인상파의 등장은 쿠데타와 같았다. 자신들의 군대를 조직하고 정규군에 대항했다. 그리고 대항의 포인트는 '틈새'였다. 인상파 화가들은 다른 길에서 답을 찾았다. 스스로 틈새를 발견하고 대중에게 직접 어필하는 방법이었다. 그들은 기존 질서에 의문을 제기하는 딜리터였다. 틈새를 찾으면 가장 적은 인원과 전력으로도 쿠데타에 성공할 수 있다. 틈새는 가장 적은 투자로 큰 효과를 내는 방법이다.

틈새를 발견하기 위해서는 포정해우庖丁解牛의 지혜가 필요했다. 《장자》의 〈양생주편養生主篇〉에 재미있는 포정庖丁의 스토리가 나온다. 포정이라는 백정이 해우解牛하는 기술이 신기에 가까웠다. 해우는 소를 해체해 뼈를 발라내는 것을 말한다.

"요즘 저는 정신으로 소를 대하지 눈으로 보지는 않습니다. 눈의 작용이 멎으니 정신의 자연스런 작용만 남습니다. 그러면 천리天理를 따라 쇠가죽과 고기, 살과 뼈 사이의 커다란 틈새와 빈곳에 칼을 놀리고 움직여 소의 몸이 생긴 그대로 따라갑니다. (…) 솜씨 좋은 소잡이가 1년 만에 칼을 바꾸는 것은 살을 가르기 때문입니다. 평범한 보통 소잡이는 달마다 칼을 바꾸는데, 이는 무리하게 뼈를 가르기 때문입니다. 그렇지만 제 칼은 19년이나 되어 수천 마리의 소를 잡았지만 칼날은 방금 숫돌에 간 것과 같습니다. 저 뼈마디에는 틈새가 있고 칼날에는 두께가 없습니다. 두께 없는 것을 틈새에 넣으니, 널찍하여 칼날을 움직이는 데도 여유가 있습니다. 그러니까 19년이 되었어도 칼날이 방금 숫돌에 간 것과 같습니다."151

역사는 기어가지 않는다, 비약한다

틈새와 빈곳을 찾아낸다면 무딘 칼로도, 힘 들이지 않고도 능수능란하게 소를 해체할 수 있을 것이다. 장자의 도道처럼 틈새와 빈곳을 찾아낸다면 EBS PD들이 열정과 전문성이 뛰어나니 우리도 포정이 될 수 있겠다는 생각이 들었다. 틈새와 빈곳을 찾는 건 편성의 몫이고, 칼을 휘두르는 건 PD의 몫이다. 포정처럼 눈의 작용을 멈추고 정신의 작용으로 사물을 보면 본질이 보인다.

국내 방송이 잘하지 못하는 것, 잘할 생각도 없는 것이 바로 장자가 말하는 틈새요, 빈곳이었다. 어린이 프로그램을 획기적으로 확대한 것도 같은 이치였다. 남들이 소외시키는 것에 우리의 답이 있었다. 다큐멘터리는 경쟁자들이 관심도 없고 투자도 제대로 하지 않는 영역이다. 시청률도 상대적으로 낮고 광고도 제대로 붙지 않으니 당연히 관심이 덜하고 투자도 덜하게 되어 있다. 다큐멘터리는 공중파 방송에서 찬밥 신세가 되고 있었다. 미국의 HBO, 디스커버리의 신화도 그들에겐 교훈이 되지 않았다. 디스커버리의 설립자 존 헨드릭스가, 돈도 많고 콘텐츠도 많은 3대 메이저 방송사가 HBO의 성공을 목격하고도 사업화하지 않은 것에 놀라워한 것처럼, 어린이와 다큐멘터리를 버리는 카드로 쓴 것은 놀라울 따름이다.

여기서 EBS의 기회를 발견했다. 최고의 어린이 방송을 하겠다는 목표가 이미 달성되었던 것처럼 최고의 다큐 방송도 무망한 것은 아니었다. 딜리트 전략의 핵심은 가장 잘할 수 있는 영역에 전력을 집중시키는 것이다. 그러기 위해서는 나머지는 버려야 한다. 가짓수를 줄여야 거기서 생각지 못한 아이디어가 나온다. 딜리트의 기술은 버리는 기술이다. 기존의 것을 파괴하고 없애는 기술이다.

프라임 타임대의 프로그램 가운데 70%를 폐지하고 다큐멘터리에 집중하는 혁신안을 준비했다. 70%란 숫자가 갖는 의미가 중요하다. 하나에 집중시키기 위해서는 그것의 비중이 전체의 70%를 넘어야 한다. 60%만 돼도 성격이 흐려진다. 선택과 집중의 전략은 정체성을 바꾸는 전략이다. 그래서 2000년 공사 첫 편성개편 때도 이 숫자를 적용했었다. 그렇다고 70%라는 숫자를 대내외적으로 강조하지는 않았다.

70%는 분명히 과격한 정책이었다. 당연히 반발도 있었다. 많은 프로그램이 폐지되다 보니 불만도 많았다. 무엇보다 사람들이 의아해하는 것은 현실성이었다. 다큐멘터리는 스튜디오 제작물에 비해 비용이 많이 들어 비효율적이다. 인력도 상대적으로 많이 필요하고 제작기간도 길다. 그래서 공영방송사가 아니면 편성을 기피하는 장르이다. 제작비가 최악으로 부족한 상황에서 가장 비효율적인 고비용 다큐멘터리로 승부를 보겠다니, 현실적으로 이게 말이 되는가? 그렇게 생각하는 사람들도 이해할 만했다. 정상적인 방법이라면 당연히 불가능한 작전이었다. 편성실무를 맡았던 경험을 살려서 최대한 현실적인 안을 짜고 강

행하는 수밖에 없었다.

프라임 타임대의 프로그램 70%를 폐지하고, 고품격 다큐멘터리를 매일 방송한다는 비전을 세웠다. 2008년 2월 말을 기해 전면적인 편성개편이 단행되었다. 2월 19일 기자회견을 열고 구관서 EBS 사장은 "마누라와 자식만 빼고 다 바꾸는 심정으로 EBS 사상 초유의 대대적인 개편을 단행한다."고 말하면서 "특히 국내 어느 방송사에서도 시도하지 못한, 우리 손으로 제작한 수준 높은 다큐멘터리를 대규모로 편성해 '지식채널 EBS'라는 채널 정체성을 확고히 하고 지식과 교양에 목말라하는 국민의 지적 요구에 부응할 것."이라고 천명했다.

'다큐프라임', '세계테마기행', '극한직업', '리얼실험 프로젝트 X', '다큐 인', '원더풀 사이언스' 등이 이렇게 해서 전파를 타게 되었다. '한국기행', '다문화고부열전', '달라졌어요' 등 다양한 포맷의 다큐멘터리들이 방송되었다. 일거에 확 바꾸는 전략은 주효했다. 2000년 첫 공사 개편 때처럼 개편한 날부터 프라임 타임대 시청률이 급상승했다. 언론의 반응도 좋았다. 인터넷 피드백도 좋았다. 다큐 중심으로 개편하기 전 2007년 프라임 타임대 시청률이 고작 0.3% 대였다. 그 후 매년 20~30%씩 상승하여 2007년에 비해 600% 이상 상승해 1.9%대가 되었다.

선택과 집중의 효과는 단지 인풋 대 아웃풋 간의 정비례 관계가 아니라 폭발적으로 나타났다. 지상파 TV 가운데 최근

10년간 시청률이 지속적으로 상승한 방송사는 EBS가 유일하다. 다큐멘터리 집중편성으로 인해 수상실적도 1,000%나 높아졌다.

"역사는 기어가지 않는다. 비약한다."[152]는 나심 탈레브의 말처럼, 역사를 비약시키기 위해서는 적당한 방법으로는 안 된다. 시청률과 수상실적이 정말 비약적으로 상승했다. 김정현 중앙대 광고홍보학과 교수의 2009년 논문 〈국내 텔레비전 채널 브랜드의 인지도와 이미지 분석 연구〉의 결과에 따르면 생동감, 신뢰도, 독특성 등 5개 이미지 차원 가운데 EBS가 신뢰도와 독특성 면에서 타 방송사를 따돌리고 1위를 차지했다.

2009년에 초일류 글로벌 기업인 S사는 EBS의 변신을 '가치혁신Value Innovation의 성공사례'로 꼽고 사례취재를 통해 임직원 교육용 동영상을 만들어 방송하기도 했다. 〈미디어 오늘〉이 2018년 1월에 대학생 1,017명을 대상으로 설문조사한 결과에 따르면 EBS가 JTBC에 이어서 신뢰도 2위를 차지했다. 종합일간지, 주요 방송사, 3대 통신사, 주요 포털, 소셜미디어, 유력 매체 등 34개 매체에 대한 신뢰도 조사 결과여서 의미하는 바가 더 크다고 할 수 있다. 다큐로 집중한 전략이 성공했음을 보여주는 신호들이 여기저기서 포착되고 있다.

자유를 허한 리더십

어린이 프로그램과 다큐멘터리가 비약적으로 성장한 데는 리더십의 역할이 컸다. 당시 EBS 경영자들은 실무 책임자에게 완전한 자율권을 부여했다. 자율성은 정치적 고려나 인간적 타협을 배격하는 방패가 되었다. 다큐는 공사 초대사장인 박흥수 사장 시절에 가능성이 확인되었고, 2007년 구관서 사장 때 꽃을 피웠다. 프라임 타임대 성인 대상 프로그램을 70%나 일거에 폐지하고 다큐로 집중하는 전략은 사장의 전적인 신뢰가 없으면 실패했을 것이다. 과격한 혁신에는 반드시 과격한 부작용과 반작용이 뒤따르게 되어 있다. 리더의 전적인 신뢰가 없으면 일일이 열거할 수 없는 디테일한 부작용과 반작용의 공격으로 인해 개혁은 좌초된다. 모든 유혹과 공격에서 이겨낸 건 리더였다.

구관서 사장과의 인연은 남달랐다. 실은 남다른 정도가 아니라 악연으로 시작됐다. 2006년 9월 교육부 고위관료를 역임한 사장이 EBS의 CEO로 결정됐다. 노동조합, PD협회 등 각 직능단체를 비롯해 전 직원이 출근저지에 나섰다. 방송에 전문성이 없는 교육부 인사를 낙하산으로 내려 보냈다는 것이 이유였다. 부장급 이상 간부들도 동참했다. 당시 뉴미디어 부장을 맡고 있던 나는 곤혹스럽게도 부장협의회 간사를 맡았다. 졸지에 사장의 출근을 저지하는 일에 총대를 멨다. 사장이 60일간 출근을 못하는 초유의 사태가 벌어졌다. 사장도 끝까지 물러서지 않았다.

결국 노조, PD협회, 간부, 직원들 모두 현실을 받아들이고 패배를 인정했다. 마음을 비우고 보직해임은 물론 중징계까지 각오했다. 하지만 예상을 깨고 사장은 보복인사도, 징계도 하지 않았다. 오히려 나를 편성기획부장으로 인사발령을 냈다. 그래서 두 번째로 편성실무를 맡게 되었다.

그런데 문제가 또 벌어졌다. 오전에 열린 임명장 수여식에 참석하지 못했다. 아니나 다를까, 사장실에서 연락이 왔다. 엄청나게 죄송한 마음으로 갔다. 사장의 첫 마디는 이거였다.

"아직도 날 못 받아들이겠나?"

아이고, 사실은 그게 아니었다! 전날 과음이 문제였다.

"아닙니다. 죄송합니다. 어제 과음을 해서…."

정직이 최선의 정책이라 했던가. 사장의 표정이 환하게 바뀌었다. 이때다 싶어 도전적인 질문을 던졌다.

"(징계를 해도 시원치 않으실 텐데…) 왜 저를 편성기획부장으로 인사를 내셨습니까?"

"사람들한테 물었더니 자네가 맡는 게 좋겠다고 하던데."

사장은 쿨하게 답했다. 공사 첫 편성을 맡았던 경력 때문에 누군가 그렇게 이야기했나 보다. 나는 한걸음 더 나갔다.

"소신껏 하게 해주십시오. 혁신적인 안이 있습니다. 1년만

기다려주시면 한국의 지식지도를 바꾸어 놓겠습니다. 워낙 혁신적이어서 반발도 예상됩니다만, 꼭 기다리셔야 가능합니다."

사장은 "그러지 뭐. 소신껏 해봐요." 심플한 말씀으로 부장의 임명사를 갈음했다. 이때부터 악연으로 시작된 인연이 길연으로 바뀌었다. 때로 갈등은 믿음을 강화시켜주는 것 같다. 그때 감사한 마음으로 아직도 소중한 인연을 계속하고 있다.

편성부장 인사가 나고 2주 동안 사장 앞에서 약속했던 혁신안을 비장한 마음으로 준비했다. 먼저 몇 년째 지속적으로 하락하는 시청률 상황을 보고했다. 사상 최대 위기이고, 간단한 방법으로는 해결이 어려워 보인다고 말했다. 사장은 심각하게 경청했다. 그래서 '제2의 창사 편성안'을 짜는 심정으로 편성안을 마련했다고 했다. 그러자 사장의 얼굴에 '사고라도 치는 게 아닌가.' 하는 불안한 기색이 스쳐갔다. 그러나 최소한 겉으로는 태연자약한 모습이었다. 흑자 전환을 위한 제작비 삭감안을 반영했다고 덧붙였다. 그제야 사장은 안심하는 눈치였지만 여전히 침묵으로 일관하고 있었다. 긴장됐다. 오래 생각한 안인데 거절되면 난국을 돌파할 플랜B가 없었기 때문에 걱정되었다. 하지만 자신 있게 보고를 이어갔다.

프라임 타임대의 프로그램 70%를 폐지하고 단 하나의 컨셉, 다큐멘터리로 전환하겠다고 했다. 2000년 공사 초기 어린이 프로그램을 같은 방식으로 성공시킨 경험도 있다고 말하고 리소스가 적을 때는 선택과 집중 전략 외에는 방법이 없다고 덧붙였다. 적당한 방법으로는 현재의 위기를 타개할 수 없다는 점도 강조했다. 사실 나는 떨고 있었다. 그러나 사장의 답은 허탈할 정도로 심플했다.

"잃을 것도 없겠네. 해봅시다."

단 몇 마디로 중대한 결정이 이뤄졌다. 너무 심심하게 끝났다. 마지막으로 "워낙 많은 프로그램이 폐지되고 편성의 근간이 바뀌니 여기저기서 반발이 예상됩니다. 1년만 지켜봐주십시오."라고 보고하자 "알았습니다. 열심히 해보세요." 하고 보고가 마무리되었다.

편성과 제작의 기술적 측면에서 보면 문제가 한둘이 아니었다. 사장은 전문가의 늪과 당국자의 미迷에 빠져 있지 않았다. EBS 공사화 이후 가장 적은 제작비 규모로 가장 비싼 프로그램을 만들겠다는 보고를 어떻게 믿을 수 있었겠는가? 방송계에 오래 몸담았던 사람이라면 말도 안 되는 계획이라고 일축했을 것이다.

게다가 프라임 타임에 해외취재 프로그램인 '세계테마기행'을 1주일에 4회나 편성하겠다는 아이디어를 어떻게 쉽게 받아들일 수 있었겠는가? 편당 5,000만 원이 드는 '다큐프라임' 주 3회 편성하겠다는 아이디어를 어떻게 현실적이라고 생각할 수 있었겠는가? 편성개혁안에는 상식적으로 납득할 수 없는 파격이 즐비했다. 사장은 방송과 편성 전문가로서가 아니라 보편적인 CEO의 판단기준을 가지고 결정한 것 같다. 크게 보면 혁신을 반대할 이유도 없었다. 경영진이 제시한 축소된 예산범위 내에서 가장 공영적인 장르인 다큐멘터리에 집중하겠다는 아이디어를 거절한 이유도 없지 않은가? 보통은 거절할 이유가 없는 것을 거절하고 주변에서 거절하도록 분위기를 만든다. 방송 전문가였다면 실무자가 해야 할 방송기획, 연출까지도 시시콜콜 간섭했을 것이다. 사장은 재임 기간 내내 실무자를 믿고 간섭하지 않았다.

딜리트의 결정판, 다큐프라임

편성안 가운데 가장 파격적인 혁신안은 '다큐프라임' 계획이었다. 당시 EBS에서 가장 제작비가 높은 프로그램의 제작비가 편당 1,500만 원 정도였다. 2007년 당시 이런 고가의 프로그램도 주당 2개 정도에 불과했다. 그런데 2008년 2월 말부터 편당 평균 5,000만 원의 '다큐프라임'을 최소 8개월에서 12개월 전 사전제작을 통해 주당 3회 방송한다는 계획을 세웠다. 아이디어

단계에서 가까운 동료들조차 비현실적이라며 믿으려 하지 않았다. 수학적으로 간단히 설명될 수 있는 것인데도 불구하고 믿지 않았다.

간단한 수식을 제시했다. 편당 1,500만 원짜리 프로그램을 3개 합치면 4,500만 원이 된다. 4,500만 원짜리 프로그램을 주당 3회 재방송하면 같아진다. 1,500만 원×3회=4,500만 원×1회. 재방송만 각오하면 더 많은 재원이 필요하지 않게 된다. 이것을 1년 후, 2년 후 재방송할 수 있는 다큐멘터리로 만든다면 어떤 일이 일어나겠는가? 콘텐츠의 가치는 계속 누적될 것이다. 현재까지 대부분의 다큐멘터리는 1회용이었다. 가치가 1회 사용 후에 0원으로 감가상각된다.

콘텐츠를 고정자산이 될 수 있다고 생각하면 가치가 일시에 사라지지 않고 누적된다. 오래 사용할 수 있는 콘텐츠는 가치도 누적된다. 콘텐츠가 유동자산이라는 고정관념을 딜리트하고 고정자산으로 인식하는 순간 새로운 통찰의 세계가 열린다. 디스커버리는 좋은 작품을 만들어 수십 번 이상 재사용한다. 우리라고 못할 이유가 있는가?

디스커버리 채널의 '베링해 대게잡이'를 본 적 있는지 모르겠다. 이것은 200번도 더 방송했다. EBS도 '로마의 휴일', '벤허', '사운드 오브 뮤직', '바람과 함께 사라지다', '대부', '터미네이터' 등 명작 영화를 수도 없이 반복해서 방송했다. 그러나 시청률이 떨어지지 않고 오히려 상승하는 기현상을 보였다. 25년 전 '플란더스의 개', '은하철도 999' 같은 명작 애니메이션을 다시 방송해도 같은 현상이 일어났다.

실제 디스커버리나 BBC의 경우도 다큐를 다양한 플랫폼에서 반복 사용하고 있었다. 이렇게 '1회 사용'이라는 방송 관행을 딜리트했더니, EBS가 가장 적은 제작예산을 가지고 가장 비싼 고품격 다큐를 만들 수 있다는 결론에 도달했다. 한 번 만들어 3회 사용하면 1회 사용할 때와 비교해 제작비를 2배나 절감하는 효과가 나타난다.

기존의 방송 관행을 파괴하고 나니 생각지도 않았던 해결책이 나왔다. 실제로 다큐프라임은 재활용되는 비율이 2008년 15%, 2009년 44%, 2011년 64%로 매우 높았다.[153] 그만큼 제작예산이 절감되었다. 반면 해가 거듭할수록 시청률은 거꾸로 20~30%씩 향상되었다. 반복 송출에 대한 시청자의 민원도 2008년 이후로는 1건도 나타나지 않았다.

어떻게 현실을 반영한다는 다큐를 반복해 사용할 수 있었을까? EBS의 다큐가 시의성, 정치성과 같은 현실적 요소를 최소화하고 아카데미즘에 집중했기 때문이다. 아카데믹한 다큐는 EBS의 정체성과도 맞아 떨어졌다. 다큐의 고전을 만들면 고전처럼 반복해서 사용할 수 있을 거라는 계산이었다. 그래서 다큐프라임의 주제는 가급적이면 고전적이고 아카데믹한 것에 한정했다. '빛의 물리학', '넘버스', '철학하라', '제자백가', '자본주의', '문명사 대기획', '한반도의 공룡', '바람의 영혼-참매' 등을 보면 다큐프라임의 성격을 쉽게 짐작할 수 있을 것이다. 우리는 반복사용할 수 있고 학교 현장에서도 오랫동안 교육자료로 사용할 수 있는 아이템에 천착했다.

이런 작품들은 모두 1년 이상 1편당 8,000만 원이 넘게 투자된 프로그램들이다. 다큐에서 시의성과 정치성을 딜리트했더니 생각지도 못했던 독특한 프로그램이 기획되었다. 이것이 바로 딜리트가 '마법의 기술'이라고 믿게 된 근거가 되었다. 시의성과 정치성을 딜리트하겠다는 생각을 하기 전과 한 후의 생각은 완전히 달라졌다. 딜리트의 기술은 편성전략에도 유효했지만 제작전략에도 유효적절했다. 나는 다큐프라임에 대한 아이디어 작업을 할 때부터 '딜리트 매트릭스'를 구성해봤다.

오른쪽 표는 인력, 예산 등의 제작여건을 감안하여 작성한 '딜리트 매트릭스'다. 이것을 작성하기 위해 생각해보니 그 전에 생각지도 못한 아이디어가 순식간에 떠올랐다. 물론 그것을 실행시키기까지는 고단한 과정이 남아 있지만 아이디어를 떠올리는 과정 자체는 심플했다. 누구나 떠올릴 수 있는 아이디어임을 독자 여러분도 금세 눈치 챌 수 있을 것이다. 다큐프라임의 아이디어가 고도의 전문성의 결과로 나온 것은 아니다. 오히려 전문성

	딜리트 메트릭스 - 다큐프라임			
	요소	현재	딜리트 와이	연상 키워드
1	시의성, 정치성	시사	➜	아카데미, 교육, 고전
2	1회사용	1회사용	➜	반복사용
3	제작방식	단편제작	➜	시리즈제작
4	아이템 선정방식	자체발굴	➜	공모방식
5	제작시기	동시제작	➜	사전제작
6	유통기간	단기유통	➜	장기유통
7	제작비	저제작비	➜	고제작비
8	제작기간	단기제작	➜	장기제작
9			➜	
10			➜	
11			➜	
12			➜	

보다는 딜리터적인 모험심과 도전정신이 더 많이 필요했다.

다큐에서 시의성을 제거한다는 것이 얼마나 논쟁적인 주제인가? 2회, 3회, 4회… 재사용하겠다는 생각 역시 마찬가지로 PD 사회에서 상당히 논쟁적인 주제다. PD들은 작품이 절대 공산품이 아니고 크리에이티브의 소산이라 생각한다. 공산품처럼 재사용을 한다는 아이디어에 수긍할 PD가 몇이나 있을까?

또한 공모 방식도 문제였다. 기존의 결재라인이 무력화되기 때문에 반발할 것이 뻔했다. 실제로 여러 이견들이 나왔다. 그러나 다들 EBS가 처한 위기에 공감하고 있었기에 파격적인 다큐프라임 계획이 실행될 수 있었다. 딜리트의 기술을 사용해서 아이디어를 떠올렸고 딜리트의 철학으로 여러 난관을 극복했다. 딜리트의 기술이 있었기에 오늘의 다큐프라임이 있었다. 딜리트할 수 있는 요소를 세로에 적고 "딜리트 와이"를 외친다. 외치는 이유는 간단하다. 딜리트하는 이유를 잠시 연상하는 시간을 갖기 위해서다. 그러면 새로운 생각이 떠오른다.

어떻게 바라보게 할 것인가?

딜리터의 시각을 갖지 않으면 관행, 관습, 인습이라는 필터 때문에 본질이 안 보인다. 생텍쥐페리는 "배를 만들고 싶다면, 사람들을 불러 모아 목재를 가져오게 하고 일을 지시하고 일감을 나누어주는 대신, 저 넓고 끝없는 바다에 대한 동경심을 키워주어라."¹⁵⁴라고 했다. 동경심이 역사를 바꾼다. 콜럼버스는 인도를 동경하고 신대륙을 발견했다. 동경하지 않으면 발견하지도 도달하지도 못한다. 우리는 더 넓은 다큐의 바다를 동경했다. 한국의 다큐 관행은 세계적인 보편성이라는 측면에서 문제가 있었다.

동경하는 대로 보이고 결정된다. 휴먼 다큐 문화에서 자란 PD는 휴먼 다큐 중심으로, 라이프스타일 다큐 속에 산 PD는 라이프스타일 다큐를 주로 생각할 수밖에 없다. 결재라인에서도 그것을 원하고 결국 스스로 자신도 모르게 그것을 원하게 된다. BBC 다큐를 생각한 사람은 BBC 다큐를 만들 수 있다. 탈영역적 사고와 이국적 사고가 필요한 이유는, 이런 눈에 보이지 않는 감옥에서 탈출하기 위해서다. 새로운 것을 창조하기 위해서는 전문성보다 더 중요한 것이 있다. 기존 질서와 관행에 물들지 않아야 한다. 한번 물들면 벗어나기 어렵다.

'어떻게 바라보게 할 것인가?' 이것이 가장 중요하다. 그래서 이것을 위해 획기적인 조치를 취했다. 추가로 필요한 17명의 PD를 3주간 콘도미니엄에 가두고(?) 합숙을 하기로 했다. 2007년 9월 3주간 양평의 모 콘도에서 집단연수가 시작되었다. 오랜 세월 EBS 다큐를 이끌어왔던 양전욱 기획다큐 팀장이

TFT 팀장을 맡고 나는 간사를 맡았다. 양 팀장은 후배들로부터 존경을 받아오던 덕장이었다. 양 선배는 후배들의 자율성을 최대한 살려주는 노자적老子的 리더십의 대표였다. 그의 리더십 아래에서 후배들은 만들고 싶은 다큐를 자유롭게 만들었다.

사장의 승인을 받은 후 조직에 착수했다. TFT는 사실상 특공대나 게릴라 조직과 같았다. 대부분 EBS의 젊은 인력으로 구성되었다. 전문성보다는 참신성과 개혁성을 캐스팅 기준으로 삼았다. 다큐프라임이 신설되는 것으로 인해 폐지되는 프로그램의 PD들을 우선 배려하였다. 그들은 대개 젊고 열정적인 PD들이었다. 이런 젊은 PD들이 3주간 합숙하면 서로 신뢰하는 동지애가 생길 것이라고 판단했다.

연수 내용보다 연수 자체가 중요했다. 일부러 엄격한 규정을 만들었다. 3주간은 주말을 제외하고 외출도 금지했다. EBS의 변혁을 위해 뭔가 역사적 사명을 수행하고 있다는 숙연한 사명감을 갖게 하는 게 목적이었다. 그들에게 EBS 다큐를 BBC 수준으로 끌어올린다는 미션이 주어졌다. 우리의 경쟁상대는 BBC라는 것을 자주 강조했다. 특공대 조직은 성공 스토리를 위해서도 필요했다. 남과 다른 정체성은 난관에 봉착할 때 힘을 주기 때문이다.

매일 오전에는 사내외 전문가의 강의를 들었고, 오후 내내 BBC나, 디스커버리, NHK 등의 다큐를 시사하고 자유토론을 했다. 국내 다큐는 아예 보지 못하게 했다. 시사회는 기술을 배우는 자리가 아니라 눈높이를 맞추는 시간이었다. 지금까지 보지 못했거나 보지 않았던 세계를 동경하게 하는 자리였다. 자신이 도달할 목표를 눈으로 확인하게 하는 시간이었다. 그리고 서로 자유롭게 토론하며 그 가능성을 이야기하고 거기에 도달하겠다는 의지를 다지는 시간이기도 했다.

차츰 불평불만도 사라졌다. 입소 전의 불안감은 전투의식으로 바뀌어갔다. 매일 아이템을 10개씩 제출해야 했다. 10개씩 아이템을 제출하게 한 데는 이유가 있었다. 제작현실을 고려하지 않고 이상적인 아이디어를 끄집어내기 위해서다. 현실을 너무 많이 생각하게 되면 자꾸만 스스로 검증하게 된다. 이렇게 제출한 아이디어 가운데 하나를 8~12개월 동안 제작해야 한다. 아이템 후보가 결정되면 전원이 참석한 자리에서 투표로 최종 아이템을 정하자고 제안했다. 실제 다큐프라임 첫 번째 아이템은 100%는 아니지만 동료들 간의 토론과 투표에 의해 결정된 것이었다. 어떠한 권력도 개입할 수 있는 여지를 원천적으로 차단했다. TFT 팀장은 맡았던 양전욱 팀장과 같은 리더십이 있었기 때문에 가능한 방식이었다. 누구나 1표씩만 권한을 가졌다. 어느 방송사에서도 시도하지 않은 파격적인 아이템 결정방식이었다. 딜리트 철학이 없었다면 불가능한 방식이었다.

팀원들의 자율성이 존중되자 몰입도도 하루가 다르게 달

라졌다. 모임은 매일 밤늦게까지 자발적으로 진행되었다. 음료와 알코올은 무한리필이었다. 밤마다 시간 가는 줄 모르고 이어지는 미팅은 공동체의식을 불타오르게 했고, 이미 마음속에 동지애와 전투의식이 넘쳐나고 있었다. 밤 미팅은 매일 되풀이되는 종교적 리추얼과 같았다. 매일 제사를 지내는 것처럼 경건함마저 풍겼다. 진지했고 격정적이었다. 퇴소할 때쯤 그들은 특공대의 동지가 되어 있었다. 무엇이든 명령만 떨어지면 즉각 수행할 전사가 되어 있었다. 앞으로 닥칠 시련을 막아낼 내면의 힘이 이들에게 비축되어 있었다.

올해로 EBS가 다큐멘터리 중심으로 전환하고 다큐프라임을 출범시킨 지 10년이 된다. 수많은 기록을 새롭게 썼다. 국내외에서 크고 작은 상을 300개도 넘게 수상했다. 다큐프라임이 한국의 지식인들이 좋아하는 대표 프로그램이 되었고 한국의 다큐멘터리 제작문화도 바꾸어놓았다. 딜리트 철학과 딜리트 기술이 아니었다면 이렇게 파격적인 프로그램들은 탄생하지 않았을 것이다. EBS PD들은 그 어느 방송사의 PD들보다 실험정신과 도전정신이 높다. 이 정신은 관행과 싸우고 비합리적으로 세상을 진보시킨다. 이 책의 마지막 부분에 딜리트 매트릭스를 소개할 때 '세계테마기행'이라는 실제 사례를 들어 딜리트의 기술을 설명하겠다.

18.
일부러 애써
딜리트하라

앞에서 경험담이 좀 길었다. 이제부터 내가 어떻게 딜리트의 기술을 훈련했는지, 좀 더 실질적인 방법론을 설명하고자 한다. 딜리트도 훈련이다. 자주 딜리트해본 사람이 앞으로도 딜리트할 수 있다. 딜리트도 습관이 되면 자동으로 된다. 그러기 위해선 처음엔 일부러 해야 한다. 데카르트의 "나는 생각한다. 고로 나는 존재한다."라는 위대한 명제도 일부러 생각해서 나왔다. 일부러 혹은 고의로 하지 않으면, 새롭게 시작되는 일이 없다.

데카르트는 내가 가장 존경하는 인물이다. 그가 근대 합리주의 철학의 시조이기 때문이 아니다. 그가 '생각의 기술'을 내게 알려주었고 이것은 내가 평생 동안 아이디어를 끄집어내는 데 가장 큰 지침이 되어왔기 때문이다. 그가 알려준 '생각의 기술'은 바로 '방법적으로 회의 즉 의심해보는 것'이다. '방법적 회의懷疑'라는 말이 요즘은 너무도 낯설게 느껴진다. 한자를 모르면 도대체 그 뜻을 알 수 없다. 한자 세대가 아닌 젊은 세대는 아마도 '방법적 회의'라는 어휘를 잘 모를 것 같다. 차라리 방법적 의심이 나을 것 같다. 그러나 이것도 추상적이긴 마찬가지다. 일단 데카르트의 유명한 명제가 어떻게 도출되었는지 그 언저리를 방문해보자.

"나는 조금이라도 의심할 수 있는 것은 전부 엉터리라고 가정하기로 했다. 그리하여 마침내 전적으로 의심할 수 없는 것이 나의 신뢰 속에 존재할 수 있는가를 보려 했다. 그리하여 우리의 감각은 우리를 자주 속이기 때문에, 나는 우리의 감각이 어떤 것을 우리에게 상상하도록 하는 바와 같이 존재하는 어떤 것도 실제로 있을 수 없다고 가정하기로 했다. (…) 한편으로 기하학의 기초문제에 관하여 논리적 과오를 범하는 사람이 많기 때문에, 나는 내가 전에 취했던 증명의 모든 논거를 거짓된 것으로 생각했다. (…) 나는 나의 정신 안에 들어왔던 모든 것이 나의 꿈에 지나지 않는 환상만큼이나 참되지 못하다고 일부러 생각해보기로 결심했다. 그러나 이렇게 모든 것이 거짓이라고 생각하려고 원하던 동안에 그렇게 생각하는 나는 반드시 어떤 무엇이어야 한다고 생각했다. 그리하여 '나는 생각한다. 고로 나는 존재한다.'라는 진리가 너무 견고하고 확실한 것이어서 가장 과장이 심한 회의론자의 주장도 그런 진리를 흔들어놓을 수가 없다고 생각했다. 그리하여 나는 그러한 진리를 조금의 두려움도 없이 내가 탐구하려 했던 철학의 제1원리로 받아들일 수 있다고 생각했다."[155]

일부러 길게 인용했다. 독자 여러분도 곱씹으며 반복해서 읽어보기 바란다. 데카르트의 《방법서설》은 이 부분만 깊고 느리게 읽어도 족하다고 감히 말하고 싶다. 긴 인용문 중에 내가 데카르트를 존경하게 된 부분만 줄여보겠다. "전부 엉터리라고 가정하기로 했다.", "나의 신뢰 속에 존재할 수 있는가를 보려 했다.", "어떤 것도 실제로 있을 수 없다고 가정하기로 했다.", "내가 전에 취했던 증명의 모든 논거를 거짓된 것으로 생각했다.", "모든 것이 나의 꿈에 지나지 않는 환상만큼이나 참되지 못하다고 일부러 생각해보기로 결심했다."

방금 열거한 문장들의 공통점이 무엇인가? "~을 하기로 했다."라는 표현이다. 일부러 무언가를 하기로 한 것이다. 특히 "모든 것이 나의 꿈에 지나지 않는 환상만큼이나 참되지 못하다고 일부러 생각해보기로 결심했다."는 문장을 가장 좋아한다. 이것이 내 사고의 지침을 바꾸어 놓았다.

무언이든 자동으로 순식간에 생각이 나고 아이디어가 떠

오르면 얼마나 좋을까? 인간은 생각하는 동물이자 생각하는 갈대다. 난 인간이 '의도의 동물'이라고 믿는다. 인간에게는 동물에게 없는 '목적과 의도'가 있다. 인간의 역사는 의도를 가진 자가 의도적으로 발전시켜왔다. 데카르트는 일부러 모든 것을 의심하며 생각했더니 '생각하고 있는 자신'을 의심할 수 없었다. 생각한다는 것을 의심할 수 없으면, 생각하는 주체가 존재한다는 것도 의심할 수 없다. 그래서 "나는 생각한다. 고로 나는 존재한다."는 엄청난 명제가 도출되었다.

나는 일부러 딜리트하며 프로그램을 기획해왔다. 특히 출퇴근 시간은 너무나 흥분되는 '일부러 딜리트하는 시간'이다. 현대인은 수없이 많은 간섭 속에 산다. 집에선 사람이 간섭한다. 사무실에 가면 사람과 사물이 모두 간섭한다. 툭하면 전화가 오고, 툭하면 메일이 오고, 툭하면 회의를 해야 한다. 무언가를 일부러 생각할 시간과 공간이 주어지지 않는다. 하지만 출퇴근길 차 안은 절대적으로 고독이 보장되는 시간과 공간이다. 일부러 라디오도 켜지 않는다. 매일 리추얼처럼 반복되는 1시간가량의 절대적 시간과 공간 속에서 공상과 상상이 춤춘다. 1983년 수원에서 서울로 통학할 때부터 지금까지 습관으로 굳어진 '생각시간'이다. 아무도 방해할 수 없는 귀중한 기회다.

1992년에 PD가 되기 전에는 그냥 아무거나 상상하고 공상했다. 그러다 PD가 된 이후에는 데카르트처럼 일부러 의심하고 생각했다. 이 시간도 무려 25년이 지났다. EBS의 많은 프로그램들은 이 '생각시간'에 태어났다. 일부러 딜리트하여 새로운 것을 기획했다. 사무실에선 주로 이렇게 떠오른 아이디어를 동료들과 토론하고 가능성을 확인했다. "이거 어때?", "저런 건 어떨까?" 하며 동료들에게 시도 때도 없이 가벼운 대화를 청하며 아이디어를 객관화했다. 이것이 기획의 전부다.

사람들은 '기획'이라고 하면 뭔가 거창한 것이 있을 거라 기대하지만 실은 그렇지 않다. 브레인스토밍을 한답시고 사무실에 모여앉아 있다고 해서 새로운 것이 태어나지는 않는다. 요즘은 EBS가 일산으로 이사를 하면서 더 좋은 시간이 주어졌다. 차 안이 아니고 홀로 아침저녁으로 50분씩 호수공원을 걸으면서 생각한다. 물소리, 새소리를 들으며 꽃 넝쿨로 뒤덮인 기다란 터널과 메타세콰이어 나무숲을 거니는 행운을 누가 매일같이 누릴 수 있겠는가? 누구에게도 방해받지 않고 아침저녁으로 100분 이상 매일 걸을 수 있다는 것은 하늘이 준 선물이다. 건강에도 좋고 생각에도 좋다. 그렇게 저녁 퇴근길에 고민하고, 아침에 결심하고, 낮에 결정한다. 아이디어가 떠오르면 녹음하거나 메모한다. 이동 중에 떠오른 생각이 사무실에 도착하자마자 흔적도 없이 사라진 적이 한두 번이 아니기 때문이다.

그 시간은 일부러 딜리트하며 생각하는 시간이다. 딜리트적인 생각의 기술은 처음에는 어색할 것이다. 그러나 몇 가지만 해봐도 그 효과는 바로 나타난다. 머리에 잔뜩 끼어 있던 안개가 걷히고 사태와 사실이 명료해진다. 딜리트적 사고방식은 본질에 단도직입적으로 들어가는 사고방식이다. 하나하나를 딜리트하다 보면 핵심만 남는다. 일부러 하지 않으면 딜리트하는 것은 너무도 어렵다.

혁신가는 복종하지 않고 파괴한다

일부러 딜리트하지 않으면 모든 것이 만고불변의 진리처럼 보이기 때문에 딜리트해야 한다. 진리처럼 믿어지는 것이 진리가 아니라고 판명될 때, 딜리트의 효과는 극대화된다. 사소한 것부터 거대한 것에 이르기까지 딜리트 효과는 발휘된다. '일부러' 해야 기획이 된다. 세상 모든 것이 다 자연스럽게 된다면 무엇이 문제이겠는가? 자연스럽게 딜리트되는 것은 바위가 모래가 되거나, 유기체가 부패하여 흙과 공기가 되는 것, 자연 속에서 원소 간에 화학반응이 일어나는 것들뿐이다. 그런 딜리트를 제외하면 모두 기획된 것이다.

　알디는 일부러 품목 수를 줄였다. 러시는 매장을 향기로 가득 채우려고 일부러 포장을 하지 않았다. 구글이 첫 화면을 단순하게 구성한 것도 의도가 있어서다. 스탠퍼드 대학의 디자인 스쿨은 일부러 강의실 의자를 합성수지 재질로 불편하게 설계했다. 오래 앉아 있지 말고 돌아다니며 많은 학생과 대화하라는 의도에서 그렇게 한 것이다. 집중력을 높이기 위해 창문도 소음도 딜리트된 '암흑의 공간Booth Noir'도 일부러 만들었다. 이처럼 많은 혁신은 일부러 딜리트한 결과다.

경영사상가 게리 해멀은 저서 《꿀벌과 게릴라》에서 "나의 회사가 위반하기 위해 일부러 선택해온 산업의 교리는 무엇인가? 아무것도 떠오르는 것이 없는가? 그렇다면 산업 내 평균 이상의 성과를 기대하지 마라. 산업 혁명가들은 복종적인 전략을 만들어내지 않는다. 그들은 파괴적인 전략을 만들어낸다."[156]고 말했다. "위반하기 위해 일부러 선택해 온 산업의 교리"가 딜리트의 철학이다. 딜리트는 자연스럽게 일어나지 않는다. 무언가를 딜리트하고 파괴하기 위해서는 일부러 무언가를 해야 한다. 혁명은 그냥 어느 날 갑자기 발생하는 것이 아니라 부단한 의도적 노력의 결과다.

어떻게 하면 딜리트를 잘할까? 일단 '일부러' 딜리트를 하기로 결심하고 결행하면 절반은 성공이다. 일부러 실행하는 것보다 더 중요한 것은 없다. 딜리트를 결심했으면 딜리트가 잘될 수 있는 여건을 만드는 게 중요하다. 아무 때나 아무 장소에서

나 딜리트의 기술이 발휘되는 것은 아니다. 딜리트를 효과적으로 수행하기 위한 때와 장소가 따로 있다. 딜리트는 '지금 여기'를 떠나는 것이다. 사람은 누구나 어쩔 수 없이 장소와 시간에 구속된다. 그 구속에서 해방되는 것이 딜리트적 삶이다.

19.

'지금 여기'를
떠나자

1971년 8월 14일부터 20일 사이에 스탠퍼드 대학교 지하에서 유명한 실험이 진행되었다. 필립 짐바르도Philip Zimbardo 교수가 진행한 '스탠퍼드 감옥실험Stanford prison experiment'이었다. 짐바르도 교수는 스탠퍼드 대학 지하에 감옥을 만들고 지원하는 학생들에게 무작위로 교도관과 죄수의 역할을 하게 했다. 교도관에게는 교도관 옷을 입히고 곤봉도 주었다. 죄수는 머리에 스타킹을 씌우고 죄수번호가 찍힌 불편한 죄수복을 입혔다. 교도관이 죄수를 부를 때는 이름이 아니라 죄수번호를 부르게 했다. 진짜 경찰이 참여해 죄수(역할을 맡은 학생)들이 수감되기 전에 이뤄지는 절차를 도왔다. 지문채취나 범인식별용 사진 찍기 같은 절차 말이다. 그리고 그들은 감옥으로 이송되었다.

실험이 시작되고 얼마 지나지 않아 교도관은 진짜 교도관처럼 행동하고, 죄수는 진짜 죄수처럼 행동했다. 교도관들은 죄수들에게 기합을 주는가 하면 위생상태를 일부러 악화시켰다. 벌거벗은 채로 다니게 하는 벌도 주었다. 둘째 날이 되자 죄수들은 반란을 일으켰다. 교도관은 누가 시키지도 않았는데 반란을 일으킨 죄수들을 소화기를 사용하여 폭력적으로 진압했다. 36시간이 지나자 죄수들은 미친 사람처럼 소리를 지르고, 교도관들은 진짜 교도관처럼 권위적이고 폭력적으로 변했다.

'스탠퍼드 감옥실험'의 결과는 놀라웠다. 누구나 주어진 환경과 역할에 몰입한다. 교도관이면 교도관으로, 경찰이면 경찰로, 죄수면 죄수로 몰입한다. 감옥실험에 참여한 사람은 모두 대학생들이었다. 비판의식도 있고 감옥실험이 '실험'이라는 사실도 잘 알고 있었다. 그런데도 불구하고 예상치 못한 놀라운 결과가 나온 것이다.

떠나면
해방인 것을

이 실험의 놀라운 결과를 보면서 나는 인간이 커다란 감옥에 갇혀 있다는 생각을 했다. 지금 이곳은 어떠한 역할이 주어진 피치 못할 감옥과도 같다. 회사에 출근하면 사장은 사장대로, 경영진은 경영진대로, 간부는 간부대로, 사원은 사원대로 주어진 역할을 강요받는다. '지금 이곳'이 곧 감옥이다. 피할 수 없다. 정교한 규정과 공간이 사람을 통제하므로 생각도 거기에 머무를 수밖에 없다. 가족관계도 마찬가지다. 아버지는 아버지로, 자식은 자식으로 역할이 주어지고 주어진 역할에 최선을 다하려 한다. 그러다 보면 아버지는 권위적으로, 자식은 순종적으로 변한다.

이처럼 벗어날 수 없는 다층적인 유형·무형의 감옥이 인간의 행동과 마음을 가둔다. 인간은 거대한 역할극 속 출연자에 지나지 않을 수도 있다. 누군가 우리에게 매일 대본을 주고 역할극을 강요한다. 출연자인 우리는 마치 죄수처럼 그 역할에 몰입하고 진짜 자신이 누구인지 헷갈린다. 진정한 나는 사라지고 주어진 내가, 강요된 내가 나를 대신한다. PD는 PD처럼 생각하고 작가는 작가처럼 생각하듯이, 남들이 기대하는 나로 생각하고 있는지도 모르겠다.

그러다 보면 '지금 여기'의 노예가 되기 쉽다. 상황과 환경, 특정 역할에 몰입하기를 강요당한 노예 말이다. '지금 여기'는 지구라는 거대한 감옥 중의 하나이다. 지구를 벗어나려면 11.2km/s의 속도가 필요하다. 서울에서 부산까지 35초 만에 갈 수 있는 속도여야 지구를 벗어날 수 있다. '지금 여기'를 벗어난다는 것은 그만큼 어렵다.

교도관도 교도관 나름이고 죄수도 죄수 나름이겠지만, 교도소에 있다는 상황과 사실은 바뀌지 않는다. 지구가 둥글고 태양 주변을 회전하고 있다는 사실을 알기까지 그리 오래 걸린 것은 인간이 지구를 벗어나지 못했기 때문이다. 인공위성의 관점에서, 우주선의 관점에서 지구를 바라보았더라면 위대한 천문학자가 아니어도 쉽게 알 수 있었을 것이다.

주체적으로 중력의 작용을 끊어내고 '지금 여기'라는 감옥을 탈출하려면 어떻게 해야 할까? 마르코 폴로는 1271년에 이탈리아라는 감옥을 탈옥했다. 이탈리아의 문화와 법률이 지배하지 않는 나라로 탈주했다. 마르코 폴로와 아버지, 삼촌 일행이 3년만에 바다와 산, 험지를 뚫고 중국 원나라에 도착했다. 그 전까지 누구도 가지 않은 지난한 길이었다. 언어도 통하지 않고 모든 게 낯선 곳을 헤치고 중국에 도착했다. 죽음을 무릅쓰고 간 길이었다.

마르코 폴로가 각고 끝에 찾아간 중국은 신세계였다. 누구보다도 호기심이 많고 개방적인 황제 쿠빌라이 칸의 특별한 총애 속에 그는 자그마치 17년간 중국생활을 마치고 돌아왔다. 마르코 폴로는 진짜 감옥에서 《동방견문록》을 남겼는데, 그의 구술을 감옥의 죄수동료가 기록한 것이었다. 《동방견문록》은 당대의 유럽 사람들에게 동방으로의 러시를 자극했다. 그들의 눈에는 인도와 중국은 금은보화의 나라였다. 200년 후 콜럼버스의 신대륙 발견과 포르투갈의 희망봉 개척은 이미 마르코 폴로 시대에 싹이 텄던 것이었다.

200년 후에 후손들은 마르코 폴로가 전한 신세계를 찾아 떠났다. 원나라가 멸망하면서 중국으로 가는 육로가 차단되자 해로海路 개척에 나섰다. 그들이 콜럼버스, 바스코 다 가마, 마젤란이었다. 마르코 폴로는 이탈리아와는 전혀 다른 중국을 봤다. 이탈리아에 있었다면 전혀 상상할 수 없는 신세계를 본 것이다. 누구도 가지 않은 길을 갔기 때문이다. 상상하는 것과 경험하는 것은 전혀 다르다. 여행은 전혀 다른 상상을 하게 한다. 특별하지 않는 한 대부분의 사람들은 상황의 노예로 살기 쉽다. 시간과 공간의 상황을 뛰어넘는 것은 특별한 때, 특별한 경우가 아니고서는 매우 어렵다. 상황의 노예에서 해방되고 싶은가? '지금 여기'를 딜리트하면 가능하다.

아무도 가지 않은 길

그렇다면 어떻게 '지금 여기'를 딜리트할까? 누구도 '가지 않은 길'을 떠나면 된다. 미국의 시인 로버트 프로스트Robert Frost는 '가지 않은 길'이란 시에서 "숲 속에 두 갈래 길이 있었고, 나는-/ 사람들이 적게 간 길을 택했다고/ 그리고 그것이 내 모든 것을 바꾸어 놓았다."고 노래했다. 프로스트가 노래한 것처럼 가지 않은 길을 가면 모든 것이 바뀔 수 있다. 역사는 가지 않은 길을 간 사람들에 의해 전진했다. 우주에 흔적을 남긴 사람들은 처음으로 그 길을 걸어간 사람들이다. 남들이 가고 또 가서 닳아지고 단단해진 평탄대로를 가면 고생할 일이 없다. 하지만 거기에서는 아무 일도 일어나지 않는다. '가지 않은 길'을 갈 때 '보지 못했던 것'이 보인다. 보지 못한 걸 볼 때 뇌는 긴장하고 새롭게 반응하고 정렬된다. '보지 않은 걸 볼 때', '하지 않은 걸 할 때' 뇌에 파문이 인다.

'남들이 가지 않은 길을 가는 것'을 인생의 지침으로 삼아서 인류 문명을 앞당긴 사람이 있다. 전화기를 발명한 알렉산더 그레이엄 벨Alexander Graham Bell이다. 벨연구소에 가면 벨의 흉상이 있는데, 그 아래 이런 명문이 새겨져 있다. "때때로 늘 다니던 길을 벗어나서 숲속으로 뛰어들어 봐라. 당신은 확실히 이전에 보지 못했던 무언가를 발견하게 될 것이다."[157]

어느 날, 벨은 고향 시골길을 산책하다가 늘 다니던 길을 벗어나 숲속으로 들어가보면 어떨까 하는 생각이 갑자기 떠올랐다. 숲속으로 고작 15m쯤 걸어 들어갔을 뿐인데 이전에는 한 번도 보지 못한 아름다운 개울이 나타났다. 벨은 그때의 경험을 바탕으로 1914년 5월 22일 워싱턴에 있는 '친구들의 학교Friends' School' 졸업식에서 "다니던 길을 벗어나서Out of the Beaten Track"라는 제목의 연설을 했다.[158] 그때 했던 연설의 핵심이 바로 위의 문장이다. 연설의 내용을 좀 더 소개하자면 아래와 같다.

> "서로를 뒤따르는 양떼처럼 다른 사람들이 지나간 도로를 영원히 뒤따라가지 마라. 늘 다니던 길을 벗어나서 때때로 숲속으로 뛰어들어 가보라. 그렇게 할 때마다 전에 보지 못한 무언가를 확실히 만날 것이다. 물론 그것은 작은 것일 수도 있지만 무시해서는 안 된다. 그것을 따라가서 그 주위를 탐험하다 보면, 하나의 발견이 또 다른 발견으로 꼬리를 물고 일어날 것이다. 당신이 그것을 알기도 전에 생각할 가치가 있는 것이 당신의 마음을 차지할 것이다."[159]

그레이엄 벨은 가지 않은 길을 가는 것이 새로운 아이디어의 원천임을 너무 잘 알았다. 남이 간 길을 아무 생각 없이 따라가는 사람들을 양떼에 비유했다. 양은 무리를 지어 다닌다. 앞의 양이 가면 뒤의 양은 그냥 따라간다. 주체성 없이 남을 따라가는 사람이 새로운 것을 발견할 수는 없다. 양의 비유가 아니더라도 벨은 가지 않은 길을 가면 "당신이 그것을 알기도 전에 생각할 가치가 있는 것이 당신의 마음을 차지할 것이다."라고 말했다. 의도적으로 고민해서 떠오르는 것이 아니다. 자신도 모르게 다른 생각이 떠오른다. 새 길은 헌 길을 딜리트한다. 딜리트한 공간에 사람의 의지와 상관없이 새로운 생각이 차지한다.

여행이 딜리트의 기술이라고 주장하는 것이 이 때문이다. 여행에서 새롭게 만난 것은 옛것을 옛것으로 만들고, 자신도 모르게 새로운 것을 떠올리게 한다. 여행 자체가 딜리터의 역할을 한다. 그래서 딜리트의 기술은 여행을 통해 길러진다. 벨의 이런 정신을 얼마나 이어받았는지는 알 수 없지만, 1925년 설립된 벨연구소는 3만 3,000개가 넘는 특허와 14명의 노벨과학상 수상자를 배출한 최고의 민간연구소가 되었다.

편안한 반복에서
벗어나는 법

일상은 운명과도 같다. 아침에 일어나 잠들기까지 우리는 매일 같은 일을 반복한다. 일어나는 시간도, 일어나는 방식도, 마주치는 사람도, 대화하는 내용과 방식도 동일하다. 그러므로 일상은 동일성의 감옥이다. 회사에서도 마찬가지다. 회의와 보고가 반복된다. 회의도, 보고도 관료화되어 더욱 루틴해진다. 보고에 늘 동원되는 화려한 PPT, 경진대회가 연상되는 장황한 수

사가 기본이다. 1쪽이면 충분할 이야기를 수십 쪽에 걸쳐 한다. 길고 긴 텍스트는 기본이고 이제는 이미지도 부족한지 동영상까지 동원한다. 듣고 있는 사람들은 가까스로 졸음을 참는다.

패러다임 시프트, 4차 산업혁명, 네트워크 사회, 인공지능, 토털 서비스, 모바일 퍼스트 등 잘 알지도 못하는 말의 잔치판이 매일 벌어진다. 이것을 준비하는 실무자도 기계처럼 업무를 반복한다.

누구도 일상에서 벗어날 수 없다. 동일한 것의 반복은 편안함을 주지만 인간에게서 생명의 긴장감을 빼앗아간다. 그러다 보면 새로운 것은 아무것도 기획되지 않는다. 일상을 일거에 파괴하는 기술이 있을까? 가장 효과적인 기술이 '지금 여기'를 떠나는 것이다. 떠나면 자신을 운명처럼 짓누르던 중력의 압력도 사라진다. 그래서 인간은 떠나면 자유로워지는 것이다. 원하든 원치 않든 머릿속이 리셋된다. 지금까지 하지 않던 생각이 마음에 차오른다. 여행은 딜리트의 가장 효과적인 기술이다.

새로운 곳은 새로운 질서를 부여한다. 익명의 섬 속에서 던져지면 윤리나 도덕으로부터도 해방된다. 인간은 익명일 때 더 타락하기도, 더 성찰하기도 하는 이중적 존재다. 여행은 익명자의 탐험이다. 자신을 억누르던 인간관계가 존재하지 않는다. 오로지 낯선 곳의 질서를 탐색하는 데 온 주의를 집중시킨다. 여행은 고독을 부르지만 고독은 자유를 보장한다. 도덕과 전통은 일상을 만들고 자신을 과거에 고착시키려 한다. 사실 여행은 이런 것으로부터 탈출하는 비행이다. 그래서 여행은 생각의 산파다. 비행기나 기차라도 타게 되면 새로운 생각이 새싹처럼 머리에서 돋아난다. 두꺼운 각질 속에서 질식할 뻔했던 생각들이 문을 열고 나오고, 잊혔던 과거의 기억도 되살아난다. 과거를 잊으려고 여행을 떠나는 사람은 뭘 잘 모르는 사람이다. 여행은 생각이라는 아궁이에 불을 활활 지펴주기 때문이다.

여행하면 생각이 충돌한다. 옛것과 새것의 전투가 시작된다. 여행을 떠나기 전에는 오로지 옛것이 머리를 독재했다. 그래서 뇌는 무의식적으로 획일화와 동일화를 명령했다. 도덕과 관습, 사람과 규정에 맞추라는 무언의 명령을 수행하며 평화와 안정을 찾았다. 그러나 여행을 떠나면 모든 족쇄가 풀리면서 새것을 수용하기 위해 옛것을 몰아낸다. 생각의 충돌은 새것의 출현과 같다. 출동 없는 새것은 없다. 산소와 수소가 충돌해야 물이 만들어지듯, 혁신의 역사는 어제와 오늘, 여기와 저기, 이 사람과 저 사람, 이 사상과 저 사상, 동과 서의 충돌의 역사다. 2개의 돌이 부딪힐 때 비로소 불꽃이 튀듯, 여행은 이질의 원소가 만나서 새로운 화학작용을 일으키게 하는 촉매제다. 물과 물이 만나면 물이 될 뿐이다.

여행은 기존의 모든 것을 딜리트한다. 자신의 주변에 고립과 침묵만 남는다. 고립과 침묵은 나를 나의 참주인이 되게 한다. 겉으론 평화가 찾아온 것처럼 보이지만 속으로 전쟁이 시작된다. 자신이 주인이 되는 전쟁이다. 그 과정에서 노예로 살았던 과거를 성찰하고 자신을 바로 세운다. 고립과 침묵은 모든 간섭으로 자신을 보호해준다. 내 마음이 이끄는 대로 나는 성형된다. 고독하기 때문에 우리는 상상한다. 알랭 드 보통은《여행의 기술》에서 19세기 생물학, 광물학, 화학, 해양학 등에서 입지전적인 인물인 알렉산더 훔볼트Alexander von Humboldt의 예를 들었다. "그가 가본 곳을 그보다 먼저 여행한 유럽인은 거의 없었다. 덕분에 훔볼트는 상상력의 자유를 누릴 수 있었다. 그는 아무런 자의식 없이 자신의 관심을 끄는 것을 따라갈 수 있었다. 다른 사람들이 설정한 위계를 따르거나 의도적으로 거부하지 않고 스스로 가치의 범주를 만들 수 있었다."

훔볼트는 1799년부터 5년간 남아메리카로 1만 5,000km를 여행한 후 20년간《신대륙의 적도 지역 여행》30권을 출간했다. 1,600가지의 식물을 채집하고 새로운 600종을 확인했다. 훔볼트는 누구도 가보지 않을 곳을 가서 새로운 질서를 부여했다. 정신적 위도와 경도를 자신의 생각대로 그렸다. 여행이 그에게 자유를 부여했기에 가능했다.

찰스 다윈도 1831년부터 5년간 '비글호'를 타고 남아메리카, 남태평양을 탐사했는데, 그 여행 끝에 '진화론'이란 새로운 질서를 만들어냈다. 유럽에 갇혀 있을 때는 생각지도 못한 것을 여행을 통해 발견한 것이다. 인간은 새로운 사실을 무작위적으로 받아들이지 않는다. 인간의 두뇌는 컴퓨터의 기억장치 같은 스토리지가 아니다. 무질서한 것을 보면 새로운 패턴을 만들거나 규칙을 부여하고 싶어 한다. 여행을 통해 새롭게 쏟아져 들어오는 정보는 새로운 패턴으로 안정화되는데, 새로운 것 앞에서 발동한 본능적인 호기심은 하나의 패턴과 원리로 정리될 때 진정된다.

여행은 호기심을 자극하고 질문하게 한다. 여행을 떠나기 전과 다르기 때문이다. 다른 것을 만나면 사람은 긴장하고 본능적으로 분석한다. 내가 캄보디아의 앙코르와트를 처음 봤을 때 든 생각이다. 거대한 사원이 모두 사암으로 돼 있는데 그것도 모두 거무스레하다. 이국적인 모습에 긴장감과 호기심이 동시에 찾아왔다.

한국에 있는 큰 사찰에 가면 생경한 단청 문양도 편안하다. 처마에 달린 풍경소리라도 듣게 되면 안식과 평화가 몰려온다. 별다른 의문도 갖지 않고 스르르 눈을 감는다. 익숙함은 우리 감각을 무디게 한다. 우리의 코는 악취에 오래 노출되어 있다 보면 무감해져서 악취를 느끼지 못한다. 우리의 눈 역시 동일한 색과 모양을 구별하지 못하는 경우가 있다. 그 외의 모든 감각이 그렇다. 우리가 일상에서 산다는 것은 같은 색깔, 같은 냄새, 같은 감각의 나라에서 산다는 것을 의미한다.

여행은 색깔과 모양과 냄새를 바꾸는 것이다. 친숙함에서 생경함과 낯설음으로 인도한다. 긴장은 동공을 확대시키고 관심을 집중시킨다. 방송으로 말하면 시청률이 올라가는 순간이다. 앙코르와트 앞에서 나는 그동안 목조건축으로만 봐왔던 사원에 대한 생각이 모두 편견이었다는 것을 순식간에 알아버렸다.

떠나본 사람만
알 수 있다

피카소는 아프리카 미술을 만나서 큐비즘의 단초를 얻었다. 최초의 큐비즘 작품인 '아비뇽의 처녀들'에서 아프리카 가면을 한 처녀를 발견할 수 있다. 파리와 스페인을 오가는 빈번한 여행과 다양한 사람들과 교류를 통해 다양한 양식적 통찰을 얻었다. 그가 회화뿐만 아니라 조각, 도예, 판화, 연극 등 다양한 장르를 넘나든 것은 그가 자기와 다른 사람, 다른 현상을 만났기 때문이다.

빈센트 반 고흐는 고향 네덜란드를 떠나 프랑스의 파리를 거쳐 프로방스 지역에 머물면서 남들이 보지 못한 색깔을 발견했다. 광신도였던 그는 원래 목사를 희망했지만 신학대학에 들어가는 데 실패했다. 전도사 양성학교에서도 전도사로서 자질이 부족하다고 여겨져 평신도로서 전도를 하게 되나 교회로부터 외면받는다. 실의에 빠진 그는 결국 1880년 27세란 늦은 나이에 화가가 되기를 결심하고 그림을 공부하기 시작했다.

고흐의 그림은 프랑스 남부 프로방스 지역으로 떠남으로써 비약한다. 1888년 프랑스 남부 프로방스 지역 아를로 이주했다. 그리고 그의 미술은 여기서 만개하고 2년의 짧은 기간에 수많은 작품을 남기고 죽는다. 고흐는 1888년 2월에서 1889년 5월까지 15개월 동안 약 200점의 그림을 그리고 100점의 스케치를 했다. 예술은 길고 인생은 짧았다. 그토록 짧았던 예술인생에서 그가 빛나는 불멸의 작품을 탄생시킨 곳은 그의 고향이 아니고 프로방스였다. 프로방스의 태양 아래에서 그는 노란색과 청록색을 발견한다. 르 코르뷔지에가 그리스의 뜨거운 광선에서 빛의 중요성을 발견하고 유리창을 통해 과감히 빛을 건축 내부로 끌어들이게 된 것과도 같았다. 그의 '해바라기'와 '별이 빛나는 밤' 같은 수많은 작품 속에서 발견되는 노란색과 청록색은 프로방스가 그에게 준 선물이었다. 여행은 자신이 있는 곳에서 볼 수 없고, 느낄 수 없고, 생각할 수 없는 것을 가능하게 해준다.

여행은 미술과 건축 분야에서만 마술을 부리는 것이 아니다. 스타벅스도 하워드 슐츠의 이탈리아 여행을 계기로 재탄생했다. 하워드 슐츠가 인수하기 전에 스타벅스는 카페가 아니라 커피 원두를 공급하는 회사로 잘나가고 있었다. 1982년 스타벅스는 스웨덴의 커피메이커 회사를 다니던 슐츠를 영업담당으로 영입했다. 1983년 슐츠는 이탈리아 밀라노에서 열린 국제 가정용품 전시회MACEF에 참석하는데, 거기에서 길가에 있는 수많은 에스프레소 바를 발견했다. 이탈리아인들이 바에서 편안하게 휴식을 취하듯 에스프레소를 즐기는 모습에 감명을 받았다. 미국에는 없는 카페문화였다.

이탈리아 여행에서 돌아온 슐츠는 에스프레소 바를 운영해보자고 회사에 건의했지만 받아들여지지 않았다. 결국 1985년 스타벅스를 떠나 이탈리아에서 본 카페를 열었다. 그가 만든 이탈리아식 카페 '일 지오날레il Giornale'는 대성공이었다. 성장을 거듭하던 일 지오날레가 거꾸로 1987년 스타벅스를 인수했고 오늘에 이르게 되었다.

원래 스타벅스를 설립한 사람들은 슐츠의 설득에도 넘어가지 않았다. 슐츠는 커피 전문가는 아니었지만 이탈리아에서 커피의 다른 세계를 봤다. 전문가가 아니었기 때문에 전문가들이 보지 못하는 것을 보았을 수도 있다. 이탈리아 여행은 미국에서 볼 수 없는 것을 보게 했다. 여행은 문화와 지리와 의식은 물론이고 기존의 고정관념, 편견, 관습까지 딜리트시켜준다. 공무원으로 살다가 밤새 몰래 이탈리아로 여행을 떠나 《파우스트》를 구상한 괴테처럼 슐츠는 이탈리아 여행을 통해 스타벅스를 원두 판매회사에서 커피가 있는 문화공간으로 탈바꿈시켰다.

　미국의 대형 주방용품업체 윌리엄스 소노마Williams-Sonoma도 여행의 산물이다. 캘리포니아주 소노마에 살고 있던 찰스 윌리엄스Charles E. Williams는 1953년 프랑스 파리로 여행을 떠났다. 음식에 관심이 많았던 윌리엄스는 파리의 식당과 가정에서 쓰는 조리기구를 보고 반해버렸다. 무거운 볶음팬이나 거대한 수프용 냄비, 다양한 오븐용 접시 등 별의별 조리기구가 다 있었는데, 눈으로 보고도 믿을 수 없을 정도였다. 미국에서는 살 수 있는 조리기구라고 해봐야 알루미늄이나 주석으로 만든 저렴한 냄비와 팬뿐이었다. 파리는 요리의 별천지였다. 미국에서 볼 수 없었던 것이 천지였다. 그는 돌아와서 3년 후인 1956년에 '윌리엄스 소노마'를 설립했다. 고도성장을 해왔고 2014년 기준으로 매출이 4조 4,000억 원에 이르고 매장만 600개가 넘어섰다.

　여행은 생각지 못한 것을 생각하게 하는 마법의 시간이다. 관념적인 것이든 실제적인 것이든 상관없다. 사람은 새로운 생각을 해야 새로운 행동을 한다. 새로운 발견을 해야 새로운 생각을 한다. 새로운 발견을 하기 위해서는 무언가가 딜리트되어야 한다. '지금 여기'를 딜리트하는 여행은 모든 걸 바꾸어 놓는다. 여행은 혁명을 위한 조용한 예비과정이자, 헌 사상 대신 새로운 사상을 받아들이고 훈련시키는 시험의 시간이다. 막히면 떠나자! 떠나면 잊혀지고, 잊혀지면 새롭게 만나고, 만나면 새 역사가 시작된다.

일상에서
딜리트 연습하기

앞에서 일상의 노예로 살지 말고 막히면 떠나라고 반복해서 이야기했다. 매일 똑같은 일을 반복하면 상상력도, 창의력도 고갈될 수밖에 없다. 그러나 의지만 있으면, 마음만 먹으면 우리는 언제든지 '지금 여기'를 탈출할 수 있다. 마음만 먹으면 가고 싶은 곳 어디든지 갈 수 있다. 말도 안 된다고? 일상에서 벗어나려는 의지가 약할 뿐이다. 편하니까 일상에 묻혀 사는 거다. 환경이 우리를 지배할 때도 있지만 우리가 환경을 지배할 수도 있다. 유체이탈처럼 몸은 비록 여기 있지만 마음은 어디든지 떠날 수 있다. 이것 역시 말도 안 된다고 생각할 것이다.

마음만 떠나보내는 여행은 어떨까? 프랑스의 소설가이자 수필자인 그자비에 드 메스트르Xavier de Maistre는 42일간 가택연금을 당한 채 오로지 방 안에서 여행하고 2권의 책을 남겼다. 《한밤중, 내 방 여행하는 법》,《내 방 여행하는 법》이 그의 독특한 여행책이다. 방에서 소소한 것이 모두 여행의 모티브가 되었다. 방 안에서 여행을 하다니 전혀 생각지 못한 방법으로 실제 여행보다도 더 생생한 여행을 했다.

그는 방 안 여행을 마무리하며 "뜻밖의 일이 벌어진 상황에서 독자 여러분께 한 가지 짚고 넘어가고 싶은 것이 있다. 자만해서 하는 말이 아니지만 이런 여행은 나 말고 다른 사람이 하기엔 녹록치 않을 것이다. 관찰방법과 관찰력이 나보다 수천 배는 나은 여행자가 있다고 한들, 과연 나의 운명이 이끌어갔다고 할 수 있는 4시간의 여정에서 내가 겪은 다채롭고 유별난 모험을 그도 할 수 있을까?"[160]라고 썼다.

때로는 방 안에서만 여행을 해도 수천 배 관찰력이 뛰어난 여행자보다 더 다채롭고 유별난 여행을 할 수 있지 않을까? 결국 여행의 결과는 보고, 느끼고, 깨달은 것이 얼마나 내 마음속에 내면화되느냐다. 지구 역사에서 지금처럼 여행이 빈번하게 일어난 때는 없었을 것이다. 조금이라도 아름다운 곳이라면 여행객과 관광객이 넘쳐난다. 그들은 세속과 번잡, 일상에서 탈출하는 데는 성공했지만 딜리트하는 데는 실패한 경우가 허다하다. 대개 현실에서 도망하거나 말초적 쾌락을 탐닉하기 위해 떠난 경우가 많기 때문이다.

메스트르처럼 방이라는 제한된 공간이라도 작정하고 여행하면 책 2권 분량도 넘는 여행기를 누구나 쓸 수 있다. 방 안에 있는 물건부터 재해석해보자. 서가의 책만 봐도 수십 년의 인생 파노라마를 기억하고 자성하고 기록할 수 있다. 부엌의 칼을 하나 봐도 먹는 즐거움과 인류의 폭력의 역사를 기억할 수 있다. 메스트르는 자기 전 종탑에서 울리는 종소리를 갖고도 한참을 생각하고 기록했다. 그는 "또 이렇게 내 인생의 하루가 빠져나가는구나?" 하며 시간의 의미를 곱씹어봤다. 탁상시계 하나를 모티브로 삼아도 무한의 상상을 할 수 있다. 입사시험이나 입학시험에서 '탁상시계'란 소재로 작문을 하야 한다면 누구나 멋진 상상의 글을 쓸 수 있을 것이다.

출근 길 여행

상상은 떠나는 것이다. 육신을 여기 남기고 영혼만 어디론가 떠나는 것이다. 상상의 여행에는 돈이 들지 않는다. 약간의 시간만 필요하다. 상상여행의 효과도 실제 여행의 효과와 다르지 않다. 우리가 일상에서 벗어나지 못하는 것은 상상하지 않기 때문이다. 적은 것을 가지고 많게 하는 사람이 있는가 하면, 많은 것을 가지고도 적게 하는 사람이 있다. 하나의 영어문장으로 표현해보면 어떨까?

"Less is More." is better than "More is Less."

적은 것을 가지고 오래 생각하면 생각지도 못한 깊은 것이 떠오른다. 여행을 하고 와서 별다르게 기억나는 것이 없던 적이 얼마나 많은가? 자칫 여행은 즉자적인 즐거움으로 끝난다. 안도 다다오도 본 것을 스케치하고 스케치하며 생각했다. 그리고 그것을 글로 썼다. 우리에게 여행은 핸드폰 영상에 담겨 있다. 핸드폰이 여행을 한 건지 인간이 여행을 한 건지 다시 꺼내보지도 않을 영상을 찍고 나서 우리는 여행지에서 바람처럼 사라진다. 기억도, 성찰도 공중으로 증발된다.

방 안에서 소소한 물건 하나하나, 미세한 소리, 바깥 소음, 창문으로 보이는 행인, 건물 등을 깊이 관찰하고 상상하는 것이 더 의미 있는 마음의 여행이 될 수도 있다. 일상을 해체시키는 것은 그냥 일상에서 떠나버리는 방법도 있지만 메스를 가지고 일상을 수술하는 것도 좋은 방법이다. 일상의 오장육부와 혈관과 피의 흐름, 골격을 직면할 때 일상에서 보지 못하던 것을 볼 수 있다. 일상을 해체하면 그것은 더 이상 일상이 아니다.

직장인이란 현실 속에서 나만의 값싼 여행법은 매일, 습관적으로 일정한 시간과 공간에서 상상여행을 하는 것이다. 특별한 일이 아니면 아침마다 책을 읽는다. 책 속으로 여행은 그 어느 여행보다도 현실을 딜리트하게 하고 스스로를 성찰하게 한다. 로마의 판테온 신전 앞에서 경탄하는 것보다 판테온 신전의 건축사를 읽어보는 것이 더 행복할 때가 있다. 사실 나는 판테온 신전을 먼저 가보고 그 역사는 나중에 읽었다. 그 웅장하고 정교한 판테온에 짓눌려 감탄사만 연발했다. 물론 그 감탄이 동기가 되어 책을 본 것이다. 그 건축의 역사는 현장에서의 감동보다 더 생생하지는 않았지만 더 깊이 마음에 새겨졌다. 콘크리트 공법이 아니면 짓기 불가능했던 판테온의 역사를 보면서, 건축을 볼 때 재료의 관점에서도 볼 수 있다는 새로운 시각을 얻었다.

독서는 여행의 메커니즘과 여러 면에서 유사하다. 책에서 만나는 사람, 사물, 사태, 사건, 이야기를 여행에서도 만난다. 매일 일정한 시간에 책을 읽는 사람은 매일 여행하는 사람과 같다. 독서의 폭이 넓으면 여행의 폭도 넓어진다. 책이 지겹다고 하지만, 책이 여행이라 생각하면 행복하고 즐겁다. 기행문을 쓰듯 읽은 것을 글로 정리할 때는 읽을 때 느끼거나 깨닫지 못한 것도 알게 된다. 그래서 나는 읽으면 가급적 글로 조금이라도 정리하려 한다.

아침저녁으로 산책을 하며 혹은 이동 중이나 출퇴근길에 차 안에서 혼자 상상하는 것이 돈과 시간을 들이지 않고 내가 여행하는 방법이다. 읽은 책을 되새기든, 프로그램을 기획하든, 책을 기획하든, 뭔가를 상상할 때는 녹음하고 기록한다.

뮤즈가 나를 지배하는 절대 고독의 순간, 인생의 가장 큰 즐거움이 찾아온다. 행복한 출퇴근의 시간 동안 수많은 프로그램이 기획되었고, 수많은 생각들이 정리되었다. 너무나 고마운 시간들이다. 25년이 넘는 직장생활, PD생활에서 내가 새로운 무언가를 했다면 대개는 이때 상상한 일들이다. 회사마다 다르겠지만, 방송국이라는 내 직장은 일단 출근하면 시장바닥이나 유세장 한복판에 온 것 같다. 새로운 생각과 상상을 할 수 있는 곳은 못 된다. 관료시스템 속에서 째깍째깍 루틴하게 움직이는 시계태엽 같다고 할까.

반 페이지로 혁명하기
: 딜리트 실전연습

작은 방을 여행하듯 큰일도 작은 것에서 시작된다. 거대한 한방주의는 겉으로는 그럴듯하지만 실제로는 무위로 끝나는 경우가 많다. 생활 속에 작은 변화가 누적되면 큰 변화를 만든다. 《노자》63장에 나오는 이 구절을 나는 참 좋아한다.

天下難事천하난사, 必作於易필작어이
天下大事천하대사, 必作於細필작어세

뜻은 이렇다. 천하의 어려운 일은 반드시 쉬운 것에서 비롯되고 천하의 큰일은 반드시 세세한 것에서 비롯된다. 딜리트의 기술도 마찬가지다. 세세한 것부터 딜리트해보면 어떨까?

뭐든 습관이 만들어져야 스트레스 받지 않고 쉬워진다. 딜리트를 거대한 혁명과 혁신의 수단이라고 내내 이야기해왔지만 세세한 것에서부터 해봐야 그 효과가 생활화하고 내재화된다.

누구나 창의성을 갖고 있다. 딜리트의 기술은 내재된 창의성을 끄집어내는 촉매의 기술이다. 촉매제는 자신은 변하지 않지만 분자 간의 화학적 반응을 불러일으키고 반응 속도를 높여 준다. 딜리트는 생각의 촉매제다. 새로운 생각을 자극하고 생각의 속도를 높여준다. 엄청난 훈련이나 기술이 필요한 것도 아니다. 평범하고 단순해서 누구나 지금이라도 해볼 수 있다.

딜리트의 기술을 가장 쉽게 익힐 수 있는 '딜리트 매트릭스'를 소개하겠다. 나는 오랫동안 콘텐츠 기획자로 활동하면서 딜리트 발상법을 유용하게 사용해왔다. 시청자들이 좋아하는 EBS 프로그램 중에도 이런 방법으로 기획, 개발된 것이 많다. '다큐프라임', '세계테마기행', '한국기행', '다문화고부열전' 등등 많은 프로그램이 이렇게 개발되었다. 먼저 '세계테마기행'의 예를 살펴보자.

기존의 것과 차별화된 프로그램을 기획할 때 딜리트의 기술은 특히 유용하다. '세계테마기행'은 딜리트 기술을 사용하여 개발한 프로그램으로, EBS에서 시청률이 가장 높고 잘 알려진 프로그램이다. 2008년 첫 방송을 시작해 어느덧 10년이 되었다. 동일 시간대의 시청률이 600% 이상 올랐고, 첫 방 이후 거의 10년간 계속 오르고 있다. 모든 공중파 방송사의 프로그램이 10년 사이 예외 없이 시청률이 떨어져온 것과 비교하면 기적이라 할 수 있다. 또한 세계테마기행은 EBS 프로그램으로서는 유일하게 '시청자가 좋아하는 프로그램 20위' 안에 랭크되어 있다.

'세계테마기행'을 기획할 때 역시 딜리트의 기술을 사용했다. 딜리트 기술을 효과적으로 사용하기 위해서 간단하게 딜리트 매트릭스를 활용하면 좋다. 엑셀 같은 스프레드 시트 프로그램을 사용하면 편리하다.

첫 번째 열(A)에는 딜리트 요소를 가능하면 가장 빠른 속도로 무엇이든 떠오르는 대로 적는다. 프로그램의 속성이나 구성요소면 된다. 가급적 다양하게 나열할수록 좋다. 예상치 못한 아이디어가 떠오를 수 있기 때문이다. 순간적인 생각이 중요하다. 장고하면 역효과가 나는 경우도 있다.

두 번째 열(B)에는 현재 유행하거나 일반적인 여행 프로그램을 적는다. A열에 있었던 딜리트 요소에 맞는 내용을 마찬가지로 생각나는 대로 빠르게 적는다. 키워드면 충분하다.

세 번째 열(C)에는 미리 화살표(→)를 표시해둔다. 화살표는 컴퓨터 키보드의 딜리트 키Delete Key를 누르는 것같이 머릿속에서 액션을 하라는 시그널이다. 일종의 큐 시그널Q-Signal인 셈

	딜리트 매트릭스 – 세계테마기행			
	요소(A)	현재(B)	딜리트 와이(C)	연상키워드
1	촬영장비	ENG	→	6mm 카메라, 핸드폰, 일반 카메라
2	목적지	1급지	→	2, 3급지, 오지, 아프리카 등
3	촬영인원	4명	→	2~3명
4	주당 편성회수	1회	→	2~4회
5	프리젠터	없음	→	있음
6	코디네이터	한국인	→	외국인
7	성우	전문성우	→	일반인
8	음악	자유지정	→	현지음악
9	제작주체	자체	→	외주, 공동제작
10	목적	여행정보	→	체험
11	포맷	종합구성	→	리얼리티

이다. "딜리트 와이"를 외치라는 뜻으로 화살표(→)를 표시했다.

그러고 나서가 중요하다. 딜리트를 한 후 막 떠오른 연상되는 키워드를 적는다. 여기서 중요한 것은 절대 부담을 갖지 말고 떠오르는 대로 아무거나 적어야 한다는 것이다. 딜리트 리스트를 작성하는 행위를 앞으로 '딜리트 라이팅Delete Writing'이라 부를 것이다. 이렇게 딜리트 라이팅을 하는 과정에서 전혀 다른 아이디어가 떠오를 때가 많다.

여행 프로그램이 한창 유행이었다. EBS도 여행 프로그램을 하나 만들면 어떨까 하고 생각하던 중이었다. 다양한 여행 프로그램을 생각하며 머릿속에서는 '딜리트 리스트'를 작성하고 있었다. 원소나열법에 따라 모든 요소를 나열했다. 여행 프로그램이란 집합의 원소를 나열했다.

여행 프로그램 = 여행목적지, 방송주기, 촬영장비, 여행정보, 제작비, 제작주체…

이제 모든 요소를 딜리트해보는 작업을 해보는 거다. 첫째, 여행 목적지, 둘째 정보형 포맷, 셋째 방송주기, 넷째 촬영장비 등 모든 요소로 놓고 딜리트 시스템을 작동했다. 이 딜리트 시스템은 곧 자동시스템이었다. 직관적이고 본능적으로 이뤄진다. 딜리트하면 자동적으로 뭔가가 새롭게 떠오른다.

여행목적지를 딜리트하자고 마음먹으니 자동적으로 문화 중심, 도시 중심에서 자연 중심의 여행지가 떠올랐다. 국내 여행 프로그램들은 당시 대개 파리, 런던, 뉴욕 등 소위 1급지 도시나 문화 중심지를 목적으로 하는 경우가 많았다. 파리를 가느니 차라리 아프리카 미답지未踏地를 가자! 그래서 문명화되지 않은 자연과 원시성이 넘치는 지역으로 가는 여행 프로그램이란 생각이 순식간에 떠올랐다. 아프리카, 라틴아메리카, 아시아 대륙을 탐험하듯 가는 프로그램을 만들면 어떨까 하는 생각에 이른 것이다. 여행 목적지가 전혀 다르게 떠오르니 이것을 뒷받침해줄 근거들이 연이어 폭발하듯 생각났다.

도시란 번아웃의 성지며 경쟁의 전투장이다. 사람들은 도시를 탈출하고 싶을 것이다. 귀농, 귀촌 인구도 매년 늘고 있다. 이미 오프라인 인기 여행지로 라틴아메리카가 부상하고 있다. 도시와 문화 중심지는 이미 너무 많이 노출되어 신선미가 없다. 새것, 날것으로 가자! 쉼과 느림이 있는 곳으로 가자! 여러 생각들이 순식간에 떠올랐다. 여행 목적지를 딜리트해야겠다는 생각을 하기 전에는 떠오르지 않았던 생각이 폭포수처럼 쏟아졌다.

둘째, 포맷에서 딜리트할 것을 생각해봤다. 보통 국내 여행 프로그램은 정보형 포맷 프로그램이 많았다. 알찬 여행정보를 주면 시청자들은 좋아했다. '여행=정보'라는 등식이 부지불식간에 굳어져 왔다. 그런데 이것을 딜리트하겠고 마음먹는 순간 전혀 다른 생각이 떠올랐다. 여행정보를 최소화하자고 생각하니 자연스럽게 리얼리티형 여행 프로그램이 떠올랐다. 이것은 조직적이고 체계적인 사고의 결과가 아니다. 그냥 하나의 요소를 딜리트하니 다른 것이 떠올랐을 뿐이다.

아프리카, 아시아, 라틴아메리카의 미답지를 프리젠터가 체험하면서 프로그램이 진행되니 자연스럽게 정보량이 통제되었다. 체험형 포맷은 정보를 조절하기 용이하다. '세계테마기행'은 느리게 진행된다. 컷과 컷 사이, 씬과 씬 사이에 비약도 없다. 시청자의 시선 흐름과 카메라의 흐름을 일치시켰다. 일종의 리얼리티 프로그램처럼 자연스러운 속도와 흐름을 중시하는 편집을 했다. 요즘 예능, 다큐 등 전 장르에서 리얼리티가 대세인 이유가 바로 이런 자연스러운 흐름과 무관하지 않다. 현대인은 자아고갈의 상황으로 내몰리고 있다. 두뇌를 과도하게 사용하고 의지가 과도해 자아가 고갈되고 있다. 세계테마기행은 많은 정보를 원천적으로 차단할 수 있는 체험형 리얼리티 포맷을 채택함으로써 시청자를 정보의 습격으로부터 지키고자 했다. 시청자들은 편안한 가운데 지금까지 직접 가보지 못한 곳, 간접적으로도 처음 보는 생경한 곳을 안방에서 즐기게 되었다.

셋째 세계테마기행의 경우 바로 이런 위클리 편성을 딜리트할 생각을 해보았다. 위클리 편성을 딜리트한다면 PD라면 누구나 데일리 편성을 떠올릴 것이다. 데일리 편성하면 무엇이 연상될까? '해외제작인데 제작비가 가능할까? 제작인력은?

소재가 고갈되지 않을까?' 등 오만 걱정이 앞선다. 게다가 당시는 2007년부터 미국의 서브프라임 모기지 사태가 터지면서 금융위기가 닥쳐오고 있는 상황이었다. 그런데 데일리 편성을 하면 오히려 제작비를 줄일 수 있다는 생각이 스쳐지나갔다. 한 나라에서 4편을 연속제작하면 제작비가 절감될 것이다. 더욱이 물가가 비싼 1급지를 피하면 적은 제작비로도 제작할 수 있다. 해외에서 위클리(1주일에 1편 방영)로 제작할 경우 최소 편당 2,500만 원의 제작비가 필요하다. 그런데 동일지역에서 4편을 제작하면 편당 1,100만 원으로도 제작이 가능하다. 편당 제작비를 50% 이상 절감할 수 있었다.

결과적으로 주당 4,400만 원으로 4편을 제작하고 주말에 한 번 더 방영하면 제작비 문제를 해결할 수 있다는 생각이 들었다. 어차피 세계테마기행 말고도 다른 프로그램을 방송해야 하기 때문에 편당 1,100만원은 감당할 수 있었다. 비행기 티켓 비용이나 숙박비용을 획기적으로 줄일 수 있었다. 이런 비용절감 효과와 데일리로 방송함으로써 프로그램 노출이 획기적으로 확대되어 시청들에게 빠르게 인지시키는 효과도 누릴 수 있었다. 실제로 시청률이 첫 방송 이후 수직상승하기 시작했다.

넷째, 딜리트 기술의 백미를 보여준 것은 촬영장비를 딜리트한 것이다. 지상파 방송에서는 ENG 카메라로 야외촬영하는 것을 당연하게 여겨왔다. 화질을 중시하기 때문에 작은 카메라를 기피한 것이다. 그런데 문제는 카메라와 삼각대 등 장비의 무게다. ENG 카메라 시스템은 혼자서는 운용할 수가 없다. ENG 카메라를 딜리트하면 어떨까 하고 생각하니 6mm 카메라가 생각났다. 6mm 카메라의 성능도 상당히 개선되고 있는 시기였고 다양한 디지털 6mm 카메라가 출시되고 있었다. 6mm 카메라로 제작하자는 아이디어에 이르자 모든 문제가 술술 풀렸다. 보통 ENG로 제작할 경우 최소 1명의 어시스턴트가 더 필요하다. 그것은 모두 제작원가를 상승시키는 요인이 된다. 카메라 가격도 1대당 7배 이상 차이가 난다. 촬영장비로 ENG 카메라를 요구할 경우 협력제작사의 경영에도 큰 부담으로 작용했을 것이다. 그 이외에도 수많은 요소를 딜리트했다.

세계테마기행은 그야말로 딜리트 기술의 산물이다. 그동안 관행적으로 해오던 거의 모든 것을 딜리트했다. 이 프로그램은 딜리트적 사고가 아니었다면 세상에 태어나지 않았을 것이다. 딜리트는 창조의 과정이지만 고도의 창의력을 요구하지 않는다는 것을 세계테마기행의 탄생과정을 통해 확인했을 것이다.

TV 리모컨으로
딜리트 매트릭스 연습하기

TV 리모컨을 가지고 연습해보자. 일반 리모컨과 애플 TV의 리모컨을 비교해보는 것도 좋다.

오른쪽 페이지의 빈 표에 독자 여러분만의 딜리트 매트릭스를 구성해보기 바란다. 먼저 구성요소와 속성을 분석한다. 세로 칸에 가능한 한 다양하고 상세하게 속성을 나열한다. 상세하게 적을수록 이제껏 생각지 못한 새로운 것을 발견할 수 있다.

모두 즉흥적이고 빠른 속도로 빈칸을 채워나가야 한다. 그래야 편견이나 편향 없이 순간의 통찰이 떠오를 수 있다. 이것은 처음에 생각한 것과 다른 리모컨일 것이다. 이것이 창조의 시작이다. 한번 직감적으로 매트릭스를 채워보라. 어렵지 않을 것이다. 전혀 다른 리모컨이 탄생될 것이다.

TV 리모컨을 가지고 딜리트 매트릭스를 만들어보았다. 이것을 만드는 데 불과 20분도 걸리지 않았다. 전문가여서가 아니라 쉬워서 그렇다. 누구나 무엇에 관한 것이든 딜리트 매트릭스를 만들 수 있다. 나도 금세 지금과는 전혀 다른 이미지와 기능의 리모컨을 생각했다. 정답인지 아닌지는 중요하지 않다. 새것이 만들어졌다는 것이 중요하다.

딜리트 매트릭스 – TV 리모컨			
	요소(A)	현재(B)	딜리트 와이(C)	연상키워드
1	모양		→	
2	복잡도		→	
3	크기		→	
4	두께		→	
5	무게		→	
6	재질		→	
7	경도		→	
8	컬러		→	
9	투명도		→	
10	기능		→	
11	버튼		→	
12	이동성		→	
13				
14				
15				

| 독자가 직접 적어볼 수 있는 빈 테이블 |

	요소(A)	현재(B)	딜리트 와이(C)	연상키워드
	딜리트 매트릭스 - TV 리모컨			
1	모양	육면체	→	구형, 원기둥, 반원형 등
2	복잡도	복잡	→	단순
3	크기	30cm	→	10cm
4	두께	0.7cm	→	0.5cm
5	무게	300g	→	100g
6	재질	플라스틱	→	알루미늄, 놋쇠 등
7	경도	딱딱함	→	부드러움
8	컬러	검정	→	금속, 노랑 등
9	투명도	불투명	→	투명
10	기능	다기능	→	단순기능
11	버튼	45개	→	5개
12	이동성	이동가능	→	이동가능
13				
14				
15				

창조는 하늘에서 갑자기 떨어진 행운이 아니다. 통찰력 있게 빈 칸을 채우는 능력이다. 딜리트하면 빈 공간이 생긴다. 이 빈 공간을 적절히 채우는 능력은 누구에게나 있다. 그러나 반복해서 연습할 필요가 있다. 운동경기와 같다. 천부적인 운동능력을 타고난 사람이 연습과 훈련까지 열심히 하면 당연히 탁월한 운동선수가 될 것이다. 보통 사람도 열심히 연습하면 훌륭한 운동선수가 될 수 있다.

초등학교 때 더하기, 빼기, 나누기, 곱하기 사칙연산을 배울 때처럼 반복해서 연습하면 굳이 빈칸을 일일이 채우지 않더라도 머릿속에서 암산할 수 있는 이치와 비슷하다. 딜리트적 사고의 수준이 암산의 경지까지 올라가면 굳이 표를 그리고 채우지 않아도 머릿속에서 통찰처럼 새로운 생각이 스쳐간다. 반복 연습하다 보면 더 단순하게 만들 수 있을 것이다.

그래서 창조하지 말고 딜리트하라고 하는 것이다. 창조가 미적분 문제라면 딜리트는 사칙연산 수준이다. 그러나 결과는 후자가 더 효과적이고 파격적이다. 고차수학으로 해결할 고난도 문제라고 인식하는 한 그 문제는 해결이 요원해진다. 창조의 문제는 고차원적인 것은 맞지만 사칙연산으로도 해결할 수 있다. 피타고라스의 정리를 요약하면 $a \times a$(밑변)$+b \times b$(높이)$=c \times c$(빗변)이다. 간단히 하면 $a^2+b^2=c^2$이다. 위대한 피타고라스 정리는 덧셈과 곱셈으로도 만들어진다. 창조의 방정식을 천재에게 맡기면 우리는 아무것도 창조할 수 없다. 빈칸을 채우는 단순한 덧셈, 뺄셈의 방정식으로도 새로운 것을 창조할 수 있다. 이것이 딜리트의 원리다.

누구나 반 페이지로
혁명을 할 수 있다

독자 여러분이 지금 개발하고 있는, 혹은 업무에서 개선하고 싶은 어떤 것을 대상으로 '딜리트 매트릭스'를 작성해보라. 새로운 생각이 떠오를 것이다. 새것이 기존 것보다 더 나은지 아니면 더 퇴보되었는지는 걱정할 필요가 없다. 딜리트 매트릭스는 개발과 발명의 시작일 뿐 완성은 아니기 때문이다.

딜리트 매트릭스를 작성하는 과정, 즉 딜리트 라이팅에서 연상된 키워드는 여러분을 창의적인 아이디어맨이나 창조자로 이끌 것이다. 딜리트 라이팅은 절대 힘들거나 복잡하지 않다. 여기서 가장 중요한 것은 창의적인 연상작업이 아니다. 연상의 능력은 대부분 비슷하지 않을까? 이것은 고도의 훈련을 받은 사람들만이 할 수 있는 행위도 아니다. 인간 두뇌의 기본적인 작용에 불과하다. 연상보다 더 중요한 것은 딜리트 요소를 최대한 다양하게 발견하고 적어가는 것이다. 많으면 많을수록 기존의 것과 전혀 다른, 새로운 것을 창조할 가능성이 높아진다.

<u>직장인, 아니 세상을 살아가는 모든 사람들은 발명가, 혁신가, 개선자, 창조가의 위치에 서게 될 운명을 타고났다.</u> 라면 가게를 하거나 방송 프로그램을 기획하거나 핸드폰을 개발하거나 그 본질적인 운명은 같다. 우리는 남들과 다른 그 무엇인가를 해야 하는 운명이다. 해야 할 운명이라면 그 운명을 사랑하자. 복잡하고 장대한 수십 페이지짜리 개선대책을 마련하는 데 진을 빼지 말자는 얘기다.

혁신과 창조는 보고서 길이에 반비례한다. 직장인이라면 회사를 혁신시켜준다는, 500페이지도 넘는 컨설팅 보고서를 흔히 접했을 것이다. 우선 엄청나게 많은 내용과 양에 놀란다. 예를 들어 경영환경 분석을 하면서 인구절벽 현상에 대한 분석을 포함시킨다. 실화다. 인구절벽 현상은 신문이나 뉴스를 본 사람이라면 누구나 대충 알고 있는 내용이다. 그런데 뭘 새롭게 발견이라도 한 듯 장황하기 그지없다. 1줄이면 충분할 것을 수십 장씩 할애했다. 결국 전체 내용도 500쪽이 아니라 1쪽이면 족한 경우가 많다. 직원이면 누구나 다 아는 내용을 별의별 전문용어와 현학적 수사로 포장해서 발표한다. 볼 때마다 기가 막힌다. 그리고 회사는 거액을 지불한다. 그 후 그 보고서는 회사 캐비닛 안에서 영면에 드는 것으로 영원히 안녕이다. 컨설팅 좋아하

는 사람치고 제대로 실행하는 사람을 본 적이 없다.

이런 엽기적인 현상은 곧잘 일반 직원에게도 전염된다. 이제 일반 직원조차 업무보고를 하라고 하면 SWOT 분석부터 달려든다. 전 직원이 컨설턴트라도 된 듯 보고서 포장술이 날이 갈수록 현란해진다. 현학적인 문체는 물론이고 연차에 비례해 두께도 만만치 않다. 그런데 사소한 개선조차 일어나지 않는다.

딜리트 매트릭스는 이런 허식虛飾을 일거에 딜리트할 수 있는 무기다. 보고서부터 딜리트 라이팅의 대상이 되어야 한다. 엑셀로 만든 딜리트 매트릭스는 허황과 현학이 들어갈 공간이 없다. 형용사 같은 수식어도 필요 없다. 오로지 간단한 키워드만 있으면 충분하다. 반쪽짜리여도 새것을 만들 수 있다. 매일 할 필요도 없고, 고도의 집중력도 필요 없다. 테트리스 게임을 하듯 엑셀 칸에 딜리트하고 싶은 것을 몇 글자씩 적어본다. 이런 장난 같은 단순행위는 다른 보고서의 억압과 비교하면 차라리 오락이다.

그러나 그 결과는 엄청나다. 전에는 생각하지 못했던 완전히 새로운 것이 나타난다. 이 과정은 엄중하지도 난해하지도 않다. 딜리트 이후 창조나 혁신의 수준도 걱정할 필요가 없다. 딜리트하다 보면 만족할 만한 수준에 도달된다. 딜리트는 내 안에 잠들어 있는 거인을 깨우는 시그널이다. 딜리트하라고 뇌에 의도적인 명령을 내리면 우리 두뇌가 "네, 지우기만 하겠습니다!"라고만 답변하지 않는다. 우리의 두뇌는 창조하라는 명령어를 별도로 하달받지 않아도 뭔가를 창조하기 시작한다. 복잡하고 엉킨 것들을 걷어내면 요술램프의 지니 같은 거인이 "주인님!" 하고 나타난다. 그에게 창조의 업을 맡겨라.

에필로그 _

과잉의 시대,
단순한 해법

우리는 '풍부豊富'를 찬양하며 살고 있다. 일찍이 이렇게 풍부한 시대는 없었다. 상품, 서비스, 정보에 이르기까지 모든 게 풍부를 넘어 과잉되어 있다. 과잉사회에서 삶은 무너지고 영혼은 오히려 빈곤해지고 있다. 과잉사회에서 야기된 문제를 좀 더 과잉한 방법으로 풀어내려고 혈안이다. 더 많이 써서 질을 높이고, 더 많이 해서 이겨야 한다고 생각한다. 출혈의 전투가 아이들, 학생들, 회사원들, 정치인들 사이에서, 세상 어디서나 벌어지고 있다. 자신은 간 데 없고 남에게 맞추어 살기 급급하다. 진정한 자아는 상실되었고, 자아마저도 경쟁에 투입된다. 현대인의 자아는 고갈되어 이제 자신의 주인이 누구인지 헷갈린다. 자본과 권력이 자아를 대체한다. 결핍의 시대에 풍요가 해답이었다면 과잉시대의 해법은 무얼까?

나는 그 해법을 '딜리트'에서 찾았다. 모든 게 영국 빅토리아 시대의 패션처럼 화려하다. 무엇을 더해서 더 화려하게 꾸밀까? 빨간색에 주황색을 더한들 더 빨개지겠는가? 샤넬은 화려한 장식과 컬러를 딜리트함으로써 차원이 다른 아름다움을 창조했다. 오드리 헵번도 더 치장해서 아름다워진 것이 아니라 액세서리를 하나 더 떼어냄으로써 더 우아해졌고, 아직까지도 모든 이에게 사랑과 존경을 받고 있다. 과잉의 시대에는 딜리트의 미학이 더 돋보인다. 미스 반 데어 로에와 르 코르뷔지에도 기존 건축의 화려하고 장식적인 요소들을 딜리트해서 모더니즘 건축 시대를 열었다. 이처럼 과잉의 시대에 딜리트의 철학은 곳곳에서 힘을 발휘하고 있다.

딜리트하면 창의력도 생긴다. 우리 두뇌는 결손을 창의력으로 보상해준다. EBS의 많은 프로그램도 딜리트 철학의 산물이다. '다큐프라임', '세계테마기행' 같은 것은 브레인스토밍의 결과가 아니다. 기존의 프로그램에서 무엇을 먼저 딜리트할 것인가를 생각했다. 그리고 딜리트했다. HBO와 디스커버리의 부흥에도 딜리트의 기술은 유효했다. 포기하고 집중할수록 과거에는 맛볼 수 없었던 새로운 다큐멘터리와 드라마가 태어났다.

포기를 절망으로 받아들일 필요가 없다. 때로 포기는 새로운 길로 접어들기 위한 예행연습과도 같다. 영국의 제임스 다이슨은 딜리트를 통해서 발명의 신기원을 이룩했다. 종이봉투를 딜리트한 청소기, 날개를 딜리트한 선풍기와 헤어 드라이어 등 모두 제거를 통한 발명품이었다.

나는 딜리트의 관점에서 노자의 무위사상과 니체의 니힐리즘을 재해석했다. 노자와 니체라는 위대한 가이드의 안내를 받으며 딜리트 여행을 했다. 뿐만 아니라 심리학적 연구결과를 가지고 딜리트의 작동기제를 설명하려고 노력했다. 역사, 경영, 문학에 이르기까지 두루 관심을 가졌다. 모든 것을 다루려 한 것이 무리였을 수도 있다. 문외한이 너무 많은 분야를 노크하며 자기식으로 해석했는지도 모르겠다. 솔직히 고백하자면 그 어느 분야에도 정통하거나 전문적이지 못하다. 처음엔 두려웠지만 딜리터들처럼 용기를 갖고 덤벼들었다. 때로는 비전문성이 오히려 세상을 더 넓게, 편견 없이 보는 데 도움이 될 것이라고 자위해보기도 했다. 그러느라 이 책을 쓰는 데 상당히 오랜 시간이 걸렸다. 5년이 넘는 세월 동안 이것에 집중했다. 의문이 생기면 확인해야 하는 성격 때문에 고통스러운 기억도 있다.

나는 콘텐츠 기획자로서 오랜 세월을 살아왔다. 창의적인 기획의 과정과 순간을 내밀하게 성찰했다. 기획할 때 전에는 보이지 않았던 많은 것들이, 딜리트라는 관점에서 보니 분명해졌다. 딜리트의 원리가 최소한 나 자신의 업業에서는 확실히 효과가 있었기 때문에, 세상을 딜리트의 관점에서 바라볼 용기도 생겼다. 딜리트라는 프리즘을 통해 온 우주를 분광시키는 것이 거대한 욕심이라는 것을 인정하면서도, 그 꺼지지 않는 욕망을 무시할 수는 없었다.

출판사로부터 출간제안을 받고 처음에는 EBS 편성과 다큐멘터리의 성공 스토리를 적당히 쓰고 끝낼까 생각했다. 그랬으면 아마 4년 전에 마무리했을 것이다. 우주를 하나의 눈으로 해석하고자 하는 것은 누구나 가진 본능인지도 모르겠다. 내게 그 하나의 눈은 '딜리트의 눈'이었다. 모든 것을 딜리트라는 망원경과 현미경으로 바라보니 하나의 질서정연한 패턴이 보였다. 딜리트를 하니 새로운 것이 탄생했다는 점이다. 딜리트의 철학이 창조의 원리가 될 수 있다고 믿게 되었다.

딜리트는 변증법에 효능 있는 '안티테제'였다. 딜리트란 안티테제를 결합시키면 무엇에든 변화가 생겼다. 얼음처럼 미동도 없는 겨울 연못에 하나의 돌을 던진 것처럼, 거울 같은 연못에 물결이 일어났다. 딜리트는 마치 겨울 연못에 던진 짱돌 같다. 파문을 일으키는 돌은 변화를 알리는 시그널이다. 파문 끝에 새롭게 탄생된 것이 딜리트하기 전보다 더 탁월하다고는 말할 수 없다. 진실이라고 믿고 싶을 뿐, 진실인지 확인할 방법은 없다. 독자 여러분이 유용하게 써먹을 수 있는 짱돌 하나쯤은 될 수 있다는 기대감을 가져본다. 부디 한 번쯤 '딜리트의 눈'으로 세상을 바라보고 딜리트의 삶을 실천해보시길 기대한다.

인텔의 앤드류 그로브는 이런 말을 했다. "이해는 실천으로부터 나온다. 그러니 서둘러라. 옷을 더럽혀라. 먼저 뛰어들고 나중에 계획을 세워라. 그리고 개선시켜라."[161] 실행 없는 이론은 공허하다. 학자들의 주장이 대부분 공허한 것은 실현성이 없는 현학적 수사만 있어서다. 현실에서 경험되지 않은, 실험되지 않은 이야기를 치장하여 말하기 때문이다. 실험주의는 공학이나 자연과학에만 필요한 것이 아니다. '옷을 더럽힐' 생각을 하지 않는다.

해마다 연초가 되면 정부도 기업도 거창한 계획을 발표한다. 그러나 연말에는 용두사미로 끝난다. 정상적인 기업이라면 연초의 계획을 재확인하겠지만, 대개는 곧 찾아올 다음 해의 허황한 계획으로 덮어버린다. 잘 덮는 자가 대개는 승리한다. 정책부서와 연구부서의 계획이 실효성을 갖지 못하는 것은 계획만 하기 때문이다. 계획하는 자를 따라갈 자가 없다. 현장과 현실의 씨앗을 발아시키지 않고 꿈의 씨앗을 심으려 한다. 늘 계획은 멋지니까 먹힌다. 반면 기획실이 없는 회사, 작은 회사가 실천하는 회사다. 알디는 기획실이 없는데도 전 세계에 1만 개의 매장을 운영한다. 그들은 허황된 꿈이나 비전을 제시하지 않는다.

대개는 실수가 두려워서 실행하지 않는다. 스페인의 패션 브랜드 자라는 먼저 유통시키고 나중에 검증한다. 성공한 패션을 확장하면 된다. 실수한 것, 실패한 것은 다시 하지 않으면 된다. 시행착오는 바보가 천재가 되는 지름길이다. 천재도 현장의 묘를 모르긴 매한가지다. 3M의 CEO는 "무슨 일이든지 하라. 만약 실패하면 또 다른 것을 해보라. 완결시키려고 노력하라. 적응하라. 움직여라. 행동하라. 무슨 일이 일어나든 정지된 채 아무것도 하지 않은 태도를 버려라."[162]라고 말했다.

놀라운 것은, 현실에서 실제로 아무것도 하지 않는 경우가 비일비재하다는 것이다. 적자 기업들 중 대다수는 비상대책 회의를 계속 하면서도 회의만 할 뿐 아무도 새로운 것을 실천하지 않는다. 실패를 용인하지 않는 사회 분위기 때문일까? 망하는 기업일수록 회의만 많다. 실행하지 않으면 우연히 새로운 것을 발견할 수 없다. 우연한 발견도 우연이 아니다. 계속해서 실천하고 생각하는 자에게 우연이라는 행운이 찾아온다.

방송 프로그램의 경우도 비슷하다. 대개 모든 프로그램은 첫 방송이 나가면 소위 견적이 나온다. 될 프로그램인지, 안 될 프로그램인지 감별하는 데 오래 걸리지 않는다. 판단하는 데는 경험적으로 한 달, 그러니까 4편 이상이 필요 없다. 무난하고 좋은 프로그램은 많다. 하지만 위대한 프로그램은 정말 소수다. 위대한 프로그램을 하고 싶으면, 위대한 프로그램이라는 생각이 들 때까지 무난하고 좋은 프로그램들을 접어야 한다. 누구나 위대한 프로그램을 만들고 싶은 욕망은 강하다. 하지만 실제로 무난하고 좋은 것을 스스로 접는 경우는 거의 없다. 평범한 프로그램이라는 사실을 인정하기가 어렵기 때문이다. 스스로 실수를 인정하고 딜리트하는 PD의 프로그램은 지속적으로 성장한다. 누구나 실수하지만, 성공은 그것을 인정하는 사람의 몫이다.

실제로 딜리트의 철학을 실현할 때, 실패에 의한 두려움보다 반발과 저항에 대한 두려움이 더 클 수 있다. 딜리터는 타고난 반항아이기 때문이다. 기존의 관행과 관습을 파괴하려 들 때 가장 저항하는 사람은, 기존 질서에서 이익을 보는 자들이다. 옆의 동료가 어느 날 방해꾼이 될 수 있다. 이것은 딜리터의 숙명이고, 정말 녹록치 않은 문제다. 평화로운 혁명은 없다. 조용히 벼락이 칠 수는 없다. 변화에 고통은 일정 정도 필수요소다.

앞에서 말했지만, EBS가 어린이와 다큐멘터리 중심으로 단순하게 '포기와 집중'을 하는 것 역시 결코 쉽지 않았다. 그 피 튀기는 생생한 과정은 필설로 설명하기 어렵다. 딜리터는 어쩌면 이단아다. 동서고금을 막론하고 이단은 늘 위험에 처하고, 정통으로 인정받기 전까지 희생당한다. 진정한 딜리터는 이런 희생을 각오한 사람들이다. 과거의 가치보다 더 큰 가치가 있다고 믿기 때문에 희생을 각오하고 문제를 제기한다.

누구나 천재가 될 수는 없어도 누구나 딜리터는 될 수 있다. 모든 딜리터가 위험에 처하는 것은 아니다. 하나의 상품, 하나의 프로그램을 개발하는 데 위험할 일은 없다. 구조와 시스템 전체를 딜리트하지 않는 한 딜리터에게 특별한 희생은 일어나지 않는다. 누구나 소임이 있다. 작은 일부터 큰일까지 소임은 다 다르다. 피카소가 '아비뇽의 처녀'를 들고 나왔을 때 주변 사람들은 분노했지만 위험한 것은 아니었다. 샤넬이 리틀 블랙 드레스를 내놓았을 때도 장례식에 가느냐고 비아냥대는 사람은 있었지만, 위험하지는 않았다. 제임스 다이슨 역시 종이 없는 청소기를 갖고 대기업을 찾아다닐 때 문전박대를 당하긴 했지만 위험하지는 않았다. 근대 이후 등장한 딜리터는 최소한 목숨을 잃지는 않았다. "천하의 대사는 세세한 것에서 비롯된다."는 말을 다시 한 번 되새기길 바란다. 세세한 것에서부터 딜리터가 되어보면 어떨까? 위험하지도, 시시하지도 않다. 딜리터로서 진정한 맛을 보면 그 맛을 잊을 수 없다.

감사의 말

책을 쓰다니 아직도 믿어지지 않는다. 글은 내게 너무도 엄격하고 엄숙한 것이었다. 대학 때부터 스스로의 문재文才에 콤플렉스를 갖고 있었다. 글을 쓴다는 자체보다 내 글을 누구에게 드러낸다는 것이 두려웠다. 잘 쓴 글을 보면 그래서 늘 부러웠다. 그래도 책은 늘 가까이하며 즐겼다. 대학 졸업 후 한때 신문기자 생활을 하면서 글에 대한 공포를 잠시 잊었었다. 월급 받고 써야 하니 졸문이라도 어쩔 수 없었다.

처음 기사를 써서 데스크에게 내밀었을 때 기억이 새롭다. 벌써 30년 전 일이다. 데스크는 원고지를 받아 보더니 찍찍 긋고 쓰레기통에 던져버렸다. 참혹함이여! 글에 대한 자존감이 무너진 채 기자생활을 했고, 그 덕분에 그럭저럭 잘 해냈다. 글에 대한 공포도 좀 사라졌다. PD가 되니 다시 글에 대한 공포가 도졌다. 이런 가운데 책을 써보라고 제안을 받고 나니 도망가고픈 심정이었다. 실은 글에 대한 두려움만큼이나 욕심이 많았기 때문이었다. 대학 때도 글로 한번 살아볼까 고민했던 시절이 있었다. 고민의 끝은 역시 '문재文才 없음'이었다.

이렇게 공포감 가운데 책이 나올 수 있었던 것은 후배 김민태 PD 덕분이다. 출판 선배인 김PD 덕분에 출판사와도 인연이 되었다. 5년 전 출판사를 만난 이후 자신감이 없어서 전전긍긍할 때면 김PD가 선배처럼 격려해주었다. 자신감을 심어주고 내용도 상담해주었다. 그는 내게 출판의 멘토다. 그가 아니었다면 이 책은 진정 불가능했을 것이다. "민태PD, 고마워!"

아내 지정현, 딸 현서도 고맙다. 책을 준비하는 5년의 세월 동안 군소리하지 않고 기다려주었다. 책을 읽고 쓰느라 가족행사에도 종종 빠지는 남편 대신 아이들을 도맡아 돌보느라 고생이 많았다. 잘될 거란 칭찬도 늘 힘이 되었다. 딸에게는 늘 주말이 없는 아빠였다. 미안했다. "여보, 고마워. 현서야, 사랑해!"

책을 쓰는 동안 내게 변화가 하나 있었다. 중학교를 다니던 아들 김현제가 유학을 가고 싶다고 늘 졸랐는데, 대학 이후로 미뤄왔었다. 아들과 일찍 헤어지는 게 싫었고 보내더라도 한국에 대한 정체성이 확고해진 이후에 보내는 게 좋겠다고 생각했다. 하지만 이 책을 쓰면서 변화가 일어났다. 아들에게 지구를 방황할 자유를 허許하자 결심한 것이다. 아들이 살아갈 시대야말로 동서와 남북의 경계를 딜리트해야 한다. 지난여름에 미국으로 떠났다. 아들에게도 의미 있는 책이 되었으면 좋겠다. "현제야, 세상을 맘껏 탐험해라."

주석

Part 1. 누구나 천재가 될 수는 없지만, 누구나 딜리터는 될 수 있다

1. 프리드리히 니체, 백승영 옮김, 《니체전집 15》, 바그너의 경우/우상의 황혼/안티크리스트/이 사람을 보라/디오니소스 송가/니체 대 바그너, 책세상, 2002, p458.

2. 노자, 《노자》, 48장 "爲學日益위학일익, 爲道日損위도일손. 損之又損손지우손, 以至於無爲이지어무위, 無爲而無不爲무위이무불위. 取天下常以無事취천하상이무사, 及其有事급기유사, 不足以取天下부족이취천하.

3. 말콤 글래드웰, 노정태 옮김, 《아웃라이어》, 김영사, 2009, pp67-68.

4. 이민규, 《1%만 바꿔도 인생이 달라진다》, 더난출판사, 2003, p35.

5. 프리드리히 니체, 김미기 옮김, 《인간적인 너무나 인간적인 1》, 책세상, 2001, p181.

6. Plato, 《Phaedrus-The Complete Works(31 Books)》, Kindle Locations 12650-12663, Titan Read Classics. Kindle Edition.

7. 존 데이시 외, 이신동 외 옮김, 《창의성의 이해》, 박학사, 2006, p7, 재인용.

8. 프리드리히 니체, 김미기 옮김, 《인간적인 너무나 인간적인 1》, 책세상, 2001, p181.

9. 존 데이시 외, 이신동 외 옮김, 《창의성의 이해》, 박학사, 2006, p34, 재인용.

10. 빌라야누르 라마찬드란, 샌드라 블레이크스리, 신상규 옮김, 《라마찬드란 박사의 두뇌실험실》, 바다출판사, 2015, p176.

11. 올리버 색스, 김한영 옮김, 《환각》, 알마, 2013, p53.

12. 수전 그린필드, 이한음 옮김, 《마인드 체인지》, 북라이프, 2015, pp84-85.

13. 헬렌 켈러, 김명신 옮김, 《헬렌 켈러 자서전》, 문예출판사, 2009, p71.

14. 사마천, 김원중 옮김, 《사기열전 하》, 을유문화사, 1999, p673.

15. 사마천, 김원중 옮김, 《사기열전 하》, 을유문화사, 1999, pp677-678.

16. 수전 그린필드, 이한음 옮김, 《마인드 체인지》, 북라이프, 2015, p83.

17. 대니얼 J. 부어스틴, 장석봉, 이민아 옮김, 《창조자들 1》, 민음사, 2002, p58.

18. 소크라테스가 한 말은 다음과 같이 영문 번역된다. "For this discovery of yours will create forgetfulness in the learners' souls, because they will not use their memories; they will trust to the external written characters and not remember of themselves. The specific which you have discovered is an aid not to memory, but to reminiscence(회상), and you give your disciples not truth, but only the semblance of truth; they will be hearers of many things and will have learned nothing; they will appear to be omniscient(전지적)and will generally know nothing; they will be tiresome(성가시고, 짜증스러운) company, having the show of wisdom without the reality." 번역자인 벤자민 조웨트Benjamin Jowett는 플라톤의 전문 번역자로, 신학자이며 옥스포드 대학교 베일리얼 대학장이다.

19. John Brinckerhoff Jackson, 《the necessity for ruins and other topics》, University of Massachusetts Press, 1980, p102.

20. 살바토레 세티스, 김운찬 옮김, 《고전의 미래》, 길, 2009, p142.

21. 르 코르뷔지에, 최정수 옮김, 《르 코르뷔지에의 동방여행》, 안그라픽스, 2010, pp244-245.

22. 대니얼 J. 부어스틴, 장석봉, 이민아 옮김, 《창조자들 1》, 민음사, 2002, p240.

23. Procopius, H. B. Dewing, Tras. 《Procopius on Buildings》, Harvard University Press, 1940 초판, 1954 재판, p11.

24. 올리버 색스, 김한영 옮김, 《환각》, 알마, 2013, p54.

25. 대니얼 카너먼, 이진원 옮김, 《생각에 관한 생각》, 김영사, 2012.

26. 리처드 H. 탈러, 캐스 R. 선스타인, 안진환 옮김, 《넛지》, 리더스북, 2009.

27. 카스 R. 선스타인, 장경덕 옮김, 《심플러》, 21세기북스, 2013, p210.

28. 대니얼 카너먼, 이진원 옮김, 《생각에 관한 생각》, 김영사, 2012, pp87-88.

29. 에드워드 드 보노, 신기호 옮김, 《창의력 사전》, 21세기북스, 2004, p39.

30. 에드워드 드 보노, 신기호 옮김, 《창의력 사전》, 21세기북스, 2004, p229.

31. 김주환, 《그릿》, 쌤앤파커스, 2013, p36.

32. 에드워드 드 보노, 신기호 옮김, 《창의력 사전》, 21세기북스, 2004, p80.

33. 앤절라 더크워스, 김미정 옮김, 《그릿》, 비즈니스북스, 2016, pp110-111.

34. 클레이튼 M. 크리스텐슨, 이진원 옮김, 《혁신기업의 딜레마》, 세종서적, 2009, p14.

35. 클레이튼 M. 크리스텐슨, 이진원 옮김, 《혁신기업의 딜레마》, 세종서적, 2009, p159.

Part 2. 딜리터는 어떻게 세상을 바꾸었나?

36. 노자, 《노자》, 5장, "天地不仁천지불인 以萬物爲芻狗이만물위추구, 聖人不仁성인불인 以百姓爲芻狗이백성위추구."

37. 노자, 《노자》, 19장, "絶聖棄智절성기지, 民利百倍민리백배. 絶仁棄義절인기의, 民復孝慈민복효자."

38. 노자, 《노자》, 1장, "故常無欲고상무욕 以觀其妙이관기묘."

39. 노자, 《노자》, 48장, "爲學日益위학일익, 爲道日損위도일손. 損之又損손지우손, 以至於無爲이지어무위, 無爲而無不爲무위이무불위. 取天下常以無事취천하상이무사, 及其有事급기유사, 不足以取天下부족이취천하."

40. 장자, 《장자》, '제물론', 남곽자기 편.

41. 장자, 《장자》, '대종사'.

42. 투르게네프, 신동한 옮김, 《아버지와 아들/첫사랑/푸닌과 바브린/몽환》, 삼성당, 1998, p41, p73.

43. Nietzsche, Friedrich. Trans. R. Kevin Hill and Michael A. Scarpitti, "The Will to Power", Penguin Classics, Kindle Locations 330-331.

44. Nietzsche, Friedrich. Trans. R. Kevin Hill and Michael A. Scarpitti, "The Will to Power", Penguin Classics, Kindle Locations 350-352.

45. 프리드리히 니체, 안성찬, 홍사현 옮김, 《니체전집 12》, 즐거운 학문/메시나에서의 전원시/유고(1881~1882), 책세상, 2005, p261-262.

46. 프리드리히 니체, 백승영 옮김, 《니체전집 22》, 유고(1887년 가을-1888년 3월), 책세상, 2000, p22.

47. 마르틴 하이데거, 박찬국 옮김, 《니체와 니힐리즘》, 철학과 현실사, 2000, pp114-115.

48. 프리드리히 니체, 백승영 옮김, 《니체전집 15》, 바그너의 경우/우상의 황혼/안티크리스트/이 사람을 보라/디오니소스 송가/니체 대 바그너, 책세상, 2002, p74.

49. 프리드리히 니체, 백승영 옮김, 《니체전집 15》, 바그너의 경우/우상의 황혼/안티크리스트/이 사람을 보라/디오니소스 송가/니체 대 바그너, 책세상, 2002, p456.

50. 프리드리히 니체, 백승영 옮김, 《니체전집 15》, 바그너의 경우/우상의 황혼/안티크리스트/이 사람을 보라/디오니소스 송가/니체 대 바그너, 책세상, 2002, p458.

51. 프리드리히 니체, 안성찬. 홍사현 옮김, 《니체전집 12》, 즐거운 학문/메시나에서의 전원시/유고(1881~1882), 책세상, 2005, pp199-200.

52. 프리드리히 니체, 백승영 옮김, 《니체전집 15》, 바그너의 경우/우상의 황혼/안티크리스트/이 사람을 보라/디오니소스 송가/니체 대 바그너, 책세상, 2002, p458.

53. 프리드리히 니체, 김정현 옮김, 《니체전집 14》, 선악의 저편/도덕의 계보, 책세상, 2002, p525.

54. 대니얼 부어스틴, 이민아, 장석봉 옮김, 《창조자들 3》, 민음사, 2002, p333.

55. 대니얼 부어스틴, 이민아, 장석봉 옮김, 《창조자들 3》, 민음사, 2002, p322.

56. 마리 로르 베르나다크, 폴 뒤 부셔, 최경란 옮김, 《피카소 성스러운 어릿광대》, 시공사, 1995, p46.

57. 대니얼 부어스틴, 이민아, 장석봉 옮김, 《창조자들 3》, 민음사, 2002, p321.

58. 대니얼 부어스틴, 이민아, 장석봉 옮김, 《창조자들 3》, 민음사, 2002, p322.

59. 마리 로르 베르나다크, 폴 뒤 부셔, 최경란 옮김, 《피카소 성스러운 어릿광대》, 시공사, 1995, p136.

60. 하워드 가드너, 문용린, 임재서 옮김, 《열정과 기질》, 북스넛, 2004, p307.

61. 마리 로르 베르나다크, 폴 뒤 부셔, 최경란 옮김, 《피카소 성스러운 어릿광대》, 시공사, 1995, p72.

62. 하워드 가드너, 문용린, 임재서 옮김, 《열정과 기질》, 북스넛, 2004, p259.

63. Shana Lebowitz and Rachel Gillett, "25 surprising things that can make you successful", Business Insider, Jan. 21, 2017.

64. 리처드 브랜슨, 이장우, 류혜원, 김영희 옮김, 《내가 상상하면 현실이 된다》, 리더스북, 2007, p26.

65. 리처드 브랜슨, 이장우, 류혜원, 김영희 옮김, 《내가 상상하면 현실이 된다》, 리더스북, 2007, p97.

66. 리처드 브랜슨, 이장우, 류혜원, 김영희 옮김, 《내가 상상하면 현실이 된다》, 리더스북, 2007, p253.

67. 존 데이시 외, 이신동 외 옮김, 《창의성의 이해》(책 요약), 박학사, 2006, p82.

68. R. 벅민스터 플러, 마리 오 옮김, 《우주선 지구호 사용설명서》, 도서출판 앨피, 2007.

69. 데이비드 오길비, 강두필 옮김, 《나는 광고로 세상을 움직였다》, 다산북스, 2012, p65.

70. 케네스 로먼, 정주연 옮김, 《무조건 팔아라》, 민음사, 2012, p52.

71. 데이비드 오길비, 강두필 옮김, 《나는 광고로 세상을 움직였다》, 다산북스, 2012, p231.

72. 케네스 로먼, 정주연 옮김, 《무조건 팔아라》, 민음사, 2012, p15.

73. 데이비드 오길비, 강두필 옮김, 《나는 광고로 세상을 움직였다》, 다산북스, 2012, p73.

74. 애덤 그랜트, 홍지수 옮김, 《오리지널스》, 한국경제신문사, 2016, p42.

75. 애덤 그랜트, 홍지수 옮김, 《오리지널스》, 한국경제신문사, 2016, p349.

76. 게리 해멀, 이동현 옮김, 《꿀벌과 게릴라》, 세종서적, 2007, p61.

77. 갈릴레오 갈릴레이, 이무현 옮김, 《대화》, 사이언스북스, 2016, p19.

78. 대니얼 부어스틴, 이성범 옮김, 《발견자들 2》, 범양사, 1987, p62.

79. 프랭크 설로웨이, 정병선 옮김, 《타고난 반항아》, 사이언스북스, 2008.

80. 프랭크 설로웨이, 정병선 옮김, 《타고난 반항아》, 사이언스북스, 2008, p494.

81. 대니얼 부어스틴, 이성범 옮김, 《발견자들 2》, 범양사, 1987, p256.

82. 니콜라우스 코페르니쿠스, 민영기, 최원재 옮김, 《천체의 회전에 관하여》, 서해문집, 1998, p17.

83. 마쓰우라 레이, 황선종 옮김, 《사카모토 료마 평전》, 더숲, 2009, p236, 선중팔책은 "1. 천하의 정권을 교토 조정에 반환하고 새 법령을 조정에서 세운다. 2. 상하의 정국을 설치하여 의원을 뽑아 만사를 의결에 붙여 결정한다. 3. 유능한 제휴를 등용하여 관작을 내리고 기존의 유명무실한 관직을 없앤다. 4. 외국과의 교역을 확대하고 새롭게 규약을 정한다. 5. 기존 율령을 폐하고 새로운 헌법을 제정한다. 6. 해군을 확대한다. 7. 친병을 두어 교토를 수비하게 한다. 8. 금은 시세를 외국과 같게 한다. 이상 8개 조항은 천하의 형세를 살피고 정한 것으로 천하만국에 공포한다. 이 조항을 새롭게 바꿀 때에는 만사를 제쳐두고 해야 한다. 이를 단행하면 황운을 회

복하고 국가 세력을 확장하여 세계열강과 어깨를 나란히 할 수 있다. 엎드려 부탁하건대 공명정대의 도리를 토대로 일대 영단을 내려 천하를 일신하자."로 되어 있다.

84. 도몬 후유지, 안희탁 옮김, 《사카모토 료마》, 지식여행, 2001, p67.

85. 미조우에 유키노부, 안춘식 옮김, 《사카모토 료마와 손정의 발상의 힘》, 지식여행, 2002.

Part 3. 무엇을, 어떻게, 어디까지 딜리트해보았는가?

86. 자일스 루리, 이정민 옮김, 《폭스바겐은 왜 고장 난 자동차를 광고했을까?》, 중앙북스, 2014, pp31-32.

87. 김위찬, 르네 마보안, 강혜구 옮김, 《블루오션 전략》, 교보문고, 2005, p41.

88. 리앤더 카니, 안진환 옮김, 《조너선 아이브》, 민음사, 2014, p186.

89. 제임스 다이슨, 박수찬 옮김, 《계속해서 실패하라》, 미래사, 2012, p182.

90. 제임스 다이슨, 박수찬 옮김, 《계속해서 실패하라》, 미래사, 2012, p310.

91. 제임스 다이슨, 박수찬 옮김, 《계속해서 실패하라》, 미래사, 2012, p27.

92. Mary Rourke, "Obituaries : Lionel Poilane, 57; French Baker Renowned for Round Loaves", November 06, 2002, 〈LA TIMES〉, http://articles.latimes.com/2002/nov/06/local/me-lionel6

93. 세스 고딘, 남수영, 이주형 옮김, 《보랏빛 소가 온다 1》, 재인, 2004, pp92-93.

94. Lauren Collins, "Bread Winner", December 3, 2012, 〈The New Yorker〉, https://www.newyorker.com

95. 삼성경제연구소, 〈그들의 성공엔 특별한 스토리가 있다〉, 삼성경제연구소, 2012, pp237-241.

96. Lauren Collins, "Renzo Rosso: Rags to Riches", August 22, 2015,

https://www.wmagazine.com/story/renzo-rosso-diesel

97. 케네스 로먼, 정주연 옮김, 《무조건 팔아라》, 민음사, 2012, p182.

98. 아냐 푀르스터, 페터 크로이츠, 안성철 옮김, 《유니크》, 위즈덤하우스, 2007, p37.

99. 네이트 실버, 이경식 옮김, 《신호와 소음》, 더 퀘스트, 2014, p25, p30.

100. 앨빈 토플러, 장을병 옮김, 《미래의 충격》, 범우사, 1986, p290.

101. 한병철, 김태환 옮김, 《피로사회》, 문학과 지성사, 2012, p19.

102. 디터 브란데스, 이영희 옮김, 《대충형 인간》, 큰나무, 2004, p135.

103. 나심 니콜라스 탈레브, 안세민 옮김, 《안티프래질》, 와이즈베리, 2013, p413.

104. 말콤 글래드웰, 선대인 옮김, 《다윗과 골리앗》, 21세기북스, 2014, pp26-27.

105. 니시자와 야스오, 황세정 옮김, 《인생의 버팀목이 되어주는 33 이야기 90 명언》, 씽크뱅크, 2014, pp34-38.

106. http://www.mujikorea.net/display/displayShop.lecs?storeNo=1&siteNo=13013&displayNo=MJ2A03A09&displayMallNo=MJ2

107. 이신영, "전략적 영업·스피드 경영으로 '무인양품' 부활 이끈 마쓰이 회장", 2012. 07. 07, http://srchdb1.chosun.com/pdf/i_service/pdf_ReadBody.jsp?Y=2012&M=07&D=07&ID=2012070700022

108. 마쓰이 타다미쓰, 민경욱 옮김, 《무인양품은 90%가 구조다》, 푸른숲, 2014.

109. 다테노이 가즈, 박선영 옮김, 《이케아 인사이트》, 예문, 2014, p50.

110. 다테노이 가즈, 박선영 옮김, 《이케아 인사이트》, 예문, 2014.

111. 잉바르 캄프라드가 남긴 유언장 영어본, The Testament of a Furniture Dealer 중.

112. 피터 드러커, 이재규 옮김, 《피터 드러커의 자기경영노트》, 한국경제신문사, 2003, p44.

113. 피터 드러커, 이재규 옮김, 《피터 드러커의 자기경영노트》, 한국경제신

문사, 2003, p21.

114. 피터 드러커, 피터 드러커 소사이어티 옮김, 《피터 드러커 경영의 바이블》, 청림출판, 2006, p19.

115. 피터 드러커, 이재규 옮김, 《피터 드러커의 자기경영노트》, 한국경제신문사, 2003, p139.

116. Siegel+Gale, Global Brand Simplicity Index 2017, http://www.siegelgale.com/siegelgale-unveils-seventh-annual-global-brand-simplicity-index-brands-that-embrace-simplicity-enjoy-increased-revenue-valuation-brand-advocacy-and-employee-engagement/

117. 디터 브란데스, 박규호 옮김, 《단순하게 경영하라》, 모색, 2005.

118. 디터 브란데스, 박규호 옮김, 《단순하게 경영하라》, 모색, 2005, pp27-28.

119. Nicolas Soames, 《The Story Of Naxos》, Hachette Digital, 2012, Kindle Edition, p68.

120. 아냐 푀르스터, 페터 크로이츠, 안성철 옮김, 《유니크》, 2009, p53.

121. Nicolas Soames, 《The Story Of Naxos》, Hachette Digital, 2012, Kindle Edition, p55.

122. Anne Midgette, "Naxos's 25 years of reinventing itself", 〈Washington Post〉, November 8, 2012, https://www.washingtonpost.com/entertainment/music/naxoss-25-years-of-reinventing-Itself/2012/11/08/17231344-1877-11e2-9855-71f2b202721b_story.html?utm_term=.795d16f115de

123. 헤르만 지몬, 이미옥 옮김, 《히든 챔피언》, 흐름출판, 2008, pp133-134

124. 헤르만 지몬, 배진아 옮김, 《히든 챔피언:글로벌 원정대》, 흐름출판, 2014, p21.

125. 빌 게이츠 외, 구세희 옮김, 《위대함의 법칙》, 랜덤하우스코리아, 2009, p228.

126. 앤드류 그로브, 유영수 옮김, 《편집광만이 살아남는다》, 한국경제신문사, 1998, pp132-133.

127. 앤드류 그로브, 유영수 옮김, 《편집광만이 살아남는다》, 한국경제신문사, 1998, p53.

128. 앤드류 그로브, 유영수 옮김, 《편집광만이 살아남는다》, 한국경제신문사, 1998, p55.

129. 스테파니아 리치, 정연희, 정인희 옮김, 《오드리 헵번-스타일과 인생》, 푸른솔, 2004, p14.

130. 알렉산더 워커, 김봉준 옮김, 《오드리 헵번 스토리》, 북북서, 2008, p134.

131. 알렉산더 워커, 김봉준 옮김, 《오드리 헵번 스토리》, 북북서, 2008, p480.

132. 스테파니아 리치, 정연희, 정인희 옮김, 《오드리 헵번-스타일과 인생》, 푸른솔, 2004, p7.

133. 노자, 《노자》, 4장, "挫其銳좌기예, 解其紛해기분, 和其光화기광, 同其塵동기진, 湛兮담혜, 似或存사혹존."

134. 롤랑 바르트, 정현 옮김, 《신화론》, 현대미학사, 1995, p160.

135. 롤랑 바르트, 정현 옮김, 《신화론》, 현대미학사, 1995, p162.

136. 영국의 Phaidon 출판사가 2014년 미스에 관해 오랫동안 연구해온 캐나다의 뎃레프 머틴Detlef Mertins 교수의 책 《미스Mies》를 출판하면서 자사 홈페이지에 밝힌 내용이다. http://uk.phaidon.com/agenda/architecture/articles/2014/april/02/what-did-mies-van-der-rohe-mean-by-less-is-more/

137. Marian Moffett, Lawrence Wodehouse, Michael Fazio, 《A world history of architecture》, McGraw-Hill, 2004, p477.

138. 프리츠 노이마이어, 김영철, 김무열 옮김, 《꾸밈없는 언어》, 동녁, 2009, p19.

139. Marcus Fairs, "Dieter Rams", 〈Icon〉, February 2004, https://www.iconeye.com/architecture/news/item/2323-dieter-rams-%7C-icon-010-%7C-february-2004

140. Sophie Lovell, 《Dieter Rams As Little Design as Possible》, Phaidon, 2011, p189.

141. Sophie Lovell, 《Dieter Rams As Little Design as Possible》, Phaidon, 2011, pp13-14.

Part 4. 반 페이지로 혁명하기

142. 데이비드 루이스 외, 삼성전자 글로벌마케팅연구소 옮김, 《디지털 시대의 신소비자 혁명》, 위즈덤하우스, 2001, pp190-192.

143. 제임스 하킨, 고동홍 옮김, 《니치》, 더숲, 2012, p192.

144. 윌리엄 테일러, 폴리 리바르, 안진환, 이수경 옮김, 《창조형 리더는 원칙을 배반한다》, 뜨인돌, 2008, pp52-53.

145. 존 헨드릭스, 이지연 옮김, 《디스커버리》, 레디셋고, 2014, p8.

146. 존 헨드릭스, 이지연 옮김, 《디스커버리》, 레디셋고, 2014, p285.

147. 존 헨드릭스, 이지연 옮김, 《디스커버리》, 레디셋고, 2014, p333.

148. 나폴레옹, 원태재 옮김, 《나폴레옹의 전쟁 금언》, 책세상, 1998, p89.

149. 나폴레옹, 원태재 옮김, 《나폴레옹의 전쟁 금언》, 책세상, 1998, p139.

150. 말콤 글래드웰, 선대인 옮김, 《다윗과 골리앗》, 21세기북스, 2014, pp85-95.

151. 장자, 《장자》, 〈양생주〉 편.

152. 나심 니콜라스 탈레브, 차익종 옮김, 《블랙 스완》, 동녘사이언스, 2008, p57.

153. 김유열, 〈EBS 다큐멘터리의 차별화에 관한 연구 - EBS 다큐프라임, KBS 스페셜, MBC 스페셜, SBS 스페셜과 비교하여〉, 서강대학교 석사학위 논문, 2014, p106.

154. 헤르만 지몬, 이미옥 옮김, 《히든 챔피언》, 흐름출판, 2008, p97, 재인용.

155. 데카르트, 김형호 옮김, 《방법서설/성찰/정념론/철학의 원리》, 삼성출판사, 1982, p74.

156. 게리 해멀, 이동현 옮김, 《꿀벌과 게릴라》, 세종서적, 2007, p212.

157. 벨 흉상에 새겨진 영어 원문은 이렇다. "Leave the beaten track occasionally and dive into the woods. You will be certain to find something that you have never seen before."

158. quoteinvestigator.com에서 그레이엄 벨 명언의 기원을 전거를 밝히며 정확하게 추적하였다. https : //quoteinvestigator.com/category/alexander-graham-bell/

159. S. P. Sharma, 《A Treasury of Inspirational Thoughts》, Kindle Edition, Pustak Mahal, 2004, Locations 631-638. 원문은 "Don't keep forever on the public road, going only where others have gone, and following after one another like a flock of sheep. Leave the beaten track occasionally, and dive into the woods. Every time you do so, you will be certain to see something that you have never seen before. Of course, it will be a little thing, but do not ignore it. Follow it up, explore all around it, one discovery will lead to another and before you know it, you will have something worth thinking about to occupy your mind. & Alexander Graham Bell"

160. 그자비에 드 메스토르, 장석훈 옮김, 《한밤중 내 방 여행하는 법》, 유유, 2016, pp149-150.

161. 빌 게이츠 외, 구세희 옮김, 《위대함의 법칙》, 랜덤하우스코리아, 2009, p237.

162. 제리 포라스, 짐 콜린스, 워튼포럼 옮김, 《성공하는 기업들의 8가지 습관》, 김영사, 2002, p214.

저자소개

김유열

대한민국의 지식지도를 바꾼 콘텐츠 기획자이자 EBS PD.

1983년 서울대학교 동양사학과에 입학해 방황과 허무로 얼룩진 대학 시절을 보냈다. 1988년에 졸업해 신문기자로 사회생활을 시작했고, 1992년에 PD가 뭐하는 건지도 모르고 EBS에 덜컥 입사했다. 새로운 것을 기획하고 연출하는 재미에 푹 빠져 시간 가는 줄 모르고 살았다. 그러다 입사 8년차에 느닷없이 평PD에서 편성기획부장으로 발탁승진되어 EBS의 편성개혁을 주도했다. 편성기획부장을 3차례 역임하면서 어린이와 교육 다큐멘터리 중심으로 편성을 혁신해 눈부신 성과를 거두었다. 2008년 개편 이후 시청률이 10년간 지속적으로 상승했고, 프라임 타임대 시청률은 무려 600%나 올랐다. EBS의 성공 스토리는 크게 주목받아 삼성그룹에 가치혁신 성공사례로 소개되기도 했다. 또한 EBS는 '국민들이 가장 신뢰하는 미디어' 2위에 올랐다.
EBS의 대표 프로그램인 '다큐프라임', '세계테마기행', '한국기행', '극한직업' 등을 기획했고, 그 이전에 도올 김용옥의 '노자와 21세기', '중용, 인간의 맛'을 비롯하여 박재희의 '손자병법과 21세기', 성태용의 '주역과 21세기' 등을 기획해 대한민국에 인문학 열풍을 불러일으켰다. 국내 최초의 3D 입체 다큐멘터리 '신들의 땅, 앙코르', '위대한 바빌론'을 연출해 호평받았고, 100만 관객을 감동시킨 '점박이 한반도의 공룡' 역시 그가 기획한 작품이다. 2015년부터 2년 9개월간 학교교육본부장을 맡아 수능 및 고교교재와 동영상 콘텐츠 기획제작 책임을 맡았다.

딜리트

2018년 11월 21일 초판 1쇄 | 2020년 5월 21일 5쇄 발행

지은이·김유열
펴낸이·김상현, 최세현 | 경영고문·박시형

책임편집·최세현 | 디자인·김애숙
마케팅·양근모, 권금숙, 양봉호, 임지윤, 조히라, 유미정
경영지원·김현우, 문경국 | 해외기획·우정민, 배혜림 | 디지털콘텐츠·김명래
펴낸곳·(주)쌤앤파커스 | 출판신고·2006년 9월 25일 제406-2006-000210호
주소·서울시 마포구 월드컵북로 396 누리꿈스퀘어 비즈니스타워 18층
전화·02-6712-9800 | 팩스·02-6712-9810 | 이메일·info@smpk.kr

ⓒ 김유열(저작권자와 맺은 특약에 따라 검인을 생략합니다)
ISBN 978-89-6570-716-5(03320)

쌤앤파커스(Sam&Parkers)는 독자 여러분의 책에 관한 아이디어와 원고 투고를 설레는 마음으로 기다리고
있습니다. 책으로 엮기를 원하는 아이디어가 있으신 분은 이메일 book@smpk.kr로 간단한 개요와 취지,
연락처 등을 보내주세요. 머뭇거리지 말고 문을 두드리세요. 길이 열립니다.